国家出版基金资助项目
湖北省公益学术著作出版专项资金资助项目
节能与新能源汽车关键技术研究丛书

丛书主编：欧阳明高

车用锂离子动力电池碰撞安全

夏勇　周青 ⊙ 著

CRASH SAFETY OF LITHIUM-ION TRACTION BATTERIES FOR ELECTRIC VEHICLES

中国·武汉

内容简介

本书为"节能与新能源汽车关键技术研究丛书"的重要组成部分，集中体现了在科技部中美清洁汽车联盟合作专项(2016YFE0102200)、国家自然科学基金项目"循环老化锂离子动力电池的碰撞安全性研究"(52172405)、"锂离子动力电池碰撞失效机理和表征模拟研究"(51675294)和"动力电池热失控的诱发与扩展机制、模型及抑制方法"(U1564205)支持下取得的研究成果。在车用动力电池系统能量密度提升和结构轻量化的发展趋势下，作为储能与供能的主体，动力电池组和车身结构的集成程度越来越高。在电动汽车碰撞这类极端工况的安全评估与结构设计问题中，动力电池被视为保护对象，需要在适当的变形容限范围内考虑其分摊外来冲击能量的可能性，充分优化碰撞能量吸收的路径。鉴于此，本书从动力电池碰撞安全设计的视角出发，从电池结构大变形力学分析入手，系统介绍了电池组分材料、电池单体、电池模组等多个层级的测试和表征方法，详细阐述了机械载荷作用下的动力电池结构力学响应和失效行为特征，深入剖析了大变形破坏情况下的动力电池力、电、热响应的关联性；对应于不同应用层级，全面介绍了动力电池的结构力学仿真建模方法，并围绕动力电池多物理场建模的关键技术进行了细化讨论；结合试验和建模分析，从机理上揭示了若干内外因素对锂离子电池变形响应和失效行为的影响规律；最后，结合新能源车辆的典型碰撞工况和结构轻量化需求，介绍了几种具有代表性的动力电池碰撞防护结构改进设计思路。本书可作为车辆专业研究生和本科生开展电动汽车碰撞安全研究和动力电池系统安全分析的参考资料，也可为新能源汽车设计、安全性能评估和制造以及动力电池研制等相关企业研发工程师的工作提供参考。

图书在版编目(CIP)数据

车用锂离子动力电池碰撞安全/夏勇，周青著. —武汉：华中科技大学出版社，2023.6
(节能与新能源汽车关键技术研究丛书)
ISBN 978-7-5680-9779-6

Ⅰ.①车… Ⅱ.①夏… ②周… Ⅲ.①电动汽车-锂离子电池-碰撞试验 Ⅳ.①U469.720.3

中国国家版本馆 CIP 数据核字(2023)第 123510 号

车用锂离子动力电池碰撞安全
夏勇 周青 著
Cheyong Lilizi Dongli Dianchi Pengzhuang Anquan

策划编辑：俞道凯	责任编辑：熊 慧
封面设计：原色设计	责任校对：李 琴
责任监印：周治超	
出版发行：华中科技大学出版社(中国·武汉)	电话：(027)81321913
武汉市东湖新技术开发区华工科技园	邮编：430223
录　　排：武汉三月禾文化传播有限公司	印　　刷：湖北新华印务有限公司
开　　本：710mm×1000mm　1/16	印　　张：18.5
字　　数：298千字	
版　　次：2023年6月第1版第1次印刷	
定　　价：158.00元	

本书若有印装质量问题，请向出版社营销中心调换
全国免费服务热线：400-6679-118　竭诚为您服务
版权所有　侵权必究

节能与新能源汽车关键技术研究丛书
编审委员会

主任委员 欧阳明高（清华大学）

副主任委员 王俊敏（得克萨斯大学奥斯汀分校）

委　员（按姓氏笔画排列）

马芳武（吉林大学）　　　　王飞跃（中国科学院自动化研究所）

王建强（清华大学）　　　　邓伟文（北京航空航天大学）

艾新平（武汉大学）　　　　华　林（武汉理工大学）

李克强（清华大学）　　　　吴超仲（武汉理工大学）

余卓平（同济大学）　　　　陈　虹（吉林大学）

陈　勇（广西大学）　　　　殷国栋（东南大学）

殷承良（上海交通大学）　　黄云辉（华中科技大学）

作者简介

夏勇，清华大学车辆与运载学院副研究员，博士生导师。兼任International Journal of Impact Engineering编委、国际自动机工程师学会（SAE International）车辆安全与网络安全技术分会共同主席、SAE International Journal of Materials and Manufacturing副主编、中国汽车工程学会汽车安全技术分会副秘书长、汽车轻量化技术创新战略联盟专家委员会委员。主要从事材料与结构大变形失效、动力电池碰撞安全和行人碰撞安全等研究。1998年获中国科学技术大学高分子物理学士学位；2004年获中国科学技术大学固体力学博士学位；2013—2014年在美国麻省理工学院访学期间开始动力电池碰撞安全方面的研究工作。主持和参与多项国家重点研发计划课题和国家自然科学基金课题，与通用、福特、大众、丰田等企业长期开展合作研究。发表学术论文100余篇，获国内外发明专利10余项。

周青，清华大学车辆与运载学院教授，博士生导师。兼任中国汽车工程学会汽车安全技术分会主任委员、International Journal of Impact Engineering副主编、International Research Council on Biomechanics of Injury (IRCOBI) 理事。研究领域为汽车安全、人体碰撞保护、材料和结构大变形失效、电池碰撞安全等。主持过多项国家纵向课题及国际合作项目，发表学术论文100余篇，并获得数十项中国和美国发明专利。主讲"汽车碰撞安全基础"课程，该课程获得"清华大学精品课程"称号及教育部首批国家级一流本科课程和"国家精品慕课"认定。1985年本科毕业于北京大学力学专业，1994年获得麻省理工学院（MIT）博士学位，1994年至1999年就职于美国通用汽车公司研发中心，1999年至2003年就职于美国联邦政府交通部Volpe研究中心，2003年开始在清华大学任教。

新能源汽车与新能源革命（代总序）

中国新能源汽车研发与产业化已经走过了 20 个年头。回顾中国新能源汽车的发展历程："十五"期间是中国新能源汽车打基础的阶段，我国开始对电动汽车技术进行大规模有组织的研究开发；"十一五"期间是中国新能源汽车从打基础到示范考核的阶段，科技部组织实施了"节能与新能源汽车"重大项目；"十二五"期间是中国新能源汽车从示范考核到产业化启动阶段，科技部组织实施了"电动汽车"重大项目；"十三五"期间是中国新能源汽车产业快速发展升级阶段，科技部进行了"新能源汽车"科技重点专项布局。

2009—2018 年的 10 年间，中国新能源汽车产业从无到有，新能源汽车年产量从零发展到 127 万辆，保有量从零提升到 261 万辆，均占全球的 53% 以上，居世界第一位；锂离子动力电池能量密度提升两倍以上，成本降低 80% 以上，2018 年全球十大电池企业中国占 6 席，第一名和第三名分别为中国的宁德时代和比亚迪。与此同时，众多跨国汽车企业纷纷转型，大力发展新能源汽车。这是中国首次在全球率先成功大规模导入高科技民用大宗消费品，更是首次引领全球汽车发展方向。2020 年是新能源汽车发展进程中具有里程碑意义的年份。这一年是新能源汽车大规模进入家庭的元年，也是新能源汽车从政策驱动到市场驱动的转折年。这一年，《节能与新能源汽车产业发展规划（2012—2020 年）》目标任务圆满收官，《新能源汽车产业发展规划（2021—2035 年）》正式发布，尤其是 2020 年年底习近平主席提出中国力争于 2030 年前碳达峰和 2060 年前实现碳中和的宏伟目标，给新能源汽车可持续发展注入强大动力。

回顾过去，展望未来，我们可以更加清晰地看出当前新能源汽车发展在能源与工业革命中所处的历史方位。众所周知，每次能源革命都始于动力装置和交通工具的发明，而动力装置和交通工具的发展则带动对能源的开发利用，并引发工业革命。第一次能源革命，动力装置是蒸汽机，能源是煤炭，交通工具是火车。第二次能源革命，动力装置是内燃机，能源是石油和天然气，能源载体是汽、柴油，交通工具是汽车。现在正处于第三次能源革命，动力装置是各种电池，能源主体是可再生能源，能源载体是电和氢，交通工具就是电动汽车。第一次能源革命使英国经济实力超过荷兰，第二次能源革命使美国经济实力超过英国,而这一次可能是中国赶超的机会。第四次工业革命又是什么？我认为是以可再生能源为基础的绿色化和以数字网络为基础的智能化。

从能源与工业革命的视角看新能源汽车,我们可以发现与之密切相关的三大革命:动力电动化——电动车革命;能源低碳化——新能源革命;系统智能化——人工智能革命。

第一,动力电动化与电动车革命。

锂离子动力电池的发明引发了蓄电池领域百年来的技术革命。从动力电池、电力电子器件的发展来看,高比能量电池与高比功率电驱动系统的发展将促使电动底盘平台化。基于新一代电力电子技术的电机控制器升功率提升一倍以上,可达50千瓦,未来高速高电压电机升功率提升接近一倍,可达20千瓦,100千瓦轿车的动力体积不到10升。随着电动力系统体积不断减小,电动化将引发底盘平台化和模块化,使汽车设计发生重大变革。电动底盘平台化与车身材料轻量化会带来车型的多样化和个性化。主动避撞技术与车身轻量化技术相结合,将带来汽车制造体系的重大变革。动力电动化革命将促进新能源电动汽车的普及,最终将带动交通领域全面电动化。中国汽车工程学会《节能与新能源汽车技术路线图2.0》提出了我国新能源汽车的发展目标:到2030年,新能源汽车销量达到汽车总销量的40%左右;到2035年,新能源汽车成为主流,其销量达到汽车总销量的50%以上。在可预见的未来,电动机车、电动船舶、电动飞机等都将成为现实。

第二,能源低碳化与新能源革命。

国家发改委和能源局共同发布的《能源生产和消费革命战略(2016—2030)》提出到2030年非化石能源占能源消费总量比重达到20%左右,到2050年非化石能源占比超过一半的目标。实现能源革命有五大支柱:第一是向可再生能源转型,发展光伏发电和风电技术;第二是能源体系由集中式向分布式转型,将每一栋建筑都变成微型发电厂;第三是利用氢气、电池等相关技术存储间歇式能源;第四是发展能源(电能)互联网技术;第五是使电动汽车成为用能、储能和回馈能源的终端。中国的光伏发电和风电技术已经完全具备大规模推广条件,但储能仍是瓶颈,需要靠电池、氢能和电动汽车等来解决。而随着电动汽车的大规模推广,以及电动汽车与可再生能源的结合,电动汽车将成为利用全链条清洁能源的"真正"的新能源汽车。这不仅能解决汽车自身的污染和碳排放问题,同时还能带动整个能源系统碳减排,从而带来一场面向整个能源系统的新能源革命。

第三,系统智能化与人工智能革命。

电动汽车具有出行工具、能源装置和智能终端三重属性。智能网联汽车将重构汽车产业链和价值链,软件定义汽车,数据决定价值,传统汽车业将转型为引领人工智能革命的高科技行业。同时,从智能出行革命和新能源革命双重角度来看汽车"新四化"中的网联化和共享化:一方面,网联化内涵里车联信息互联网和移动能源互联网并重;另一方面,共享化内涵里出行共享和储能共享并重,停止和行驶的电动汽车都可以连接到移动能源互联网,最终实现全面的车网互动(V2G,vehicle to grid)。分布式汽车在储能规模足够大时,将成为交通智慧能源也即移动能源互联网的核心枢纽。智能充电和车网互动将满足消纳可再生能源波动的需求。到2035年我国新能源汽车保有量将达到1亿辆左右,届时新能源车载电池能量将达到50亿千瓦时左右,充放电功率将达到25亿~50亿千瓦。而2035年风电、光伏发电最大装机容量不超过40亿千瓦,车载储能电池与氢能结合完全可以满足负荷平衡需求。

总之,从2001年以来,经过近20年积累,中国电动汽车"换道先行",引领全球,同时可再生能源建立中国优势,人工智能走在世界前列。可以预见,2020年至2035年将是新能源电动汽车革命、可再生能源革命和人工智能革命突飞猛进、协同发展,创造新能源智能化电动汽车这一战略性产品和产业的中国奇迹的新时代。三大技术革命和三大优势集成在一个战略产品和产业中,将爆发出巨大力量,不仅能支撑汽车强国梦的实现,而且具有全方位带动引领作用。借助这一力量,我国将创造出主体产业规模超过十万亿元、相关产业规模达几十万亿元的大产业集群。新能源汽车规模化,引发新能源革命,将使传统的汽车、能源、化工行业发生翻天覆地的变化,真正实现汽车代替马车以来新的百年未有之大变局。

新能源汽车技术革命正在带动相关交叉学科的大发展。从技术背景看,节能与新能源汽车的核心技术——新能源动力系统技术是当代前沿科技。中国科学技术协会发布的2019年20个重大科学问题和工程技术难题中,有2个(高能量密度动力电池材料电化学、氢燃料电池动力系统)属于新能源动力系统技术范畴;中国工程院发布的报告《全球工程前沿2019》提及动力电池4次、燃料电池2次、氢能与可再生能源4次、电驱动/混合电驱动系统2次。中国在20年的节能与新能源汽车的研发过程中实际上已经积累了大量的新知识、新方法、新经验。"节能与新能源汽车关键技术研究丛书"立足于中国实践与国际前沿,旨在总结我国节能与新能源汽车的研发成果,满足我国节能与新能源汽车技术发展需要,反映国际节能与新能源汽车关键技术研究趋势,推动我国节能与新能源汽车关键技术转化应用。丛书内容包括四个模块:整车控制技术、动力电池技术、电机驱动技术、燃料电池技术。丛书所包含图书均为国家自然科学基金项目、国家科技重大专项或国家重点研发计划项目等支持下取得的研究成果。该丛书的出版对于增强我国新能源汽车关键技术的知识积累、提升我国自主创新能力、应对气候变化、推动汽车产业的绿色发展具有重要作用，并能助力我国迈向汽车强国。希望通过该丛书能够建立学术和技术交流的平台，让作者和读者共同为我国节能与新能源汽车技术水平和学术水平跻身国际一流做出贡献。

中国科学院院士
清华大学教授

2021 年 1 月

前言

以道路车辆为代表的交通运载工具发展过程中,碰撞安全始终是贯穿其中的重要问题,随着技术革新,碰撞安全也不断被赋予新的内容。在车辆电动化与智能化转型的今天,作为新型动力源的动力电池,其安全性评价与设计已成为业界务必解决的关键难题。实际道路交通事故中屡屡出现的新能源车辆碰撞起火案例,则不断把动力电池碰撞安全问题推到台前。提升动力电池碰撞安全设计水平已刻不容缓。

可以看到,近十多年来国际上动力电池安全研究领域不断推出突破性的技术成果和崭新理念,例如,清华大学欧阳明高院士领衔的电池安全研究团队在动力电池安全性和耐久性研究方面所做的卓越贡献,美国阿岗国家实验室等为代表的研究单位在先进电池材料等方面的重要研究突破,为新能源车辆的持续性发展提供了充足的技术支撑。聚焦碰撞安全,国际上较早的动力电池碰撞挤压安全研究起始于麻省理工学院 Wierzbicki 教授团队,国内则由著者所在的清华大学车辆安全与轻量化团队率先开展电池碰撞安全课题研究。十多年来两个团队在这一领域保持着紧密合作,针对动力电池的多层级、多尺度特点,在测试分析方法和模型开发技术等方面开展了系统研究,为电池碰撞安全技术发展奠定了较为坚实的基础。随着时间的推移,越来越多的国内外团队关注并致力于动力电池碰撞安全研究,在新模型、新技术不断涌现的同时,业界的新能源车辆安全设计技术水平取得有效提升、跃上新台阶,也推动了电池安全相关法规标准的不断补充和完善。

在与相关企业合作开发和沟通交流中,我们感到有必要对过往的动力电池碰撞安全研究成果进行适当的梳理和总结，以帮助工程技术人员和研究人员系统掌握电池碰撞安全相关分析设计的基础知识，明确和把握研究思路和技术主线，快速了解具有代表性的研究进展。在指导研究生进行动力电池碰撞安全相关课题研究的时候，我们也时常琢磨，如果有一本关联性较强的参考书，或许可以更为有效地帮助他们吃透前人的研究成果，掌握重要的分析方法和关键的建模技术，针对新的研究目标制定更为合理的技术方案。这大概是我们三年前着手撰写本书的初衷。

本书的完成幸得课题组的研究生、博士后相助，从整理素材、搭建框架、撰写文字、润色图表到调整修改，无不体现团队合作与努力；书中的原始素材和成果也离不开课题组若干博士和硕士毕业生的学术贡献。从最先分析小型电动车辆碰撞安全的硕士毕业生张颂安（后获得密西根大学博士学位）开始，到深入探究电池挤压失效特征和模型开发的罗海灵博士、李威博士、潘哲鑫博士、祝凌霄博士，还有其间在不同层级开展测试、表征和模拟工作的硕士毕业生蒋旭乾、陈冠华、石子彤、肖飞宇、赵天琪等，这些同学的学位论文构成了课题组在电池碰撞安全研究领域的丰富积累，系统性的研究成果为本书提供了宝贵素材。同时，对目前在美国东北大学任教的朱俊儿博士致以谢意，本书部分章节的素材来自双方多年的紧密合作。本书的撰写要特别感谢李威博士，他在本书的前期整理汇集阶段花费了大量时间和精力，也要特别感谢邢伯斌和敖文宏两位博士后，两位在本书各章节的修改完善阶段付出了辛勤的劳动。

本书主体结构如下。第1章归纳总结典型的电动汽车碰撞事故特征，指出碰撞挤压条件和动力电池系统构型差异共同造成电池碰撞工况的复杂性，轻量化需求则给动力电池安全设计带来新挑战。

第2章介绍电池组分材料、电池单体和电池模组三个层级的机械加载测试方法，这些方法服务于后续各章节的具体分析研究，为不同对象的力学行为分析和表征建模提供可靠的方法和数据支撑。第3章分析了电池单体关键组分材料的力学特性，介绍了具有代表性的组分材料模型和参数识别方法。第4章介绍了电池单体和电池模组的挤压力学响应和失效特征，为建立电池碰撞挤压安全性评估判据提供了重要参考依据。

第5章重点介绍电池单体机械挤压工况的建模方法和仿真应用案例，涵盖精细化建模和均质化建模方法，同时介绍了基于高精度仿真数据和机器学习算法建立电池机械加载失效快速预测模型的方法。第6章重点分析不同挤压模式下电池单体的力-电-热响应，考察电池结构变形、损伤和失效模式，分析对应的内短路行为和产热效应，也概述了电池机械挤压工况的力-电-热多物理场仿真方法。

第 7 章和第 8 章介绍了两个专题研究成果，分别为荷电状态对电池机械加载响应的影响，以及电池动态挤压的力学响应特征及内在机理分析。前者分析了荷电状态、电池结构与卷芯膨胀内应力间的联系，强调了内应力机制对电池宏观挤压响应的影响；后者总结了电池动态挤压响应的显著变化，揭示了动态效应与电解液的黏性耗散密不可分。

最后，在第 9 章中给出电池包层级碰撞安全性能分析的技术框架，描述了若干针对典型整车碰撞工况的防护设计思路，结合结构优化和材料匹配，开展电池包结构抗撞性与轻量化多目标优化，以降低动力电池变形失效风险。

本书内容的整理基本涵盖了我们团队 2021 年之前的研究积累。近一两年的新进展，包括刘原杰博士在电池老化影响方面的分析发现、陈柏彣博士在电池排布构型影响方面的深入分析及设计理念，还有在读研究生的一些重要研究结果，尚未包含在内。根据相关研究的推进和完善情况，在后续版本的内容组织上我们将加以考虑并更新。

希望本书能为新能源车辆安全领域和动力电池研发领域的工程师、相关专业的高年级本科生与研究生的学习工作提供参考。限于著者水平，本书可能存在错误和不当之处，恳请读者不吝指正。

周青　夏勇

2023 年 5 月于清华园

目录

第1章 电动汽车碰撞事故和碰撞安全设计需求   1
- 1.1 电动汽车典型碰撞工况分析   1
- 1.2 轻量化电池包的碰撞安全设计需求   7
- 本章参考文献   9

第2章 电池多层级机械加载试验方法   12
- 2.1 锂离子电池机械加载试验概述   12
- 2.2 电池组分材料机械性能试验方法   14
  - 2.2.1 组分材料的压缩性能测试   16
  - 2.2.2 组分材料的拉伸性能测试   18
  - 2.2.3 组分材料的穿孔测试   20
  - 2.2.4 电极的箔材-涂层界面强度测试   20
- 2.3 电池单体机械性能试验方法   25
  - 2.3.1 电池单体准静态机械加载测试   27
  - 2.3.2 电池单体动态机械加载测试   29
- 2.4 电池模组机械性能试验方法   31
- 2.5 本章小结   32
- 本章参考文献   33

第3章 电池单体组分材料的力学性能分析和表征   35
- 3.1 组分材料基本力学特性概述   35
- 3.2 金属集流体的力学行为表征   36
  - 3.2.1 金属集流体箔材的本构描述   36
  - 3.2.2 金属集流体箔材力学测试结果与力学行为表征   42
- 3.3 活性涂层的力学行为表征   49

####### 3.3.1 活性涂层孔隙材料的本构描述 49
####### 3.3.2 活性涂层材料力学测试结果与力学行为表征 54
3.4 电极集流体箔材-活性涂层界面强度表征 63
3.5 隔膜材料的力学行为表征 65
####### 3.5.1 隔膜材料的本构描述 65
####### 3.5.2 隔膜材料力学测试结果与力学行为表征 69
3.6 电池单体的封装材料 79
3.7 本章小结 81
本章参考文献 82

第4章 受挤压电池的力学响应和变形失效特征 86
4.1 单体变形与失效特征 86
####### 4.1.1 圆柱电池单体的变形与失效特征 87
####### 4.1.2 软包电池单体的变形与失效特征 90
####### 4.1.3 方壳电池单体的变形与失效特征 97
4.2 模组变形与失效特征 100
####### 4.2.1 软包电池模组 100
####### 4.2.2 方壳电池模组 109
4.3 本章小结 112
本章参考文献 113

第5章 面向机械载荷工况的电池仿真建模方法 115
5.1 电池单体建模方法概述 115
5.2 电池单体的均质化模型 116
####### 5.2.1 蜂窝材料模型的改进 117
####### 5.2.2 Deshpande-Fleck 模型的改进 127
####### 5.2.3 电芯均质化模型的电池模组仿真应用 133
5.3 非均质简化模型 136
5.4 精细化模型 138
####### 5.4.1 精细化模型构建 138
####### 5.4.2 模型计算结果 139
5.5 基于仿真大数据的碰撞失效预测模型 142
####### 5.5.1 多工况参数化电池精细模型 143

5.5.2 电池单体碰撞挤压工况的多参数组合仿真矩阵　　145
   5.5.3 电池单体多工况碰撞失效仿真结果分析　　147
   5.5.4 基于仿真大数据的电池碰撞失效预测分类模型　　149
   5.5.5 基于仿真大数据的电池单体碰撞挤压失效回归模型　　155
  5.6 本章小结　　158
  本章参考文献　　158

第6章　挤压工况电池单体的力-电-热响应　　161
  6.1 不同压头挤压工况的电池单体力-电-热响应　　161
   6.1.1 电池单体机械响应与电-热响应的关联性　　161
   6.1.2 内短路后电池单体的电-热响应　　163
   6.1.3 变形和断裂模式　　165
   6.1.4 断裂模式对电池电压和温度变化的影响　　168
  6.2 不同挤压方向下的电池单体力-电-热响应　　169
   6.2.1 不同挤压方向下的电池单体机械响应特征　　169
   6.2.2 不同方向挤压下电池单体内短路和产热特性　　172
   6.2.3 不同挤压方向下的电池单体内部失效特征　　175
   6.2.4 断裂模式对开路电压和温度场的影响　　176
  6.3 机械载荷下电池单体的力-电-热多场仿真框架　　178
  6.4 本章小结　　186
  本章参考文献　　187

第7章　电池挤压力学响应的荷电状态敏感性　　192
  7.1 电池单体力学响应的荷电状态敏感性测试　　192
  7.2 组分材料力学性能的荷电状态相关性　　195
   7.2.1 高荷电状态的组分材料样品制备和拉伸测试方法　　195
   7.2.2 不同SOC电池的组分材料拉伸性能变化和空气暴露效应　　197
   7.2.3 高荷电状态的组分材料微观结构特征　　201
  7.3 荷电状态相关性的机理分析　　203
   7.3.1 两种电池的卷芯挤压试验　　204
   7.3.2 外部约束下软包电池的挤压试验　　204
  7.4 软包电池自由膨胀和约束反力　　207
   7.4.1 无约束软包电池单体的体积膨胀　　207

7.4.2　约束单体反作用力的测量　209
　　7.4.3　电池膨胀内应力的解析模型　210
7.5　电池大变形力学行为的荷电状态影响机理　214
　　7.5.1　用于估算组分材料影响的解析模型　214
　　7.5.2　用于活性涂层压缩性能分析的离散元模型　216
　　7.5.3　考虑膨胀内应力的代表体元模型　220
　　7.5.4　考虑膨胀内应力的连续介质涂层模型　222
　　7.5.5　荷电状态相关的 DPC 模型　224
7.6　本章小结　226
本章参考文献　226

第 8 章　电池碰撞挤压响应的动态效应　228

8.1　电池单体的动态挤压试验　228
8.2　电池结构刚度的动态增强效应　229
　　8.2.1　样品制备与层叠压缩试验　230
　　8.2.2　干、湿态电池样品层叠压缩试验结果　230
8.3　电池刚度动态增强的解析模型　232
8.4　电池结构刚度动态增强效应的仿真研究　236
　　8.4.1　基于光滑粒子流体动力学(SPH)的模型　236
　　8.4.2　基于孔隙力学的有限元模型　239
8.5　电池挤压断裂的动态特征分析　243
　　8.5.1　基于等效模型的结构失效仿真分析　244
　　8.5.2　动态失效机理的试验验证　245
　　8.5.3　电池多层结构的断裂次序　246
8.6　本章小结　249
本章参考文献　250

第 9 章　动力电池碰撞防护结构　252

9.1　动力电池的轻量化防护设计现状　252
9.2　电池模组结构优化设计　254
　　9.2.1　三明治夹层结构高度的影响　255
　　9.2.2　三明治结构截面构型设计　256
9.3　电池包结构的碰撞安全设计　260

  9.3.1 电池包底部护板的结构形式 261
  9.3.2 底部护板的聚合物涂覆设计 265
 9.4 本章小结 274
本章参考文献 274

第 1 章
电动汽车碰撞事故和碰撞安全设计需求

作为未来交通发展的关键技术,车辆电动化具有可持续发展和清洁环保等显著优势。多国政府已经宣布化石能源的退市计划,荷兰、印度、挪威和法国等国家已明确提出允许传统燃油车辆销售的最后年限,我国也宣布即将逐步取消传统燃油车辆的生产销售。锂离子电池凭借能量密度大、循环寿命长、充电效率高等优点,被广泛应用于纯电动汽车或混合动力汽车的储能系统。为了追求更长的续驶里程,不断有新材料和新技术涌现,以提高锂离子电池的能量密度。动力电池系统能量密度的迅速增长,则对整车安全性设计提出了新的挑战。尤其在车辆经受复杂严苛的碰撞工况时,如果电池系统的周围结构不能对电池单体提供充分保护,很容易引发电池内部结构受损,进而引起热失控甚至起火爆炸等严重事故。若为防止电池受损而过分追求保护结构的坚固,又势必增加电池系统质量,导致结构厚重,且影响整车碰撞能量的耗散吸收。这样既不利于车辆乘员安全,也违背节能减排的初衷。不仅如此,电动汽车具有低速扭矩大、高效工作区间广、驱动方式灵活等特性,越来越多的高性能车辆包括赛车倾向采用混合动力或纯电驱动的技术方案。这类车辆动力强、速度快,往往需要储能更高的电池系统,同时对轻量化的设计要求也更高。这进一步增大了电池系统碰撞保护的设计难度。

1.1 电动汽车典型碰撞工况分析

随着电动汽车保有量的增加,安全问题也逐渐突出。据不完全统计,中国2020年全年媒体报道的电动汽车起火事故共124起[1],其中接近39%的事故发生于行驶过程。《新能源汽车国家监管平台大数据安全监管成果报告》显示,

2019年5月以来已查明的电动汽车起火事故中,近19%来自车辆碰撞[2]。新能源汽车碰撞事故中,碰撞冲击载荷既可能造成车身结构变形破坏,也可能导致动力电池系统发生挤压变形和破损断裂,从而引发起火爆炸等危险。一些知名电动汽车品牌都出现过严重的碰撞起火事故。部分公开报道的电动汽车碰撞起火事故现场图片及描述列于图1-1和表1-1中,可以发现电动汽车碰撞起火事故类型多样,部分事故中电动汽车经受碰撞挤压载荷后立刻出现起火事故,部分事故中电动汽车的电池包经受挤压并行驶一段时间后才发生起火事故。

2011.5 美国　　2012.5 中国深圳　2013.10 美国西雅图　2017.6 瑞士　　2017.6 中国日照

2017.10 奥地利　2019.4 中国西安　2019.8 俄罗斯莫斯科　2020.5 中国深圳　2020.8 中国广州

2020.8 中国广州　2020.11 美国俄勒冈　2021.1 中国上海　2021.5 中国许昌

图 1-1　部分公开报道的电动汽车碰撞起火事故现场

表 1-1　部分公开报道的电动汽车碰撞起火事故描述

事故时间	事故车辆	事故工况描述
2011 年 5 月	雪佛兰 Volt[3]	侧面碰撞测试约 3 周后突然起火
2012 年 5 月	比亚迪 E6[4]	被后车高速追尾后,与路边树木碰撞,树干侵入车体,造成高压线路与车身间短路,产生电弧,引燃内饰及部分动力电池
2013 年 10 月	特斯拉 Model S[5]	高速公路行驶中,路面异物撞击车辆底部并刺穿电池包起火
2017 年 6 月	Rimac Concept One[6]	失控打滑,高速冲出车道,翻覆至一旁山坡后起火
2017 年 6 月	特斯拉 Model X[7]	撞击路边护栏后起火
2017 年 10 月	特斯拉 Model S[8]	撞击路面混凝土隔离物后起火

续表

事故时间	事故车辆	事故工况描述
2019年4月	蔚来ES8[9]	车辆停止状态下起火。疑似车辆底盘遭受过严重撞击,电池包左后部外壳与冷却板大面积变形,电池包内部结构在挤压变形状态下经过一段时间后形成短路,最终引发火情
2020年5月	依维柯[10]	行驶中追尾前车,车辆底盘起火
2020年5月	上汽名爵6[11]	撞向路边护栏后,车体尾部窜出火焰并蔓延至全车
2020年8月	小鹏G3[11]	电池包底部有明显严重磕碰伤痕,电池严重受损导致起火
2020年8月	特斯拉Model 3[11]	高速行驶过程中与金属角铁状的路面抛撒物发生剐蹭,造成电池包严重受损,引起车辆起火
2020年11月	特斯拉Model 3[11]	行驶中撞击电线杆及树木,电池包在碰撞挤压中被分解
2021年1月	特斯拉Model 3[12]	车辆停止状态下起火。疑似曾遭受碰撞,导致电池受损
2021年5月	长安奔奔EV[13]	行驶中起火。疑似底盘遭受碰撞受损

为降低碰撞事故中电动汽车动力电池系统及相关高压元件的损伤风险,戴姆勒公司研究人员根据GIDAS事故数据库中的9000多例真实车辆碰撞事故数据,绘制了车身碰撞变形概率统计分布(示意)图(见图1-2),在此基础上给出了动力电池系统碰撞保护区域的分级规划建议。

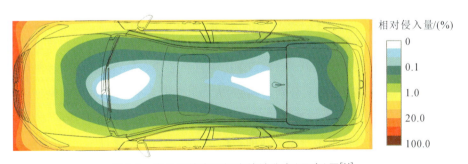

图1-2 车身碰撞变形概率统计分布(示意)图[14]

已有研究借助整车碰撞仿真手段对电动汽车的多种碰撞工况进行了分析比较。例如,将燃油车辆的有限元模型电动化(electrified),去除发动机和油箱等部件,添加电机和电池箱,辅以结构适配与调整,可以对比电动车辆与燃油车辆不同碰撞工况的响应差异。然而目前多数整车结构碰撞仿真分析中,仍将电池箱中的电池模组简化处理为刚性质量块体,即不考虑电池本身发生变形的可能性,而主要关注电池箱结构的存在对车体其他结构碰撞变形及车辆乘员碰撞伤害的影响。例如,对比分析电动车辆与传统燃油车辆的侧面柱撞工况[15],发现动力电池排布采取地板平铺形式有利于减小车辆乘员舱的侵入变形;分析电动客车的侧翻工况[16],评估动力电池系统引起的乘员机械伤害与电伤害风险,针对相关的安全隐患优化设计电池箱结构;分析电动客车碰撞中动力电池箱的加速度波形[17],结合车门结构侵入量提出损伤判据,设计动力电池碰撞的分段控制方法;开展城市电动公交车辆的耐撞性设计[18],提出使用橡胶元件的电池箱加速度峰值控制方案。

在电动车辆的碰撞模型中,只有将电池本身考虑为可变形体,才有可能通过仿真计算捕捉到碰撞载荷引起的电池变形情况,也才能在众多碰撞工况中梳理出需要重点关注的苛刻工况,同时为进一步评估电池变形引发机械损伤和电热失效等风险提供依据,也为有效的轻量化电池箱结构耐撞性设计提供理论依据。例如,欧盟 EVERSAFE 项目[19]开发了可变形的动力电池碰撞模型,并应用于丰田 YARiS 轿车有限元模型的电动化处理,针对电动汽车的 12 种碰撞工况开展了仿真模拟(见图 1-3),从结果中可以看到这些工况的车体碰撞波形长度一般在 140 ms 以内,最大的碰撞加速度峰值 $100g$ 来自正面小角度偏置碰撞,侧面碰撞的加速度峰值在 $60g$ 左右;在该车型电动化模型中,电池排布采取的是中央通道形式,正面柱撞造成的电池箱变形破坏最为严重;而托底碰撞也极有可能造成电池箱的局部严重变形,这取决于撞击物的几何特征和速度特征及车辆底部结构特征。在欧盟 OSTLER 项目[15,20]中,研究人员同样基于丰田 YARiS 轿车的电动化模型,分别将圆柱、方壳和软包三种类型电池的电池包集成到整车上,在典型整车碰撞工况下分析了每种类型电池的变形特征,确定了在单体层次开发电池模型所需关注的载荷工况;OSTLER 项目同时借助仿真模拟,对被动式和主动式两类电池包碰撞防护技术进行了评估。

本书作者的研究团队先后尝试将丰田 YARiS 轿车的有限元模型和 Camry 轿车的有限元模型电动化,研究了动力电池包的排布形式对类似 YARiS 的小

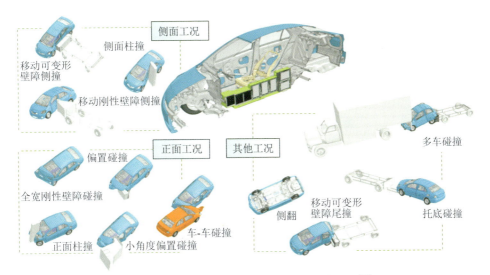

图 1-3 EVERSAFE 项目分析的多种碰撞工况[19]

型车辆碰撞波形的影响,并从开发全新车身构型的角度,探索并建立了以碰撞安全为目标的小型轻量化电动汽车正向拓扑优化方法[21];在电动化 Camry 模型中集成了本团队自主开发的电池碰撞模型,对比分析了 T 形电池包和地板平铺电池包在不同强度的正面柱撞、侧面柱撞和托底碰撞工况下的电池变形受损规律。结果表明,在多数碰撞工况下,地板平铺电池包的局部减速度峰值、最大电池挤压变形量都相对较小,但是在托底碰撞下电池变形受损的风险相对较大;并且对于 T 形和地板平铺两种电池包排布形式来说,侧面柱撞都比正面碰撞工况破坏程度更为严重,这与 EVERSAFE 项目针对中央通道排布形式的分析结论有所区别;而托底碰撞可能带来的局部电池变形损伤风险,在上述任何排布形式下都需要加以重视。不同电池包排布形式的多工况碰撞分析如图 1-4 所示。

试验研究表明,机械载荷作用下锂离子电池能够耐受一定的变形量而不发生内短路,但是由于面向机械载荷工况,尤其是碰撞工况的电池变形容限、损伤判据、仿真模型的开发建立尚未达到产品设计需求水平,已有电动汽车的电池箱结构设计一般偏向保守,采用极为坚实厚重的金属壳体和框架,设计目标设定的电池箱变形容许量往往接近于零,因此设计结果一方面与轻量化目标相悖,不利于提升车辆续航能力,另一方面影响整车结构碰撞吸能的优化控制,难以保证车辆在所有碰撞工况下安然无恙。目前动力电池碰撞安全已经引起业

(a) T形排布电池包的整车模型

(b) 地板平铺电池包的整车模型

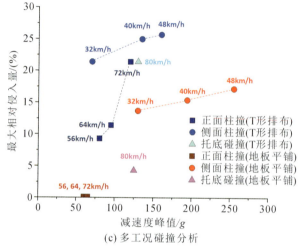
(c) 多工况碰撞分析

图1-4 不同电池包排布形式的多工况碰撞分析

界重视,电动汽车企业的设计开发部门急需建立足够健全、准确的电池变形容限和损伤判据,亟待掌握预测精度高、应用性强的电池碰撞仿真手段,以实现动力电池箱体乃至电动车辆整车结构的碰撞安全优化设计。

上述提及的部分车辆模型电动化及整车碰撞模拟,虽然已采用了可模拟碰撞变形的电池模型,但这些模型的可靠性和预测能力还远远不够。这与模型开发中若干重要环节的简化相关,包括材料表征、模型选择、测试标定与验证工况设置。因此已有的整车碰撞模拟还只能为我们提供一些定性分析结果,要获得可靠性更高的量化依据、为结构设计提供翔实的参考,需要围绕电池碰撞模型开展大量研究和开发工作。

考虑到实际碰撞事故的复杂多样性,即使具备了优良的抗撞设计,电动汽车及动力电池包在经历高强度碰撞时,仍有可能发生不可控的结构局部变形破损情况,依然存在诱发局部电池单体短路的可能性;还有一些车辆碰撞场景引起的动力电池损伤没有迅速引发剧烈响应,也没有显性征兆,而是经历较长时间发展累积才"意外"发生热失控和热蔓延。因此,开展电池碰撞安全研究的目的除了帮助电动车辆优化抗撞设计,还在于探明动力电池在碰撞冲击和挤压变形情况下损伤演化机理和力、电、热失效规律,帮助电池管理系统在极端苛刻工况下及时有效地对非正常电池作出干预,也有助于充分利用电压、内阻、温度、加速度及其他感知信号,建立有效的电池损伤判据和早期损伤诊断方法,提高电池热失控预判的可靠性。

1.2 轻量化电池包的碰撞安全设计需求

目前市场上电动汽车的动力电池包在整车中的质量占比约为20%甚至更高,超过1/3的商用电动汽车质量超过2000 kg,电动汽车平均质量接近1940 kg,动力电池包单位容量(kW·h)的质量中位数达到了30.7 kg[22]。业界对电动汽车的轻量化需求已经极为迫切。如前所述,由于动力电池包结构碰撞安全设计中核心评估手段和预测技术的缺失,现有产品设计不得不采用过保护设计,从而导致结构质量偏大。如何达成轻量化和碰撞安全性的均衡,已成为电动汽车结构设计中极具挑战性的技术问题。

为合理优化电动车辆车身及动力电池系统结构,最大限度地发挥防护效能,一方面需要充分了解锂离子动力电池本身的特性,尤其需要掌握机械加载、碰撞冲击下的电池变形和失效规律,识别相应的内部损伤产生演化历程和主导机制。另一方面需要建立和完善基于载荷、形变或能量等指标的电池机械损伤失效判据或变形容限,提供高效率、高精度的电池碰撞仿真计算模型,实现实际设计中的多目标优化和多方位评估。掌握锂离子电池的机械变形响应特征和碰撞安全评估预测手段,除了能够有效支持新能源车辆的设计和制造,还有利于新能源车辆的后期维护和事故处理等工作。

具体来说,面向轻量化电池包的碰撞安全设计对电池性能测试、建模和分析等工作有如下需求。从中我们可以梳理出电池碰撞安全的共性基础和关键技术,相应的研究进展和技术突破将在后续章节展开论述。

(1) 作为化学能量的载体,电池单体的组分材料和界面力学性能也较为复杂。需要有针对性地建立准确可靠的组分材料测试方法,获取多应力状态、多应变率和不同荷电状态下的组分材料力学特性，掌握不同组分材料的失效行为特征，选择或提出合理表征组分材料力学特性的本构模型，建立有效的模型参数识别、标定流程，为理解电池整体变形失效机理提供理论支撑，也为电池精细建模提供理论基础。

（2）需要建立电池单体和电池模组碰撞挤压工况的系统性测试方法。基于电动汽车的典型碰撞工况，提取电池包、模组、单体的机械加载边界条件，分别围绕电池单体和电池模组，建立规范化的准静态加载到动态冲击加载试验方法和测试流程，获取全面有效的电池机械变形响应特征，掌握机械载荷作用下的电池内部损伤起始和扩展规律，识别力-电-热多场响应的关联性和对应的物理机制。

（3）需要开发不同形式的电池碰撞仿真模型，兼顾仿真精度和计算效率，以满足不同的分析研究和设计开发需求。针对轻量化电池包的碰撞安全评估和设计，需开发精度更高、表征能力更强的均质化模型，要求能够合理描述电池单体或模组在复杂变形状态下、不同挤压方向下及多级加载速率下的机械变形响应和失效行为。针对电池单体失效机理辨识、组分层级多因素影响分析，以及失效判据和变形容限推演，需开发电池单体的精细化模型或具有代表性的代表体元（representative volume element，RVE）模型。为合理描述碰撞挤压下电池的电、热响应，还需建立以机械变形为诱导机制的、适当引入耦合效应的电池多物理场模型，并制定电学和热学模型中关键模型参数的标定流程。

（4）锂离子电池在复杂碰撞工况下的机械变形失效与后续内短路和产热行为之间的关系有待进一步梳理，需要系统分析具有代表性的多种挤压工况下电池单体内短路和产热规律，以及电池包和电池模组内部空间布置和排列设计的影响。

（5）动力电池碰撞安全的研究重点放在电池变形起始到内短路发生这一阶段，需要结合大量分析提出合理的变形容限或损伤判据，改进动力电池包及整车结构设计，尽可能避免机械变形过大引发电池内短路。同时需要明确的是，电池作为电化学储能元件，荷电状态和健康状态都会影响电池的多方面性能，并且这些因素在电池内短路发生至热失控阶段的影响效果更为显著。因此，需要在试验和建模分析中对电池荷电状态和健康状态的影响给予适当关注，避免造成电动车辆碰撞安全设计的盲区。

本章参考文献

[1] 电动汽车观察家. 2020年电动汽车起火事故分析[EB/OL]. (2021-2-18)[2021-12-20]. https://www.sohu.com/a/451222874_100044558.

[2] 新能源汽车国家大数据联盟. 新能源汽车国家监管平台大数据安全监管成果报告[R]. 北京：NDANEV, 2019.

[3] 汽车商业评论. 电动车之火策划：全球电动车着火事件回顾[EB/OL]. (2021-06-19)[2021-12-20]. https://www.d1ev.com/news/shichang/13385.

[4] 经济观察网. 比亚迪E6电动车事故调查结果出炉[EB/OL]. (2012-08-10)[2021-12-10]. http://www.eeo.com.cn/2012/0810/231591.shtml.

[5] GANESH. Tesla Models S catches fire for a third time, but that's fine[EB/OL]. (2013-12-13)[2021-12-20]. https://www.drivespark.com/four-wheelers/2013/tesla-models-s-catches-fire-a-third-time-005737.html.

[6] Total Croatia News. Richard Hammond crashes Mate Rimac's Concept One[EB/OL]. (2017-06-10)[2021-12-25]. https://www.total-croatia-news.com/lifestyle/19594-richard-hammond-crashes-mate-rimac-s-concept-one.

[7] 环球网. 特斯拉国内再度起火：电池被烧焦 事故调查中[EB/OL]. (2017-06-14)[2021-12-20]. http://auto.huanqiu.com/news/2017-06/10837064.html.

[8] FF-LANDECK. PKW-Brand：Lenkerin leicht verletzt-Fahrzeug ist ein Totalschaden[EB/OL]. (2017-10-17)[2021-12-20]. https://www.ff-landeck.at/cms/index.php/83-aktuelle-beitraege-blog/einsaetze/532-2017-brand-eines-elektrofahrzeuges-auf-der-s16.html.

[9] 搜狐网. 蔚来ES8自燃系底盘遭撞击 新能源动力电池该如何守护？[EB/OL]. (2019-05-02)[2021-12-20]. https://www.sohu.com/a/311428066_180520.

[10] 澎湃网. 深圳电动货车追尾起火导致司机死亡，南京依维柯正密切关注

[EB/OL].(2020-05-28)[2021-12-20].https://www.thepaper.cn/newsDetail_forward_7598341.

[11] 电动汽车用户联盟.2020年新能源汽车起火报告:72起事故,38款车,25个车企[EB/OL].(2021-04-08)[2021-12-20].https://zhuanlan.zhihu.com/p/363246683.

[12] 新汽车志.上海Model 3自燃爆炸后续,特斯拉:底盘磕碰导致起火[EB/OL].(2021-01-23)[2021-12-20].https://new.qq.com/omn/20210123/20210123A03L4I00.html.

[13] 汽车维修.2021年上半年新能源汽车自燃事故统计[EB/OL].(2021-08-25)[2021-12-20].https://www.hfyili.cn/a/1568.

[14] JUSTEN R,SCHöNEBURG R.Crash safety of hybrid-and battery electric vehicles[C].The 22nd International Technical Conference on the Enhanced Safety of Vehicles(ESV),Washington D.C.,2011.

[15] FUNCKE M,SCHÄFER,S,WOHLECKER,R.Evaluation report on active and passive protection solutions[R].OSTLER—Optimised Storage Integration for the Electric Car,2010.

[16] 崔佳.电动客车侧向被动安全仿真与结构优化研究[D].北京:北京理工大学,2015.

[17] 刘佳.碰撞工况下电动客车动力电池系统安全控制研究[D].北京:北京理工大学,2015.

[18] SINZ W,BREITFUß,C,TOMASCH E,et al.Integration of a crashworthy battery in a fully electric city bus[J].International Journal of Crashworthiness,2012,17(1):1-14.

[19] LÉOST Y,BOLJEN M.Crash simulations of electric cars in the EVERSAFE project[C].COMPLAS XIII International Conference on Computational Plasticity:Fundamentals and Applications,Barcelona:CIMNE,2015.

[20] FUNCKE M,SCHÄFER S,WOHLECKER R,et al.Report on validation of FE simulation from WT3.1[R].OSTLER—Optimised Storage

Integration for the Electric Car,2014.

[21] 张颂安. 小型轻量化电动汽车正面碰撞响应及结构优化[D]. 北京：清华大学，2016.

[22] INSIDEEVS. Check electric cars listed by weight per battery capacity (kWh)[EB/OL].（2021-8-23）[2021-12-10]. https://insideevs.com/news/528346/ev-weight-per-battery-capacity/.

第 2 章
电池多层级机械加载试验方法

2.1 锂离子电池机械加载试验概述

通常在电动汽车碰撞事故中,动力电池系统可能遭受的变形失效模式是非常复杂的。要透彻分析机械载荷下的动力电池失效机理,建立可靠的预测模型和失效判据,需要设计合理的机械加载试验方案,获得全面可靠的试验数据,为建模分析工作提供支持。完整的试验方案涉及电池组分材料、电池单体、电池模组和电池包等多个层级,需要结合各层级研究对象的共性和差异,选择和建立相应的试验方法和测试流程。

国际上现有的锂离子电池相关的行业标准一般都包含电池机械滥用测试规范和试验要求,可以以此为据开展不同机械滥用形式下的电池单体、模组及电池包的安全评价。文献[1,2]总结了国内外十余份具有代表性的锂离子电池测试标准与规范,从表 2-1 总结的内容可以看到,行业适用标准中广泛采用的电池机械滥用形式包括冲击、振动、挤压、针刺和跌落等。冲击和振动试验分别考察持续时间较短、峰值较大的加速度脉冲单次加载下,以及持续时间较长、峰值较小的加速度脉冲反复加载下的电池安全性能。前者对应电动车辆碰撞工况,后者对应正常行驶工况。挤压试验考察的是电池受挤压变形时的失效风险,它对应后文重点关注的机械滥用工况。针刺试验较为特殊,从机械加载角度来看,针刺是一种极端挤压试验,试验采用的钢针可看作端部直径很小的压头。在所有电池测试标准中,跌落试验应该是仅有的对电池施加瞬态接触载荷的试验形式,但是从测试标准规定的跌落高度等试验要求来看,跌落试验很大程度上仍旧是关注电子设备电池的机械滥用安全,涉及的载荷模式和撞击强度与动力电池碰撞安全性分析需求并不十分契合。

表 2-1　行业适用标准中的电池机械滥用试验内容汇总

标准名称	机械挤压	机械冲击	跌落	针刺	振动
BATSO 01[3]	是		是		是
SAND 2005—3123[4]	是		是	是	是
IEC 62133[5]	是		是		
GB 38031—2020[6]	是	是	是		是
JIS C8714[7]	是		是		
ANSI C18.2M,Part2[8]	是	是	是		
UL 1642[9]	是	是			
UL 2054[10]	是	是			是
SAE J2464[11]	是		是	是	
SAE J2929[12]	是		是		是

机械滥用试验标准中锂离子电池安全性评价多依据一些定性观察结果,例如,在试验后指定时段内是否发生冒烟、着火、爆炸等热失控现象[4]。上面介绍的几种机械滥用形式中,针刺和挤压较易引发电池热失控。针刺试验的针体直接刺入或刺穿电池单体,电池形变和断裂极为局部化;受针刺电池一般都会发生内短路;而动力电池在实际服役期间,受针刺破坏概率极小。因此,在评估机械滥用电池安全性时,是否有必要考虑针刺形式是值得商榷的。作为一种常用的内短路诱发手段,针刺实际上可纳入电滥用范畴。挤压试验的对象可以是单体、模组或电池包,根据对象尺度差异选择不同的圆柱压头进行破坏性的试验。挤压试验形式最贴近动力电池系统的侵入式载荷工况,然而,要满足业界对动力电池碰撞安全性能的全面、深入分析需求,现有标准仍需对试验规范加以补充和完善,例如试验涵盖的挤压载荷模式、加载速率,以及加载响应测量技术要求等。

由此可见,要系统、全面地开展锂离子电池的碰撞安全性研究,仅依据现有标准或规范来确定机械加载试验方案显然是不够的。首先,电池组分层级的试验内容和测试方法目前是缺失的,这样导致电池机械滥用失效机理分析缺乏足够的依据;其次,电池单体以上层级的试验规范依然以定性评价为主,难以获得准确、可靠的定量试验结果,无法为服务于系统安全设计的计算模型提供数据支撑。

从建模分析和高效设计的需求出发,本书作者的研究团队近年来针对锂离子电池的力学性能或机械加载响应开展研究,结合国内外电池安全领域其他团队的技术进展,建立了较为完整的、多层级的锂离子电池机械加载试验方法。在组分材料层级,充分考虑电池这种多组分分层结构在碰撞挤压载荷下的复杂变形状态,设计了电极活性涂层、金属集流体、隔膜以及封装材料在多种变形模式下的力学性能测试,为分析和表征关键组分的变形和破断特性提供支持,为建立准确的电池精细模型提供参数。在电池单体层级,针对圆柱电池、软包电池和方壳电池等不同电池构型设计了多模式加载试验,在试验中观测和分析电池单体宏观上的力学、电学和热学响应,以及局部的变形和失效模式,充分考察电池构型、荷电状态、压头形状、加载速率、加载方向等因素对电池单体机械加载响应的影响规律,既为电池精细模型提供充分的验证依据,也为电池简化模型提供建模和标定依据。在电池模组以及电池包结构层级,则结合电动汽车的典型碰撞工况设计了不同方向的碰撞冲击试验,分析了模组或电池包的结构响应特征、局部变形和失效模式以及结构组成之间的相互作用,为碰撞防护设计与改进提供了线索。

2.2 电池组分材料机械性能试验方法

锂离子电池的卷芯是由正极、负极和隔膜等组成的多层结构,如图 2-1 所示,且整个卷芯浸泡于电解液中。其中,正极材料和负极材料均可视为三明治结构,它们的基底为金属集流体,在集流体两侧表面涂布活性物质涂层,涂层由电化学活性物质颗粒、粘接剂和导电炭黑混合而成,为孔隙结构,两侧涂层的总厚度通常是集流体厚度的 10 倍左右。正极通常以铝箔作为集流体,常见的正极活性物质包括磷酸铁锂、钴酸锂、锰酸锂、三元锂离子化合物等。负极通常以铜箔作为集流体,负极活性物质主要是石墨或者硅颗粒。常见的隔膜包括单层 PP(聚丙烯)膜或 PE(聚乙烯)膜,还有 PP/PE/PP 三层复合膜。为了提高电池耐高温性能和安全性能,动力电池的隔膜表面往往会涂覆陶瓷颗粒。

通过典型机械挤压工况下的电池单体变形和受力分析,发现不同位置的电

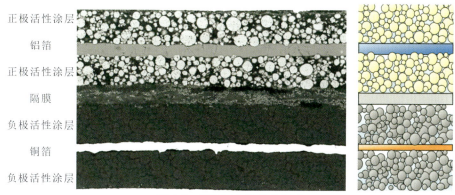

图 2-1　锂离子电池卷芯组成

池组分可能处于不同应力状态,可能以拉伸状态为主,也可能以压缩状态为主。因此在电池组分力学特性研究中,对拉伸和压缩状态的力学行为都需要加以考察。在部分机械滥用工况中,电池单体中还存在电极的活性涂层与集流体金属箔间的界面破坏。因此还需设计和开展组分材料层级的界面强度测试,为建立合适的界面失效模型提供数据支持。

表 2-2 给出了电池组分材料宏观力学特性的测试分析内容。电极的面外压缩性能主要由活性涂层的材料性质决定,而电极的拉伸性能由金属集流体主导。电极中的铜箔和铝箔的厚度很小,增大了集流体箔材力学性能的测试难度,在试验中需要克服样品夹持困难、载荷测量失准等问题。隔膜的机械完整性是影响电池内短路触发的关键因素。隔膜材料拉伸性能具有各向异性特征,尤以干法制备的隔膜各向异性更为显著;同时隔膜的力学行为具有明显的应变率效应。

表 2-2　电池组分材料宏观力学特性测试分析内容

力学测试	隔膜	正负极片	涂层-箔材界面	箔材	封装材料
拉伸试验	各向异性、应变率效应	各向异性、应变率效应		各向异性、应变率效应	各向异性、应变率效应
层叠压缩试验	硬化特性	硬化特性			
穿孔试验	断裂行为	断裂行为		断裂行为	
界面强度测试			界面断裂强度		

2.2.1 组分材料的压缩性能测试

电池单体成品中的电极涂层是黏附于集流体上的,难以从中提取单纯的涂层材料制备涂层试验样品。为满足涂层材料本构模型标定的需要,可以选择和电极涂层相同的组分类型和体积配比,通过合适的流程来制备块状样品。以负极涂层材料样品为例,图 2-2 展示了相应的制备流程:① 将 PVDF(聚偏二氟乙烯)粘接剂与有机溶剂混合均匀,制成 PVDF 溶液;② 在 PVDF 溶液中加入石墨粉末,混合均匀制成负极浆料;③ 将耐高温、低摩擦的聚四氟乙烯膜铺于样品模具的内表面;④ 将负极浆料倒入样品模具,通过螺栓紧固模具的两个独立部分;⑤ 将填充浆料后的模具移入高温箱中静置,然后室温干燥,获得干燥样品;⑥ 干燥样品预压缩,达到目标密度;⑦ 拆开模具取出样品。

图 2-2 电极涂层材料块状样品制备流程

图 2-3 展示的各种压缩试验中,负极涂层的饼状样品直径为 16.0 mm,厚度为 5.1 mm。其中轴向压缩和横向压缩试验的压头加载速率均为 0.6 mm/min;约束压缩则是在施加轴向压缩的同时,约束样品的径向和周向变形。约束压缩条件下,需要测量样品周向承受的压力。样品周向承受的压力通常使用压力传感器或应变式载荷传感器加以测量,或者采用一种间接测量方法,如图 2-4 所示。具体测量方法如下:在试验中使用薄壁金属圆环(如 0.8 mm 壁厚的铝制套环)箍住样品,借助双相机系统同步拍摄套环侧面变形,利用三维数字图像相关法(3D-DIC)计算套环应变场和应力场,从而获得样品周向压应力。

图 2-3 以标定活性涂层材料模型参数为目的的几类压缩试验

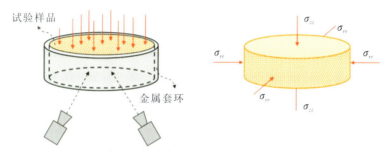

图 2-4 涂层材料约束压缩试验周向压应力测量方案

另外一种获取涂层材料压缩力学性能的试验形式是如图 2-5 所示的层叠压缩试验。试验前需要从电池极片上切割多个圆片,堆叠在一起作为测试样品。图 2-5 展示的层叠压缩样品中含 20 层电极圆片,圆片直径为 19.2 mm。试验之前建议将样品预加载至较小载荷水平(例如 145 N,相当于 0.5 MPa 应力水平),以消除圆片间的间隙。

类似地,隔膜材料厚度也极小,要获取隔膜材料的压缩性能,可以参考上述层叠压缩试验。

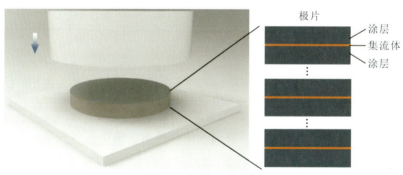

图 2-5 层叠压缩试验

2.2.2 组分材料的拉伸性能测试

这里我们以软包电池单体为例,介绍组分材料拉伸力学性能测试的方法,并侧重介绍与应变率效应相关的测试。待测材料包括正负极材料、金属集流体、隔膜与铝塑膜,其中集流体为除去活性涂层后的基底金属箔材。

诸如线切割、激光加工等常规加工手段容易导致待测样品局部熔融、微观结构改变,建议采用刀模冲切方式来制备样品。如图2-6所示,利用自制刀模分别沿电池不同方向切割组分材料,可以获得加工方向(MD)、对角线方向(DD)和垂直方向(TD)等多个方向的测试试件。图2-7给出一种组分材料单向拉伸试件的具体尺寸。准静态拉伸试验一般在万能试验机上进行,设定合适的加载速率,并重复三次以上。动态拉伸试验可通过液压驱动的中应变率试验机来完成,试验对应的应变率范围一般为 $1\ s^{-1}$ 到 $500\ s^{-1}$。由于电池组分材料与常规的金属板材性能差异显著,因此在组分材料的中应变率拉伸试验中,需要通过特制的力传感器达到动态载荷的准确获取。如图2-8所示,其中装夹部分和信号采集部分设计紧凑,结构也相对轻薄,可以有效避免动态载荷测量中的系统振铃效应。关于特制中应变率力传感器基本原理和设计方法的详细阐述,可以参见相关论文[13,14]。

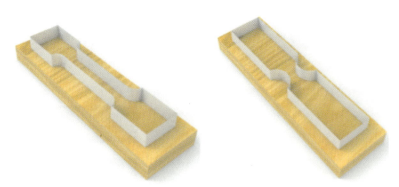

图2-6 拉伸试件切割工具

在组分材料拉伸测试中需要特别关注载荷测量精度和试件夹持方式。在选择准静态试验的力传感器或者设计动态试验的力传感器时,应考虑合适的量程和精度。组分材料硬度和强度都比较低,选用夹具、施加夹持力时应格外小心,避免对试件造成过度预紧,或破坏试件。可以设计和加工特制的治具工装,

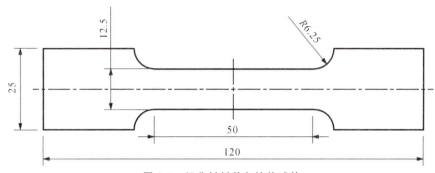

图 2-7 组分材料单向拉伸试件

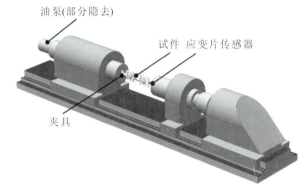

图 2-8 组分材料中应变率拉伸试验的试件装夹和信号采集

达到避免样品扭转皱曲、保持样品均匀平整的目的。例如,我们在电极集流体金属箔材的试验中,采用了如图 2-8 所示的安装支架,装卡过程中,先将待测试件通过定位槽平整固定于定位板内,并与两端装夹部分固定连接;将装夹部分尾端分别连接于试验机两端夹具;测试前须将定位板拆除,再开始正式加载。组分材料拉伸试验中试件变形场可通过二维数字图像相关法(2D-DIC)获得,避免使用接触式引伸计或者粘贴应变片。试验前在试件表面进行喷斑处理,需注意喷洒的斑点厚度应尽可能薄。

为了提高测试的一致性和测量精度,有研究团队自行设计了微型拉伸试验装置,来实现小尺度金属箔材试件的拉伸性能测试[15],如图 2-9 所示。该装置的设计和操作很大程度上降低了试件制备、转移和装卡过程中的意外弯折和预变形的可能性,并且可以有效地与扫描电子显微镜(SEM)等设备相结合,进行试件拉伸的实时观测。

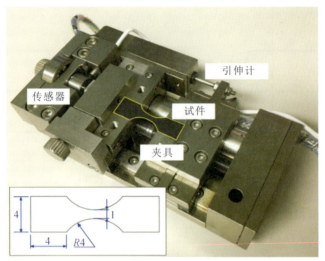

图 2-9　微型拉伸试验装置

2.2.3　组分材料的穿孔测试

穿孔试验是为了测试材料在双向拉伸载荷条件下的变形和破坏特征。待测的电池组分样品厚度很小，在穿孔条件下的反作用力通常比较微弱，这给使用常规材料试验机进行测试带来一定困难，主要是由于试验机的内置力传感器难以提供足够的测量精度。为此，需要设计专用的装卡装置和测力装置。

组分材料穿孔试件尺寸可参考标准 ASTM D3763[16]。在如图 2-10 所示的穿孔试验装置中，试件由带孔端盖和立柱支架上下夹紧固定，端盖孔径大于穿孔冲击头直径，冲击头沿试件中心位置加载。为测量变形，需要在试件下方立柱支架的预留空间内布置折射镜，由此实现 3D-DIC 的变形测量。在冲击头的中前段安装自制的小量程力传感器。为提高传感器灵敏度，传感器采用轻质金属制造，并在测量段采用镂空设计，通过反复标定获得转换系数，由此实现穿孔载荷的精确测量。

2.2.4　电极的箔材-涂层界面强度测试

电池电极的活性涂层在制备涂覆过程中会混合一定比例的高聚物胶黏剂，胶黏剂的存在一方面使得活性材料颗粒与颗粒产生黏结，另一方面也使得活性

图 2-10　穿孔试验装置

涂层与金属集流体的箔材表面发生黏附。了解箔材-活性涂层的界面强度极限对于正确认知电池结构在机械载荷下的失效机理是非常必要的。

单层电极的总厚度往往小于 200 μm（见图 2-11），待测界面两侧的基底厚度更小，难以对这样的基底直接加载以实现待测界面的拉开型或剪切型破坏。一种解决方案是将极片两侧分别粘接有机玻璃厚板，再通过约束或夹持有机玻璃厚板，施加预定形式的载荷。针对这种试样进行试验，可能出现三种破坏模式（见图 2-12）：① 活性涂层内部破坏失效；② 有机玻璃厚板与活性涂层的粘接界面破坏；③ 活性涂层与金属集流体之间的界面破坏。

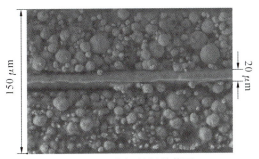

图 2-11　电极材料横截面

出于获得活性涂层-金属集流体界面强度的目标（即针对破坏模式 3），需要尽可能避免破坏模式 1 和破坏模式 2。在浆料涂覆与干燥的过程中，活性物质

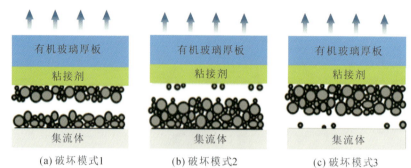

(a) 破坏模式1　　　　(b) 破坏模式2　　　　(c) 破坏模式3

图 2-12　电极界面强度试验可能出现的破坏模式

胶黏剂分布的浓度从涂层表面到集流体递减,靠近涂层表面和涂层内部的胶黏剂浓度相对较大,而集流体附近的胶黏剂浓度最小[17],因而实际情况中破坏模式1的发生概率较小。另一方面,通过制备粘接试样时选择强度较大的粘接剂、实施有机玻璃厚板和活性物质的粘接,又显著降低了破坏模式2的发生概率。由此,在实际试验中活性涂层-金属集流体界面的失效(破坏模式3)成为主要失效模式。

由上述分析可知,粘接试样制备中粘接剂的选择是一个关键。首先要求粘接剂强度足够高、刚度足够大,以避免粘接剂变形影响应力分布;其次要求粘接剂不影响待测界面本身强度。可考虑选择某种凝胶粘接剂(如 LOCTITE super glue),其胶体流动性弱、不易渗入活性涂层内部。试验前可利用 X 射线能谱仪(energy dispersive spectrometer,EDS)分析活性涂层横截面中的胶体分布,以确认粘接剂在涂层内部的渗入情况。图 2-13 展示了一个正极涂层横截面能谱分析的例子,凝胶粘接剂涂抹于涂层表面。由于该凝胶粘接剂中富含硅元素,而活性涂层不含硅元素,因而选择硅元素作为示踪元素。根据图中给出的涂层横截面硅元素浓度分布曲线,可知硅元素只在涂层表面富集,涂层内部没有硅元素分布,可以确认粘接剂并未渗入活性涂层内部。

考虑到电极极片具有对称结构(即集流体两侧均涂布活性涂层),为了提高界面强度试验的一致性,希望界面破坏尽可能发生于电极一侧,而不是随机发生在电极两侧,因而在制备粘接试样时,需要在电极两侧使用不同粘接剂。上述凝胶粘接剂用于待测试面的粘接,而在电极另一面采用传统液体粘接剂(如 super glue 15187)。液体粘接剂流动性强,会完全渗入活性涂层,对整个涂层包

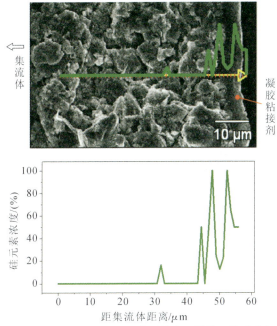

图 2-13　涂覆凝胶粘接剂的活性涂层横截面能谱分析

括集流体界面都起到增强作用。因此,试验过程中界面破坏可以稳定出现于待测试面(见图 2-14)。

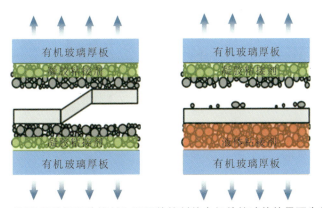

图 2-14　两侧采用相同粘接剂和不同粘接剂的电极粘接试件的界面失效模式

  为粘接试件设计不同的加载角度,可以研究不同拉伸-剪切比例加载下的界面失效强度。如图 2-15 所示的是具体试验设置:0°加载下沿集流体法向受载,可以获得活性涂层-金属集流体界面的拉伸失效强度;90°加载下沿平行于集流体方向受载,可以获得活性涂层-金属集流体界面的剪切失效强度。

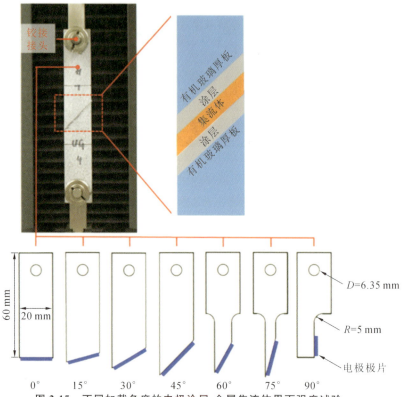

图 2-15 不同加载角度的电极涂层-金属集流体界面强度试验

在组分材料力学行为的分析研究中,结合具体的分析需求,可以对上述压缩、拉伸、穿孔和界面强度试验形式进行适当的拓展,例如:为了研究组分材料的黏性力学行为,可以设计和开展压缩或者拉伸模式的蠕变或松弛试验;为了研究组分材料力学响应的温度相关性,可以在可控制温度的环境箱内实施拉伸、压缩或穿孔试验;为了更好地了解电解液对电极涂层、隔膜等组分材料力学行为的影响,可以设计带有电解液浸润环境的装置,如图 2-16 所示,来开展组分材料的拉伸、压缩或穿孔试验。

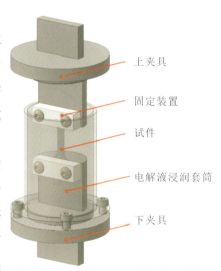

图 2-16 带有电解液浸润环境的装置

2.3　电池单体机械性能试验方法

在电动汽车的碰撞过程中,电池包内的电池单体承受的主要载荷形式为挤压,而当电池包的约束结构发生断裂失效后,电池单体承载发生较大变形的过程中又会出现一定比例的拉伸变形。因此电池单体机械加载的测试不仅需要关注挤压载荷形式,还有必要关注弯曲和穿孔等载荷形式。

图 2-17 展示了以软包电池单体为对象的机械加载试验形式设计,包括:① 底部刚性板支撑,球头面外挤压,单体处于轴对称加载状态;② 底部刚性板支撑,柱面面外挤压,单体处于平面应变状态;③ 底部刚性板支撑,平板面外挤压,单体处于单向压缩状态;④ 上下表面受刚性约束,面内挤压;⑤ 两个对称圆柱面支撑,三点弯曲,单体底面处于平面拉伸状态;⑥ 底部带通孔板支撑,球头穿孔,单体处于双向拉伸状态。

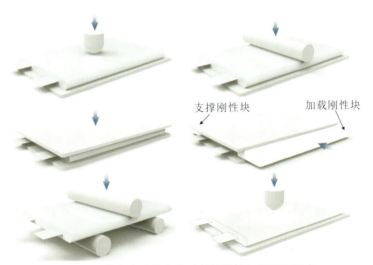

图 2-17　以软包电池单体为对象的机械加载试验形式

图 2-18 展示了以圆柱电池单体为对象的机械加载试验形式设计。加载方向可分为轴向和侧向两种形式。轴向加载中,底部刚性板支撑,顶部刚性板沿轴向加载,单体处于单向压缩状态;侧向加载中,底部刚性板支撑,单体侧面受柱面、球头或平板挤压,或者两个圆柱面支撑,单体受三点弯曲载荷。

图 2-19 展示了以方壳电池单体为对象的机械加载试验形式设计,包括:

图 2-18 以圆柱电池单体为对象的机械加载试验形式

① 底部刚性板支撑,顶部受柱面或球头挤压;② 一侧腹面刚性板支撑,另一侧腹面受柱面或球头挤压;③ 一侧侧面刚性板支撑,另一侧侧面受柱面或球头挤压;④ 两侧腹面受刚性约束,侧面受球头挤压;⑤ 一侧腹面受两个圆柱面支撑,三点弯曲。

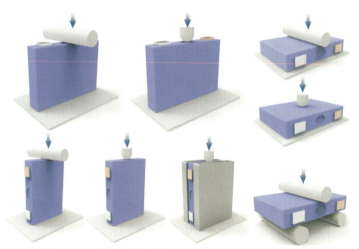

图 2-19 以方壳电池单体为对象的机械加载试验形式

另一方面,需要针对特定类型的电池单体开展准静态和动态机械加载试验,以对比分析电池单体结构力学响应特征和结构动态效应。准静态试验的加载速率很低,一般在 0.5 mm/min 至 10 mm/min 范围内,对应的等效应变率也很低,电池单体准静态加载的结构变形响应没有明显的惯性效应;动态试验的加载速率通常在 10 mm/min 至 10 m/s 范围,对应中高水平的等效应变率,电池单体的动态加载会呈现明显的强化效应。

2.3.1 电池单体准静态机械加载测试

开展电池单体的准静态机械加载试验,有助于正确、全面地了解电池单体结构的基本力学响应特征,同时有效认知电池单体机械加载过程中力、电、热响应的内在关联性。

一套较为完整的电池单体准静态挤压测试装置如图 2-20 所示。电池单体层级准静态试验一般使用万能材料试验机,并选择足够的载荷量程(如 100 kN)。样品挤压过程承受的挤压载荷通过力传感器采集记录;压头位置变化通过工业 CCD(电荷耦合器件)相机同步拍摄记录,并使用数字图像相关法(DIC)计算压头位移量;电池的开路电压变化通过高速数据采集卡记录;电池的表面温度通过热电偶或红外热像仪记录。需要根据加载速率和有效试验时长,合理设置各种采集设备的采集频率,同时需要根据具体的挤压形式,确定合适的热电偶安装位置。为避免电池与万能材料试验机的电压信号相互影响,可以在刚性金属压头与试验机横梁之间加装非金属连接件。为应对电池挤压引发热失控、导致冒烟起火等风险,需要在核心试验区域周围以铝型材和钢化玻璃等材料搭建防护罩,并在防护罩上安装通风装置、连接尾气处理设备,以有效控制电池冒烟起火等造成的危害。

电池单体准静态挤压试验中,通常可设计连续加载和中断加载两种流程。在连续加载流程中,电池单体被持续加载至完全破坏(例如发生失稳或电池被完全压实);在中断加载流程中,电池单体被加载到指定挤压位移量或者发生内短路时即终止加载。进行中断加载试验时,试验机停止加载后,往往需要继续采集一定时间段的电池开路电压和温度变化数据。通过这两种加载流程,可以分别获得电池单体受到持续挤压破坏和受到一定挤压变形时的力-电-热响应。

电池单体的准静态穿孔试验如图 2-21 所示。穿孔试验要求在电池单体中间区域的底部不设置刚性支撑,允许该区域的电池结构发生较大的拉伸变形。图中的试验对象是一款软包电池单体,它由上下两块开有直径 80 mm 圆孔的

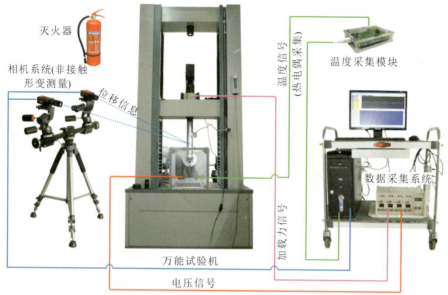

图 2-20　电池单体准静态挤压测试装置

钢板夹持,两层钢板之间用螺栓紧固连接,通过设置螺栓扭矩标准(如 5 N·m),保证加载过程中电池单体与钢板之间没有相对滑动。在准静态穿孔试验中,可采用不同材质的球形压头(例如金属和塑料压头)沿电池单体中心厚度方向加载。试验中同样需要记录载荷与压头位移,并同步记录电池电压和表面温度变化。

电池单体的准静态三点弯曲试验如图 2-22 所示。图中的试验对象是一款方壳电池单体,电池底部的两个柱面支撑间距为 80 mm,顶部加载的柱面压头宽度则为 10 mm。

图 2-21　电池单体的准静态穿孔试验

图 2-22　电池单体的准静态三点弯曲试验

2.3.2 电池单体动态机械加载测试

通过开展不同等级速率的电池单体动态加载试验,可以较为充分地建立电池结构力学动态效应的认知。中低速率(10 mm/min 到 200 mm/min)下的动态试验可以在万能材料试验机上进行,较高速率(0.1 m/s 到 10 m/s)下的动态试验需要使用高速液压试验机或者落锤试验台等加载设备。

图 2-23 展示了清华大学汽车碰撞实验室自行设计搭建的落锤试验台。该试验台通过气动锁止-释放机构和滚轮-导轨机构保证冲击头跌落的稳定性,有效跌落高度为 7 m,对应冲击速率范围为 1 m/s 到 10 m/s,冲击质量可调范围为 20 kg 到 500 kg,可以满足电池单体动态冲击试验所需的冲击速率和冲击能量。

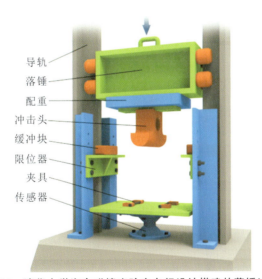

图 2-23　清华大学汽车碰撞实验室自行设计搭建的落锤试验台

图 2-24 和图 2-25 分别给出一套基于高速液压水平冲击试验台的电池单体冲击试验装置和一套基于落锤试验台的电池单体冲击试验装置。可以看到,电池单体的动态冲击试验与准静态加载试验使用的夹持固定机构是基本一致的。在图 2-24 所示的水平冲击试验装置中,为避免撞击加载后期载荷过大,造成加载活塞杆和导向滑轨等机构损伤,在夹具设计中增加了限力机构。电池单体的

装卡支座与水平冲击试验台本身的固定支座通过限力杆连接。试验中当撞击载荷达到设定阈值时,限力杆发生脆断,从而实现了对试验对象的卸载,防止了装卡机构的继续承载。

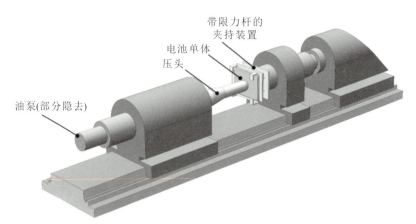

图 2-24　基于高速液压水平冲击试验台的电池单体冲击试验装置

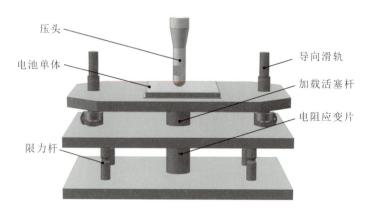

图 2-25　基于落锤试验台的电池单体冲击试验装置

从这两套试验装置中还可以看到,我们在较高速率的电池单体冲击挤压试验中均使用了自制力传感器,其目的主要是消除测力机构可能产生的系统振动造成的影响,尽可能获取真实有效的动态撞击载荷数据。自制力传感器的设计需要结合邻近的连接支撑结构及测试对象进行协同优化,确保测力机构整体的固有频率处于合理范围,避免系统激振,造成测量误差。在图 2-24 所示的水平冲击试验装置中,自制力传感器与电池单体装卡支座和试验台固定支座的连杆形成一体化设计;在图 2-25 所示的落锤冲击试验装置中,自制力传感器安装于电池单体刚性托板和试验台刚性底座之间。冲击试验中力传感器自身的微小弹性变形通过其侧壁粘贴的应变片转换成惠斯通电桥电压信号(电压与载荷的线性关系事先通过准静态试验标定),电压信号经超动态应变仪放大后,由高速数据采集卡记录。

在电池单体的动态冲击试验中,压头对样品的挤压深度一般通过非接触方法进行测量。事先需要在刚性冲击杆侧壁表面上制作散斑图案,在冲击挤压过程中使用高速数字相机拍摄散斑图案的运动,然后使用 DIC 方法计算压头的刚性位移,获得压头对样品的挤压量。高速数字相机一般可以同步拍摄记录电池单体的变形和破坏过程。高速数据采集卡则可以同步记录试验过程中电池单体的电压变化。在之后的数据分析中,可以此电压变化作为电池单体内短路失效的重要判据。

2.4　电池模组机械性能试验方法

为考察电池模组的耐撞性能,为结构层级的建模分析工作提供数据支撑,需要开展电池模组的碰撞冲击测试。由于锂离子电池机械滥用下存在冒烟起火的可能性,因此需要围绕试验装置加装必要的烟气过滤系统和采取一定的消防措施。

图 2-26 展示了一套基于落锤试验台的电池模组冲击试验装置。其中电池模组的装卡和支撑机构设计参照了实际电池包中的模组安装方式和定位基准,满足不同加载方向下的模组安装需求。可以利用模组四角处的长螺栓(端部开有螺纹盲孔)将电池模组分别沿 X、Y 和 Z 方向固定在刚性平板上。对于 X 方向和 Y 方向的加载试验,通过两对钢制夹具卡紧模组下部两角位的长螺栓;对于 Z 方向的加载试验,则直接使用长螺栓自带螺纹盲孔实现安装固定。用于碰撞挤压的冲击头则根据需要设计为不同形状和尺寸,与落锤配重通过螺栓连接。同时在样品两侧需设计安装限位机构,以控制落锤挤压量,保护安装于刚性支撑平板下方的载荷传感器。

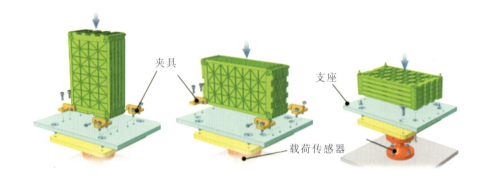

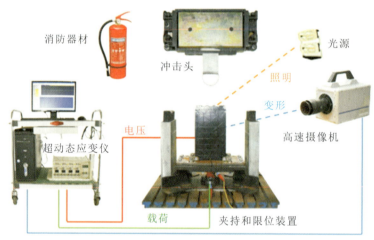

图 2-26 基于落锤试验台的电池模组冲击试验装置

2.5 本章小结

本章详细介绍了服务于锂离子动力电池机械滥用响应分析的多层级机械加载测试方法。从电池组分材料、电池单体和电池模组三个层级分别介绍了相应的载荷施加方式、样品夹持装置和信号采集设置等。基于明确的测试方法和规范的测试流程,可以在多个层次或尺度上获得翔实、可靠的试验数据,从而实现组分材料的大变形失效特征分析,确定合适的材料本构描述,掌握电池单体和模组层级的机械响应与失效演化规律,有效构建、标定和验证多层级仿真模型。

本章参考文献

[1] RUIZ V,PFRANG A,KRISTON A,et al. A review of international abuse testing standards and regulations for lithium ion batteries in electric and hybrid electric vehicles[J]. Renewable and Sustainable Energy Reviews,2018,81:1427-1452.

[2] 祝夏雨,金朝庆,赵鹏程.国内外动力锂电池安全性测试标准及规范综述[J].储能科学与技术,2019,8(2):428-441.

[3] BATSO 01. Manual for evaluation of energy systems for light electric vehicle (LEV)—secondary lithium batteries[S].

[4] SAND 2005—3123. Freedom car electrical energy storage system abuse test manual for electric and hybrid electric vehicle applications[S].

[5] IEC 62133. Secondary cells and batteries containing alkaline or other non-acid electrolytes—safety requirements for portable sealed secondary cells,and for batteries made from them,for use in portable applications[S].

[6] GB 38031—2020.电动汽车用动力蓄电池安全要求[S].

[7] JIS C8714. Safety tests for portable lithium ion secondary cells and batteries for use in portable electronic applications[S].

[8] ANSI C18.2M Part 2—2021. Portable rechargeable cells and batteries—safety standard[S].

[9] UL 1642. Lithium batteries[S].

[10] UL 2054. Household and commercial batteries[S].

[11] SAE J2464. Electric and hybrid electric vehicle rechargeable energy storage system (RESS),safety and abuse testing[S].

[12] SAE J2929. Electric and hybrid vehicle propulsion battery system safety standard—lithium-based rechargeable cells[S].

[13] 汪凯,夏勇,顾功尧,等.用于车身材料力学试验的非接触测量系统开发

[J]. 汽车工程,2008,30(11):1006-1008,1012.

[14] 汪凯. 车用材料和构件力学行为测试方法研究和实施[D]. 北京:清华大学,2010.

[15] ZHU J, ZHANG X, LUO H, et al. Investigation of the deformation mechanisms of lithium-ion battery components using in-situ micro tests [J]. Applied Energy,2018,224:251-266.

[16] ASTM D3763. Standard test method for high speed puncture properties of plastics using load and displacement sensors[S].

[17] LUO H, ZHU J, SAHRAEI E, et al. Adhesion strength of the cathode in lithium-ion batteries under combined tension/shear loadings[J]. RSC Advances,2018,8(8):3996-4005.

第 3 章
电池单体组分材料的力学性能分析和表征

锂离子动力电池单体分为圆柱、软包和方壳等多种结构形式,尽管外部结构差异显著,但电池单体内部的核心部分卷芯(jellyroll)均以正极-隔膜-负极为基本单位堆叠或者缠绕而成。对于电池单体的力学性能分析和精细化建模来说,组分材料的力学性能分析和表征是非常必要的基础工作。本章基于第 2 章所述的试验方法,开展了较为全面的组分材料和界面力学性能测试,基于获取的测试结果,详细介绍了正负极金属集流体、活性涂层和隔膜等不同组分材料和相关界面的力学特性、表征方法和表征结果。

3.1 组分材料基本力学特性概述

电池的正负极极片包含金属集流体及其两侧表面涂覆的活性涂层。正极集流体材料通常为铝箔,负极集流体材料通常为铜箔。从结构来说,金属集流体一定程度上扮演着电池卷芯中的骨架角色。活性涂层是相对疏松的孔隙材料。正极涂层通常以锂离子化合物为主,负极涂层通常以石墨为主。活性涂层厚度一般占极片总厚度的 85%~95%。成品电池的卷芯都浸润在电解液中,对应的极片活性涂层可视为固液混合态,它们对卷芯结构力学响应的贡献也不可忽视。概括而言,电极极片具有非均质的层合结构特征,这一特征使电极极片的面内方向和面外方向(即厚度方向)力学特性差异显著。由于金属箔材的拉伸模量远大于涂层孔隙材料的拉伸模量,因此在面内方向拉伸载荷下,金属集流体会主导极片的力学响应;由于涂层孔隙材料具备可压缩性,并且其厚度远大于金属集流体的厚度,因此在面外方向压缩载荷下,活性涂层会主导极片的力学响应。

电池卷芯的另一重要组分是隔膜,它通常以聚乙烯(PE)、聚丙烯(PP)等高分子聚合物为基体材料,通过较为复杂的工艺制备而成,例如干法拉伸、湿法拉伸等。隔膜在电池工作时发挥"离子通道"的功能,这取决于隔膜制备形成的微孔网络结构特征。高分子基体材料经历了单向或多向拉伸后,形成了由取向不同的非晶态和晶态物质构成的空间网络,空间网络的取向特征导致了隔膜力学响应的各向异性,大量的微孔则使隔膜具备了孔隙材料的力学行为特征。

3.2 金属集流体的力学行为表征

3.2.1 金属集流体箔材的本构描述

正极铝箔和负极铜箔都是金属箔材,它们具有典型的金属弹塑性力学特性。基于电池碰撞挤压大变形工况下材料行为描述的需求,我们重点关注金属箔材的塑性[1]和断裂力学行为[2,3],尤其是对箔材力学行为中各向异性[4,5]和应变率效应[6]的表征。

轧制工序是导致金属集流体箔材塑性力学行为呈现一定各向异性的主要原因。通常金属板材的塑性各向异性可以采用不同材料方向的屈服强度或塑性应变比的差异来进行量化描述,塑性应变比具体是指拉伸过程中板宽与板厚两个方向塑性应变的比值,又称为 Lankford 值或 r 值。这里我们沿用金属板材各向异性的参数描述方法,并着重考察金属箔材在轧制方向(加工方向)、横向和对角线方向这三个材料方向的性能差异。从已有的金属箔材不同材料方向拉伸试验的结果[7-9]来看,某些箔材的屈服强度和 r 值都有显著差异[10],另一些箔材则不同,它们的屈服强度无明显差异,但加工方向与横向 r 值差异明显[11]。这些结果说明无论屈服强度是否各向同性,集流体箔材的塑性流动往往表现为各向异性。因此,仅根据不同材料方向的应力应变曲线还不能实现完整的描述或判断,需要同时考察 r 值(即塑性流动行为),来综合评价和表征塑性各向异性。

金属弹塑性本构采用如下基本形式:

$$\vec{\sigma} = \widetilde{C} : (\vec{\varepsilon} - \vec{\varepsilon}_p) \tag{3-1}$$

式中:$\vec{\sigma}$ 是 Cauchy 应力张量(矢量形式);$\vec{\varepsilon}$ 和 $\vec{\varepsilon}_p$ 分别是总应变张量和塑性应变张量(矢量形式);$\widetilde{C}$ 为弹性刚度张量。

材料的塑性流动采用关联流动法则,塑性应变率张量表示为

$$\vec{\dot{\varepsilon}}_p = \dot{\bar{\varepsilon}}_p \frac{\partial f(\vec{\sigma})}{\partial \vec{\sigma}} \tag{3-2}$$

式中:$f(\vec{\sigma})$ 为屈服函数;等效塑性应变率 $\dot{\bar{\varepsilon}}_p$ 通过等效应力 $\bar{\sigma}$ 的功共轭形式定义,$\dot{\bar{\varepsilon}}_p = (\vec{\sigma} \cdot \vec{\dot{\varepsilon}}_p)/\bar{\sigma}$。

为了描述金属材料的各向异性塑性力学行为,需要建立合适的各向异性屈服准则。Hill's 48 屈服准则[12]在金属成形领域极为常用,Hill's 48 屈服面可表示为

$$F = f(\vec{\sigma}) - \sigma_0 = \bar{\sigma} - \sigma_0 = 0 \tag{3-3}$$

式中:$\sigma_0 = \sigma_0(\bar{\varepsilon}_p, \dot{\bar{\varepsilon}}_p)$ 为屈服强度,等效应力 $\bar{\sigma}$ 形式为

$$\bar{\sigma} = \sqrt{F(\sigma_{yy} - \sigma_{zz})^2 + G(\sigma_{zz} - \sigma_{xx})^2 + H(\sigma_{xx} - \sigma_{yy})^2 + 2L\tau_{yz}^2 + 2M\tau_{zx}^2 + 2N\tau_{xy}^2} \tag{3-4}$$

式中:σ_{ij} 为应力张量分量;F、G、H、L、M、N 为 6 个待标定参数,需要通过试验获取多个方向的应力应变曲线或 r 值加以标定。

当材料各向异性较为复杂、Hill's 48 屈服准则难以实现准确表征时,需要选择其他屈服准则。

Yld2000-2d 模型的各向异性屈服函数通过应力张量的线性变换形式 $\vec{s}'$ 和 $\vec{s}''$ 来定义[13-15]:

$$f(\vec{s}) = \frac{1}{2}[\phi'(\vec{s}') + \phi''(\vec{s}'')] = \sigma_0^a \tag{3-5}$$

式中:ϕ' 和 ϕ'' 可以分别用 $\vec{s}'$ 和 $\vec{s}''$ 的主值来表示。

$$\phi' = |s_1' - s_2'|^a, \quad \phi'' = |2s_2'' + s_1''|^a + |2s_1'' + s_2''|^a \tag{3-6}$$

$$\vec{s}' = [s_{xx}', s_{yy}', s_{xy}', s_{yz}', s_{xz}'] = \widetilde{L}' \vec{\sigma}, \quad \vec{s}'' = [s_{xx}'', s_{yy}'', s_{xy}'', s_{yz}'', s_{xz}''] = \widetilde{L}'' \vec{\sigma} \tag{3-7}$$

线性变换张量 $\widetilde{L}'$ 和 $\widetilde{L}''$ 的矩阵形式分别为

$$\widetilde{L}' = \frac{1}{3}\begin{bmatrix} 2\alpha_1 & -\alpha_1 & -\alpha_1 & 0 & 0 & 0 \\ -\alpha_2 & 2\alpha_2 & -\alpha_2 & 0 & 0 & 0 \\ 0 & 0 & 0 & 3\alpha_7 & 0 & 0 \\ 0 & 0 & 0 & 0 & 3 & 0 \\ 0 & 0 & 0 & 0 & 0 & 3 \end{bmatrix} \quad (3\text{-}8)$$

$$\widetilde{L}'' =$$

$$\frac{1}{9}\begin{bmatrix} -2\alpha_3+2\alpha_4+8\alpha_5-2\alpha_6 & \alpha_3-4\alpha_4-4\alpha_5+4\alpha_6 & \alpha_3+2\alpha_4-4\alpha_5-2\alpha_6 & 0 & 0 & 0 \\ 4\alpha_3-4\alpha_4-4\alpha_5+\alpha_6 & -2\alpha_3+8\alpha_4+2\alpha_5-2\alpha_6 & -2\alpha_3-4\alpha_4+2\alpha_5+\alpha_6 & 0 & 0 & 0 \\ 0 & 0 & 0 & 9\alpha_8 & 0 & 0 \\ 0 & 0 & 0 & 0 & 9 & 0 \\ 0 & 0 & 0 & 0 & 0 & 9 \end{bmatrix}$$

$$(3\text{-}9)$$

Yoshida 模型则提出由 n 个 $J_2、J_3$ 函数合成的各向异性屈服函数[16]。

$$f(\vec{s}) = \frac{1}{n}\sum_{m=1}^{n}\phi(\vec{s}^{(m)}) = \frac{27}{n}\sum_{m=1}^{n}\left[J_2^{(m)\,3} - \xi_m(J_3^{(m)})^2\right] = \sigma_0^6 \quad (3\text{-}10)$$

式中: $J_2^{(m)} = \frac{1}{2}s_{ij}^{(m)}s_{ij}^{(m)}$; $J_3^{(m)} = \frac{1}{3}s_{ij}^{(m)}s_{jk}^{(m)}s_{ki}^{(m)}$; $\widetilde{s}^{(m)} = \widetilde{L}^{(m)}\widetilde{\sigma}$。

线性变换张量 $\widetilde{L}^{(m)}$ 的矩阵形式为

$$\widetilde{L}^{(m)} = \frac{1}{3}\begin{bmatrix} b_m+c_m & -c_m & -b_m & 0 & 0 & 0 \\ -c_m & c_m+a_m & -a_m & 0 & 0 & 0 \\ -b_m & -a_m & a_m+b_m & 0 & 0 & 0 \\ 0 & 0 & 0 & 3g_m & 0 & 0 \\ 0 & 0 & 0 & 0 & 3h_m & 0 \\ 0 & 0 & 0 & 0 & 0 & 3k_m \end{bmatrix} \quad (3\text{-}11)$$

参数 ξ_m 是 $J_3^{(m)}$ 函数的权重系数。

对于金属箔材可采用平面应力状态假设,屈服函数(式(3-10))可写成 6 阶多项式:

$$f = C_1\sigma_x^6 - 3C_2\sigma_x^5\sigma_y + 6C_3\sigma_x^4\sigma_y^2 - 7C_4\sigma_x^3\sigma_y^3 + 6C_5\sigma_x^2\sigma_y^4 - 3C_6\sigma_x\sigma_y^5 + C_7\sigma_y^6$$
$$+ 9(C_8\sigma_x^4 - 2C_9\sigma_x^3\sigma_y + 3C_{10}\sigma_x^2\sigma_y^2 - 2C_{11}\sigma_x\sigma_y^3 + C_{12}\sigma_y^4)\tau_{xy}^2$$

$$+ 27(C_{13}\sigma_x^2 - C_{14}\sigma_x\sigma_y + C_{15}\sigma_y^2)\tau_{xy}^4 + 27C_{16}\tau_{xy}^6 = C_1\sigma_0^6 \tag{3-12}$$

式中：材料参数 $C_1 \sim C_{16}$ 是线性变换张量 $\widetilde{L}^{(m)}$ 中各向异性系数 a_m、b_m、c_m 和 g_m 的函数（$m=1,\cdots,n$）。

基于式（3-12），可以显式地将不同拉伸方向的应力值和 r 值表示为 $C_1 \sim C_{16}$ 的函数。在相对于轧制方向夹角 α 的单向拉伸中，屈服强度 σ_α 和 r_α 值分别为

$$\sigma_\alpha = \left(\frac{C_1}{\Psi(X,Y)}\right)^{1/6}\sigma_0, \quad X = \cos^2\alpha, \quad Y = \sin^2\alpha \tag{3-13}$$

$$\begin{aligned}\Psi(X,Y) = & C_1 X^6 - 3C_2 X^5 Y + 6C_3 X^4 Y^2 - 7C_4 X^3 Y^3 + 6C_5 X^2 Y^4 - 3C_6 XY^5 \\ & + C_7 Y^6 + 9(C_8 X^4 - 2C_9 X^3 Y + 3C_{10} X^2 Y^2 - 2C_{11} XY^3 + C_{12} Y^4)XY \\ & + 27(C_{13} X^2 - C_{14} XY + C_{15} Y^2)X^2 Y^2 + 27C_{16} X^3 Y^3\end{aligned} \tag{3-14}$$

$$r_\alpha = -\frac{\sin^2\alpha(\partial f/\partial\sigma_x) + \cos^2\alpha(\partial f/\partial\sigma_y) - \sin\alpha\cos\alpha(\partial f/\partial\tau_{xy})}{\partial f/\partial\sigma_x + \partial f/\partial\sigma_y} \tag{3-15}$$

通过考察不同种类金属材料，发现式（3-10）中取两组 ϕ（即 $n=2$）已经足以准确地表述金属薄板的各向异性了；根据文献中的参数分析[16]，我们在表征金属箔材时可以取 $\xi=\xi_1=\xi_2=-1.2$。在标定模型参数时，设计若干特定方向下的拉伸试验，获取相应的屈服强度和塑性应变比，可以标定 8 个各向异性参数 a_1、b_1、c_1、g_1、a_2、b_2、c_2 和 g_2。

考虑材料塑性硬化行为的应变率效应时，需要将屈服强度 σ_0 写成等效塑性应变 $\bar{\varepsilon}_p$ 和应变率 $\dot{\bar{\varepsilon}}_p$ 的函数：

$$\sigma_0(\bar{\varepsilon}_p, \dot{\bar{\varepsilon}}_p) = k(\bar{\varepsilon}_p) g(\dot{\bar{\varepsilon}}_p) \tag{3-16}$$

引入参考应变率 $\dot{\varepsilon}_0$（$\sigma_0 = k(\bar{\varepsilon}_p)$ 对应的等效塑性应变率），式（3-16）可以改写为

$$\ln\left[\frac{\sigma_0}{k(\bar{\varepsilon}_p)}\right] = \ln[g(\dot{\bar{\varepsilon}}_p)] = G\left(\ln\frac{\dot{\bar{\varepsilon}}_p}{\dot{\varepsilon}_0}\right) \tag{3-17}$$

由式（3-17）可知 $G(0)=0$。为得到完整的应变率相关的塑性硬化特性，需要确定参考应变率 $\dot{\varepsilon}_0$ 下的硬化函数 k 和应变率强化函数 G。电极极片的金属箔材塑性硬化率较低，即塑性阶段应力应变曲线的形状比较平坦、流动应力增强并不显著。这一硬化规律可以用 Voce 硬化律函数加以描述：

$$\sigma_0 = k(\bar{\varepsilon}_p) = Y + Q[1 - \exp(-b\bar{\varepsilon}_p)] \quad (3\text{-}18)$$

式中：Y、Q 和 b 为待标定参数。

箔材的硬化规律也可以选择组合形式的 SHS 硬化律函数来描述：

$$\sigma_0 = k(\bar{\varepsilon}_p) = (1-\alpha)K(\varepsilon_0 + \bar{\varepsilon}_p)^{n_1} + \alpha[\sigma_{sat} - (\sigma_{sat} - \sigma_{ini})\exp(-m\varepsilon_p^{n_2})] \quad (3\text{-}19)$$

式中：K、ε_0、n_1、n_2、m、σ_{sat}、σ_{ini} 和 α 为待标定参数。当 $\alpha=0$ 时，SHS 硬化律就简化为幂函数形式。

为了更好地描述金属箔材的应变率效应，式(3-17)中的 G 可以采用二次函数形式，此处不再赘述。

金属箔材在大变形下极易发生断裂，塑性变形阶段其应变增量相比于流动应力增量更为显著，因此选择基于应变的断裂准则表征其断裂力学行为较为合理。基于应变的断裂准则中最为常见的是最大等效塑性应变准则，即当等效塑性应变 $\bar{\varepsilon}_p$ 达到阈值 ε_f 时材料发生断裂失效。事实上，这种单一参数形式的准则难以满足复杂工况断裂表征的需求。近年来大量的试验分析已经证明，当关注复杂载荷条件下的材料断裂失效时，需要在材料断裂表征中考虑应力状态相关性[17]。具有代表性的是 MC(Mohr-Coulomb) 断裂模型：

$$(\sqrt{1+c_1^2} + c_1)\sigma_1 - (\sqrt{1+c_1^2} - c_1)\sigma_3 = 2c_2 \quad (3\text{-}20)$$

式中：σ_1 和 σ_3 分别为最大主应力和最小主应力；c_1 和 c_2 为待定参数。

将主应力空间的 MC 断裂模型转换至应力不变量空间 $(\bar{\sigma}, \eta, \theta)$，可以得到如下表述：

$$\bar{\sigma} = c_2 \left[\sqrt{\frac{1+c_1^2}{3}} \cos\left(\frac{\pi}{6} - \theta\right) + c_1\left(\eta + \frac{1}{3}\sin\left(\frac{\pi}{6} - \theta\right)\right) \right]^{-1} \quad (3\text{-}21)$$

式中：$\bar{\sigma}$ 为 Mises 等效应力；η 为应力三轴度；θ 为罗德角。这三个不变量的定义为

$$\bar{\sigma} = q = \sqrt{(3/2)\tilde{S}:\tilde{S}} = \sqrt{(1/2)[(\sigma_1-\sigma_2)^2 + (\sigma_2-\sigma_3)^2 + (\sigma_3-\sigma_1)^2]} \quad (3\text{-}22)$$

$$\eta = -p/q = \sigma_m/\bar{\sigma}, \quad p = -\sigma_m = -(1/3)\mathrm{tr}(\tilde{\sigma}), \quad \tilde{S} = \tilde{\sigma} + p\tilde{I} \quad (3\text{-}23)$$

$$\cos(3\theta) = (r/q)^3, \quad r = [(27/2)\det(\tilde{S})]^{1/3} \tag{3-24}$$

根据已知材料的等效应力与等效应变关系(即硬化律函数),例如较为简单的幂函数硬化律 $\sigma_f = A\bar{\varepsilon}_f^n$(断裂时刻),可建立基于应变的、应力状态相关的 MC 断裂模型,也称 MMC 模型(修正 MC 模型):

$$\bar{\varepsilon}_f = \left\{ \frac{A}{c_2} \left[\sqrt{\frac{1+c_1^2}{3}} \cos\left(\frac{\pi}{6} - \theta\right) + c_1 \left(\eta + \frac{1}{3}\sin\left(\frac{\pi}{6} - \theta\right) \right) \right] \right\}^{-\frac{1}{n}}$$

$$\tag{3-25}$$

也有其他断裂模型与 MMC 模型类似,将断裂应变与应力三轴度等应力状态参数关联起来[18]。电池单体的某些特定加载工况中罗德角的变化很小,比如:球形压头面外挤压电池单体时,集流体箔材近似处于轴对称的受力状态,这时 $\cos(3\theta) = 1$;柱面压头面外挤压电池单体时,集流体箔材处于近似平面应变的受力状态,这时 $\cos(3\theta) = 0$。这些特定工况下可采用 Johnson-Cook 断裂模型的简化形式来表征箔材断裂。

$$\bar{\varepsilon}_f = C_1 \exp(-1.5\eta) \tag{3-26}$$

式中:C_1 是唯一的待定参数。

通过应变张量的线性变换来定义等效塑性应变,可以更好地描述金属箔材的各向异性断裂力学行为。将材料轧制方向 MD 和横向 TD 分别定义为第一主方向和第二主方向,各向异性等效塑性应变率为如下形式:

$$\dot{\bar{\varepsilon}}_p = \sqrt{(2/3)(\tilde{\beta}\dot{\vec{\varepsilon}}_p) \cdot (\tilde{\beta}\dot{\vec{\varepsilon}}_p)}, \quad \vec{\varepsilon}_p = [\varepsilon_{11}^p, \varepsilon_{22}^p, \varepsilon_{33}^p, \sqrt{2}\varepsilon_{12}^p, \sqrt{2}\varepsilon_{13}^p, \sqrt{2}\varepsilon_{23}^p]$$

$$\tag{3-27}$$

根据常用的标定试验类型,这里的线性变换张量 $\tilde{\beta}$ 采用了简化的对角阵形式:

$$\tilde{\beta} = \begin{bmatrix} 1 & 0 & 0 & 0 & 0 & 0 \\ 0 & \beta_{22} & 0 & 0 & 0 & 0 \\ 0 & 0 & \beta_{33} & 0 & 0 & 0 \\ 0 & 0 & 0 & \beta_{12} & 0 & 0 \\ 0 & 0 & 0 & 0 & 1 & 0 \\ 0 & 0 & 0 & 0 & 0 & 1 \end{bmatrix} \tag{3-28}$$

当结合式(3-27)和式(3-25)来表征各向异性断裂时,需要设计试验标定 5 个参数,即 β_{22}、β_{33}、β_{12}、c_1、c_2。当试验类型不足时,也不妨结合应变张量的线性变换形式与最大等效塑性应变准则来表征各向异性断裂,即式(3-27)定义的等效塑性应变 ε_p 达到阈值 $\bar{\varepsilon}_f^*$ 时,材料发生断裂失效,这时需要标定 4 个参数,即 β_{22}、β_{33}、β_{12}、$\bar{\varepsilon}_f^*$。

3.2.2 金属集流体箔材力学测试结果与力学行为表征

本节以某款三元锂离子软包电池单体的正负极极片为例,讨论关键组分的力学特性和模型表征。如前所述,金属集流体会主导极片在面内方向拉伸载荷下的力学响应,因此本节内容中,对于金属集流体本身主要考察拉伸力学行为。同时,对于极片上涂覆的活性涂层材料,实际上很难直接测试其拉伸性能,通常需要结合极片整体和金属集流体的拉伸结果,通过间接处理得到,因此本节中会同时给出极片整体的拉伸测试结果,为后续间接分析活性涂层拉伸性能提供数据。

1. 正极极片和铝箔

试验用正极极片平均厚度为 0.174 mm,正极集流体为铝箔。试验用铝箔则是通过将极片浸泡于 N-甲基吡咯烷酮(NMP)试剂,而后刮去涂层制备而成,铝箔平均厚度为 0.023 mm。图 3-1 和图 3-2 分别给出了准静态和动态单向拉伸试验获得的正极极片与铝箔材料的拉伸载荷-相对位移曲线。可以看出:① 仅从屈服和塑性硬化来看,铝箔在准静态与动态下的各向异性都极不明显;② 由于活性涂层的补强效果,正极极片整体拉伸性能相比铝箔有约 10% 的提升;③ 正极极片整体表现出轻微的各向异性,90°方向塑性变形阶段的载荷水平略高于 0°方向,这可能与活性涂层的涂覆走向有关。图 3-3 和图 3-4 则分别给出正极极片整体与正极铝箔的静动态拉伸应力应变行为的对比结果,可以看出:① 铝箔力学性能对应变率并不敏感;② 极片整体的力学响应表现出一定的应变率相关性,塑性阶段的流动应力随应变率上升而增大。

从这些试验结果还可以看出,准静态下铝箔与正极极片整体的断裂应变较为接近;而与准静态相比,动态下铝箔断裂提前发生,极片整体断裂则延迟发生,铝箔动态断裂应变约为极片整体的 1/4 至 1/3。铝箔动态断裂提前发生的原因,既与应变率效应有关,也不排除去除活性涂层时造成的箔材微损伤。极片整体的动态断裂延迟发生应该与活性涂层粘接剂黏性有关,这种特性一定程度上有利于降低电池承受冲击载荷时的电极破裂风险。

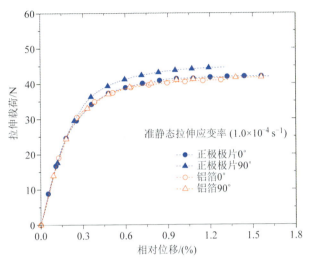

图 3-1　正极极片与铝箔的准静态拉伸载荷-相对位移曲线

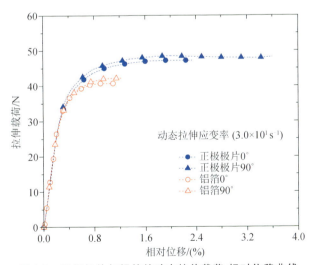

图 3-2　正极极片与铝箔的动态拉伸载荷-相对位移曲线

与图 3-4 中具有近似各向同性屈服强度的正极铝箔不同,有些铝箔材料的屈服特性呈现显著各向异性。如图 3-5 所示,图中给出的是某种厚度较大(0.1 mm)的铝箔材料单向拉伸测试结果,与轧制方向 MD(即 0°方向)相比,其

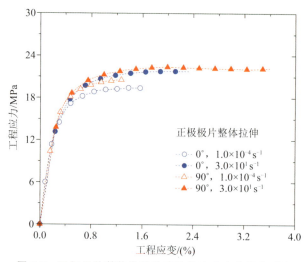

图 3-3 正极极片整体的静动态拉伸应力应变行为对比

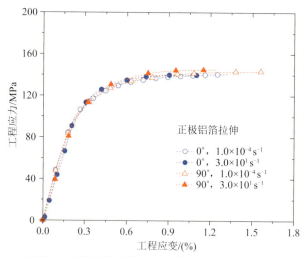

图 3-4 正极铝箔的静动态拉伸应力应变行为对比

横向 TD(即 90°方向)的屈服强度和塑性流动应力水平更高,而斜向 DD(45°方向)的应力水平偏低。观察图 3-5 同时给出的沿 MD、TD 和 DD 方向拉伸过程中的宽向与轴向(即拉伸方向)应变关系测量结果,可以判断该铝箔的 r 值具有明显的各向异性。另外,还可以看出三个拉伸方向下的断裂应变有明显差异。基于图 3-5 所示试验结果,提取了该种铝箔材料的主要力学属性参数,包括屈服强度、r 值和断裂应变,如表 3-1 所示。

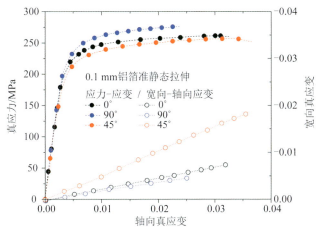

图 3-5 0.1 mm 厚度铝箔材料 MD、TD 和 DD 方向单向拉伸的应力应变关系及宽向-轴向应变关系

表 3-1 0.1 mm 厚度铝箔材料的主要力学属性参数

拉伸方向	MD(0°方向)	TD(90°方向)	DD(45°方向)
屈服强度/MPa	227.7	240.5	214.2
r 值	0.308	0.303	1.109
断裂应变	0.033	0.025	0.037

2. 负极极片和铜箔

试验用负极极片平均厚度为 0.178 mm。负极集流体为铜箔,试验用铜箔是通过将极片在空气中干燥后刮去涂层制备而成,铜箔平均厚度为 0.011 mm。图 3-6 和图 3-7 分别给出了准静态和动态单向拉伸试验获得的负极极片与铜箔材料的拉伸载荷-相对位移曲线。可以看到负极活性涂层对极片也能起到一定程度的补强;与正极材料力学行为有所差异的是,负极铜箔和极片整体在准静态和动态拉伸下的屈服和塑性硬化均未呈现明显各向异性。图 3-8 和图 3-9 分别给出负极极片整体与负极铜箔的静动态拉伸应力应变行为的对比结果,负极极片整体和铜箔在 0°和 90°方向的拉伸力学行为都具有应变率敏感性,且包含涂层的极片整体应变率敏感性更为显著。

从试验结果中的大变形断裂情况来看,负极铜箔的断裂应变均低于极片整体,并且动态断裂应变的差距相对更为显著,铜箔动态断裂应变约为极片整体的 2/5 至 3/5,这些规律与正极材料的断裂特征类似。

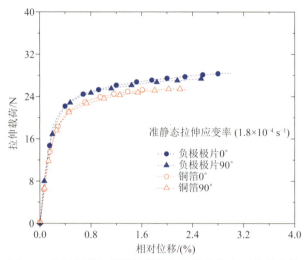

图 3-6　负极极片与铜箔的准静态拉伸载荷-相对位移曲线

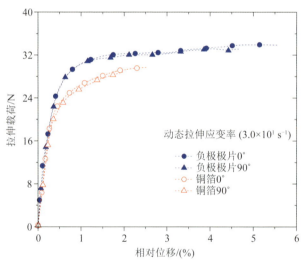

图 3-7　负极极片与铜箔的动态拉伸载荷-相对位移曲线

3. 金属箔材的力学性能表征

基于金属箔材应力应变数据,可以确定是否需要采用各向异性塑性本构模型进行力学性能表征。对于前述的正极铝箔和负极铜箔,由于其不同材料方向拉伸应力应变关系并未表现出明显差异,因此可以采用较为简单的各向同性本构模型(如 Mises 模型)来表征,同时需要依据试验数据选取合适的硬化准则和应变率效应函数,并标定材料断裂参数。而对于图 3-5 展示的具有显著各向异

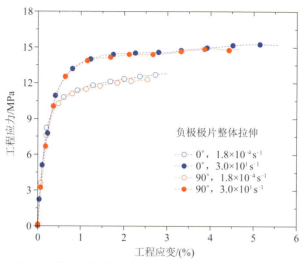

图 3-8　负极极片整体的静动态拉伸应力应变行为对比

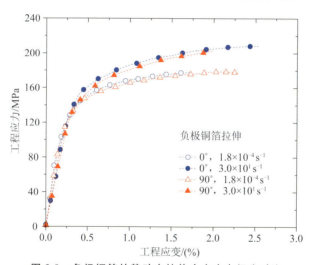

图 3-9　负极铜箔的静动态拉伸应力应变行为对比

性的箔材，则需要选择各向异性模型加以表征。这里以包含两组 ϕ 函数（$n=2$）的 Yoshida 模型为例，说明各向异性模型参数的标定方法。

通过试验获取不同拉伸方向的屈服强度和 r 值（见表 3-1），同时通过式 (3-13) 和式 (3-15) 获得屈服强度和 r 值的模型计算值（注意需要首先设定模型参数初值），将模型计算值与试验值相比，按以下形式计算残差：

$$\text{Error} = w_\sigma \sum_j (\sigma_{aj}^{\text{th}} - \sigma_{aj}^{\text{test}})^2 + w_r \sum_j (r_{aj}^{\text{th}} - r_{aj}^{\text{test}})^2 \qquad (3\text{-}29)$$

式中:$\sigma_{\alpha j}^{th}$、$r_{\alpha j}^{th}$ 为基于 Yoshida 模型计算得到的不同拉伸方向屈服强度和 r 值的理论值;$\sigma_{\alpha j}^{test}$、$r_{\alpha j}^{test}$ 为试验值;w_σ、w_r 为屈服强度残差和 r 值残差在总体残差 Error 计算中的权重。

以残差最小化为目标进行参数优化,在各向异性参数空间中通过梯度下降法进行参数搜索,使得总体残差逼近 0(小于给定的残差阈值),从而优化得到各向异性塑性模型参数。采用类似流程,也可以优化获得各向异性断裂模型参数。表 3-2 给出了最终获得的各向异性塑性模型参数(包括屈服函数参数和断裂模型参数)。从图 3-10、图 3-11 和图 3-12 给出的模型标定结果与试验结果的对比展示来看,采用 Yoshida 模型可以较为全面地描述该种铝箔材料的各向异性。

表 3-2 厚度 0.1 mm 铝箔材料的各向异性塑性模型参数标定结果

	a_1	b_1	c_1	g_1
屈服函数参数	0.335	0.690	0.794	1.184
	a_2	b_2	c_2	g_2
	1.400	1.486	0.654	0.927
断裂模型参数	β_{22}	β_{33}	β_{12}	$\bar{\varepsilon}_f^*$
	1.22	1.74	0.69	0.041

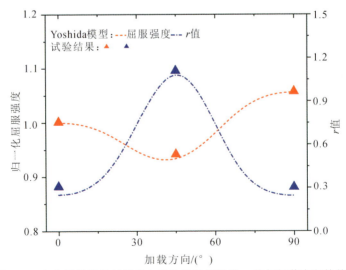

图 3-10 各向异性铝箔材料单向拉伸的屈服强度、r 值与加载方向的关系

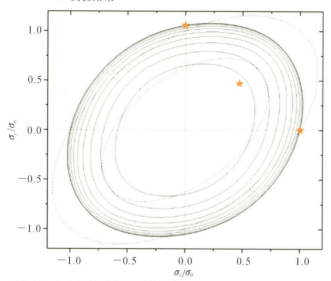

图 3-11　各向异性铝箔材料的屈服面（以 $\Delta\tau_{xy}=0.05\sigma_0$ 为增量）

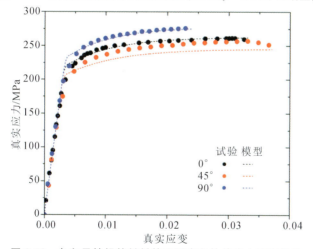

图 3-12　各向异性铝箔材料的不同方向拉伸应力应变行为

3.3　活性涂层的力学行为表征

3.3.1　活性涂层孔隙材料的本构描述

正、负极活性涂层由正、负极粉末与导电剂、粘接剂等混合成浆料，涂覆于金属集流体表面制备而成。如前所述,由于活性涂层紧密粘接于集流体表面,形成了结构完整的极片,因此通常只能通过间接的提取方法来获得和分析活性涂层的力学特性,即分别对电极极片整体和集流体箔材进行测试,在极片整体力学响应中扣除集流体箔材贡献的部分,获得活性涂层力学响应[19]。活性涂层的拉伸和压缩力学行为差异很大,拉伸应力水平很低,压缩应力水平则随着压缩应变的增加迅速上升。

由于活性涂层对极片整体力学响应的贡献主要体现在压缩情况下,因而在选择活性涂层的本构模型时,也应更为关注模型对压缩力学行为的表征能力。在电池组分材料力学特性研究和电池结构建模分析相关的文献中,常见到采用泡沫材料或多孔材料模型来表征活性涂层力学行为[20],其中具有代表性的模型包括LS-DYNA软件中的可压缩泡沫材料模型(MAT_63)、修正的Honeycomb蜂窝材料模型(MAT_126)、Abaqus软件中的可压溃泡沫模型(扩展型Deshpande-Fleck模型)等等;也有研究借用了描述金属孔隙材料的Gurson模型来表征涂层材料力学行为[21]。

Gurson模型原用于描述韧性金属内部微孔洞形成、生长和联结导致的损伤演化对宏观塑性力学行为的影响,是考虑静水压相关性的各向同性塑性模型。由于Gurson模型能够反映材料塑性阶段的可压缩性,与活性涂层的某些真实属性较为相似,所以被借用于涂层材料表征。Gurson模型的屈服条件经Tvergaard修正后,具有以下形式:

$$F = (q/\sigma_y)^2 + 2q_1 f \cosh(-q_2(3p)/(2\sigma_y)) - (1+q_3 f^2) = 0 \quad (3-30)$$

式中:q_1、q_2和q_3为待定参数;f为孔隙率,f为0时模型即退化为不可压缩材料的Mises屈服准则。

Ali等[22]利用Gurson模型对电极涂层材料进行表征,描述了涂层孔隙结构的静水压相关性。Gurson模型仅适用于孔隙率小于10%的情形,而活性涂层的孔隙率通常在35%左右,因此从机理层面上来说,采用Gurson模型表征涂层孔隙材料并不合适,并且Gurson模型难以合理描述涂层材料的拉压不对称性。

LS-DYNA的MAT_63和MAT_126属于偏唯象的材料模型,它们均将三个材料方向的应力应变行为完全解耦开来,前者仅考虑各向同性,后者则可以考虑各向异性,在工程应用中只需要输入每个材料方向的单向压缩应力应变曲线(MAT_126还需要各方向的剪应力剪应变曲线)。这两种模型可以描述孔隙材料压缩与拉伸力学行为上的差异,适用于较为简单的载荷工况。

采用Deshpande-Fleck可压溃泡沫材料模型表征涂层孔隙材料则具有明显的优势。该模型的屈服函数与静水压相关,可以表征涂层材料的可压缩性及塑性屈服的应力状态相关性,并且能够较合理地描述涂层材料的拉压不对称性。该模型的屈服准则为

$$F = \sqrt{q^2 + \alpha^2 \left[p - (p_c - p_t)/2 \right]^2} - \alpha(p_c + p_t)/2 = 0 \quad (3\text{-}31)$$

式中:p_c 和 p_t 分别对应静水压力和均张力状态下的屈服强度;α 是屈服面形状控制参数。

在 p-q 空间中屈服面呈椭圆形。当选择体积硬化(volumetric hardening)方式时,在材料的加载变形过程中,屈服面保持椭圆基本形状并偏心扩张,同时保持均张力状态下的屈服点位置恒定(即 p_t 不变)(见图3-13)。

图3-13 应力不变量空间的Deshpande-Fleck可压溃泡沫材料
模型屈服面和体积硬化方式下的屈服面扩张

类比自然界的岩层地貌,可以发现遭受挤压的电池单体内部多层结构具有极为类似的变形模式,例如剪切带和局部褶皱,如图3-14所示。可以推测,由于具有相似的颗粒聚集形态的结构主体,电极活性涂层材料的力学行为可能与土壤、混凝土等岩土材料的力学行为有相似之处,因此可以借鉴岩土力学及粉末成形等领域的理论和方法,来表征涂层材料力学特性。

以颗粒聚集形态为主体的材料(以下简称颗粒材料)的宏观力学响应主要与两种变形机制有关,即颗粒间滑移机制和颗粒自身压缩变形机制。前者描述了颗粒材料在宏观剪切变形下内部颗粒之间的相对迁移运动,后者则描述了颗粒材料在多轴压缩变形下的密实化过程。岩土力学和粉末成形等领域普遍采用Drucker-Prager/Cap模型(简称为DPC模型)来表征颗粒材料力学行为。该

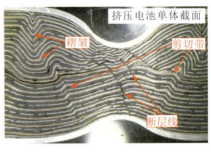

图 3-14 岩层地貌与变形电池单体内部结构形貌对比

模型可以描述上述两种变形机制引起的宏观响应。与前述的 Deshpande-Fleck 模型相比,DPC 模型具有更清晰的物理基础,可以更合理地反映颗粒材料变形机制的影响,因此我们尝试将 DPC 模型应用于活性涂层材料表征。

DPC 模型的屈服准则同样可以在 $p\text{-}q$ 空间内加以描述,如图 3-15 所示,上述两种变形机制分别对应两个屈服函数,即描述滑移过程的屈服函数 F_s 和描述密实化过程的屈服函数 F_c。前者也称剪切失效面或滑移面,具体形式为

$$F_s = q - p\tan\beta - c = 0 \tag{3-32}$$

式中:β 为摩擦角;c 为黏性参数。

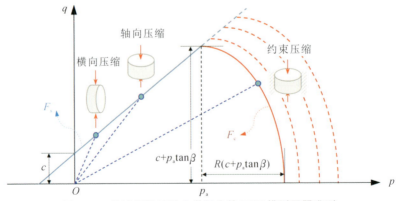

图 3-15 描述颗粒材料力学行为的 DPC 模型屈服准则

F_s 在 $p\text{-}q$ 空间是一条斜直线,斜率为 $\tan\beta$,在纵坐标轴上截距为 c。屈服函数 F_c 则描述颗粒自身变形(颗粒材料密实化)。它在 $p\text{-}q$ 空间为 1/4 椭圆,具体形式为

$$F_c = \sqrt{(p - p_a)^2 + (Rq)^2} - R(c + p_a\tan\beta) = 0 \tag{3-33}$$

式中：R 描述椭圆度，$R=1$ 时 F_c 为圆弧；p_a 为屈服面 F_c 和 F_s 交点的横坐标。

考虑数值计算稳定性，模型实际应用中在屈服面 F_c 和 F_s 相交处引入了圆弧段来保证两段屈服面的光滑过渡。

与密实化屈服面 F_c 相比，滑移屈服面 F_s 处的材料硬化行为非常微弱，即模型参数 β 和 c 都为常数。这样的处理也符合颗粒滑移运动的物理机制，材料一旦进入滑移屈服，颗粒之间开始出现相对滑移，材料失去承受更大载荷的能力。而密实化屈服面 F_c 处的材料则随体积应变增加发生明显的强化。密实化屈服面形状和位置相关的参数（R 和 p_a）变化，可分别通过体积应变 ε_v 的函数 $R(\varepsilon_v)$ 和 $p_a(\varepsilon_v)$ 描述。

由于 DPC 模型的屈服面由两部分屈服函数组成，总的塑性应变 $\widetilde{\varepsilon}^p$ 包括密实化塑性应变 $\widetilde{\varepsilon}_c^p$ 和滑移塑性应变 $\widetilde{\varepsilon}_s^p$ 两部分。任意应力状态下，每个塑性应变增量仅由其中一个屈服面决定，对应的塑性流动为

$$d\widetilde{\varepsilon}_c^p = d\overline{\varepsilon}_p \frac{\partial G_c}{\partial \vec{\sigma}}, \quad d\widetilde{\varepsilon}_s^p = d\overline{\varepsilon}_p \frac{\partial G_s}{\partial \vec{\sigma}} \tag{3-34}$$

式中：G_c 和 G_s 为塑性势函数。

密实化部分采用关联流动法则，塑性势函数 G_c 与屈服函数式(3-33)相同；滑移部分则采用非关联流动法则，塑性势函数 G_s 为

$$G_s = \sqrt{[(p-p_a)\tan\beta]^2 + q^2} \tag{3-35}$$

电极极片中活性涂层通常与金属箔材紧密粘接，且颗粒之间也由粘接剂粘接在一起，不容易发生颗粒滑移，因此涂层颗粒材料的主要变形模式应为密实化，G_s 的形式对整体响应影响不大。

为表征涂层的剪切断裂行为，引入如下断裂准则：

$$\overline{\varepsilon}_s^p = \sqrt{\frac{2}{3}\widetilde{\varepsilon}_s^p:\widetilde{\varepsilon}_s^p} = \overline{\varepsilon}_f^p \tag{3-36}$$

其物理意义是当滑移屈服累积的等效塑性应变大于临界值 $\overline{\varepsilon}_f^p$ 时，颗粒之间的滑移程度较大，形成裂纹，在仿真中相应地将应变大于 $\overline{\varepsilon}_f^p$ 的单元删除。当应力状态始终位于密实化屈服面时，材料不会发生断裂；只有当应力状态从密实化屈服面迁移到滑移屈服面后，材料才可能发生剪切破坏。

3.3.2 活性涂层材料力学测试结果与力学行为表征

1. 活性涂层拉伸力学性能分析

第3.2.2节通过拉伸试验直接获得了极片整体和金属箔材的拉伸载荷-相对位移数据,由此可以间接估算活性涂层的拉伸力学性能。在相同拉伸位移下,从极片整体的拉伸载荷中减去金属箔材载荷,即得到活性涂层的承载量。再用该载荷除以活性涂层横截面积,计算获得拉伸应力。通过这种间接估算方法,从图3-2、图3-3、图3-7和图3-8的数据可以得到该款电池单体正负极活性涂层材料的拉伸力学性能,如图3-16所示。考虑到原始数据小变形阶段测量精度有限,我们主要考察和分析较大变形阶段(应变在0.4%以上)的数据。可以看出:① 正极活性涂层和负极活性涂层在拉伸变形下的应力水平相近,且平均应力低,与金属箔材相比有2个数量级的差距;② 正负极活性涂层的拉伸力学响应都具有显著的应变率敏感性,即拉伸应力水平随着应变率上升而增大。

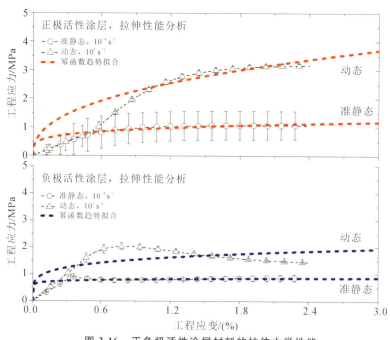

图3-16 正负极活性涂层材料的拉伸力学性能

2. 极片拉伸过程中活性涂层的变形与断裂

电极活性涂层由活性颗粒与胶黏剂混合而成,颗粒之间及颗粒与集流体箔材之间均通过胶黏剂连接。在拉伸载荷下,活性涂层随着金属箔材的延展而变形,由于两者韧性的差异,活性涂层的断裂往往早于金属箔材。由于电极材料厚度极小,常规试验中难以直接观察涂层的变形情况。为此,我们利用扫描电子显微镜(SEM)对活性涂层在电极拉伸过程中的变形与断裂全过程进行了实时观察。

第 2 章中展示了微型拉伸加载装置,该装置用于极片拉伸时,配置的力传感器量程为 200 N,且精度满足极片拉伸性能测量要求。为了使变形区域集中在试件中心位置、便于扫描电子显微镜成像,试件形状设计成缺口拉伸试件样式,中心区域宽度最小,如图 3-17 所示。安装好试件后将加载装置放入扫描电子显微镜真空室,在加载过程中实时观察试件表面的变形情况。

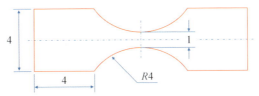

图 3-17 微型拉伸试验使用的电极极片试件(单位:mm)

图 3-18 给出了负极与正极极片微型拉伸得到的拉伸载荷-位移曲线,两种极片都表现出渐进失效模式,即达到峰值之后载荷并未突降,而是随着变形增大而缓慢下降。图 3-19 和图 3-20 分别展示了负极与正极表面活性涂层在拉伸过程中的变形情况和裂纹扩展情况,图中 9 张扫描电子显微镜图像分别对应拉伸载荷-位移曲线上标记的 9 个变形时刻。

由图 3-19 可知,当拉伸进行到变形时刻 8 之前,负极活性涂层表面并没有明显的变形与断裂现象。在对应时刻 8 的扫描电子显微镜图像上观察到了单一裂纹的形成。之后的加载过程,除了该裂纹沿电极宽度方向扩展,直到时刻 9 也未观察到新裂纹产生。由负极活性涂层的显微图像可知,颗粒结构中胶黏剂的体积分数较小,涂层内部石墨颗粒之间的粘接强度较低,颗粒之间容易分离。由此推断,拉伸过程中负极活性涂层颗粒之间的间隙随着集流体变形而均匀增大,活性涂层断裂形式以颗粒与颗粒之间的点接触损失为主,直到变形较大时才能观察到主裂纹。

图 3-20 展示了正极活性涂层在拉伸过程中的变形与断裂。与负极不同,正

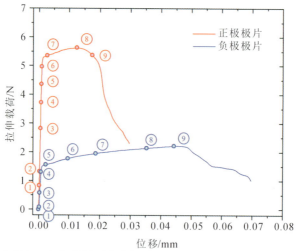

图 3-18　负极与正极极片微型拉伸得到的拉伸载荷-位移曲线及变形时刻标记

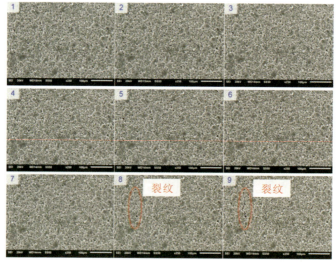

图 3-19　负极表面活性涂层在拉伸过程中的变形情况与裂纹扩展情况（放大倍数：250）

极弹性变形阶段（变形时刻 6）就已经能够观察到涂层中出现裂纹。在更高的放大倍率下观察（见图 3-21），裂纹生长过程更为清晰。在弹性变形阶段（变形时刻 3），活性涂层中就已经出现了颗粒与胶黏剂的界面断裂。之后的变形过程中，微裂纹持续扩展，裂纹数量也不断增加。当拉伸进行到时刻 8，大量微裂纹合并，形成主裂纹。由显微图像可知，不同于负极活性涂层，正极活性涂层内部的胶黏剂体积分数较高，活性颗粒之间的孔隙几乎都被胶黏剂填充。因此，拉伸过程中活性颗粒间距的增加容易造成胶黏剂中的裂纹形成。

第3章 电池单体组分材料的力学性能分析和表征

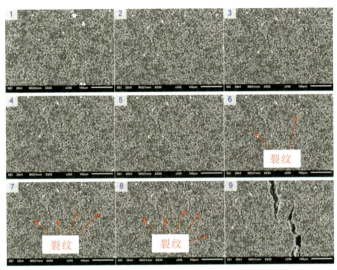

图 3-20　正极表面活性涂层在拉伸过程中的变形情况与裂纹扩展情况（放大倍数：250）

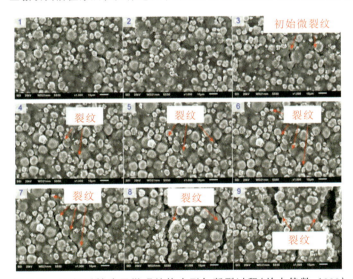

图 3-21　正极活性涂层微观结构变形与断裂过程（放大倍数：1000）

综合上述电极拉伸过程的微观观察可知，电极涂层力学行为与胶黏剂含量有很大关系。拉伸过程中，涂层内部的活性颗粒可以视为刚性材料，变形与断裂主要与相对柔性的胶黏剂相关。当胶黏剂含量较低时，活性颗粒的相互作用偏小，颗粒被固定在集流体金属箔材表面，随着集流体变形而移动，涂层表面变形均匀，不易观察到裂纹的形成。当涂层内部胶黏剂含量较高时，涂层本身的变形就非常显著。胶黏剂有一定韧性，但胶黏剂与颗粒的界面强度小于颗粒自身强度,因此,拉伸过程中的初始裂纹会在胶黏剂-颗粒界面处形成,并逐渐拓展合并成较大裂纹。

3. 基于粉饼力学测试的活性涂层压缩力学性能分析

采用第2.2节介绍的活性涂层颗粒材料的粉饼样品(即块状样品),开展了多种形式的压缩试验,包括轴向压缩、横向压缩和约束压缩。图3-22(a)给出了粉饼轴向压缩试验的载荷-位移曲线及据此计算得到的曲线斜率变化情况(反映刚度变化),图3-22(b)展示了测试后的样品形态。结合粉饼样品在不同时刻的变形照片(见图3-23),可以观察到几个典型的变形阶段,分别描述如下:

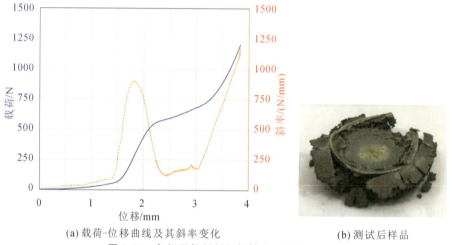

(a) 载荷-位移曲线及其斜率变化　　(b) 测试后样品

图3-22　负极颗粒材料粉饼轴向压缩试验结果

阶段一(位移小于1.8 mm):对应照片♯1和♯2,主要变形模式为颗粒材料的密实化,载荷-位移曲线的第一个拐点(接近1.5 mm)处标志着较大塑性变形的开始,随后载荷迅速增加,刚度也迅速增加。

阶段二(位移1.8 mm至3 mm):当位移为1.8 mm时,对应照片♯3,斜率停止增加,载荷-位移曲线的第二个拐点(即刚度峰值)对应样品上端部出现宏观裂纹的情形;随后多个裂纹从上端部向下端部传播,同时载荷-位移曲线逐渐进入缓慢上升段(即载荷增加变缓),测试样品的刚度迅速降低。

阶段三(位移大于3 mm):刚度重新增大,测试样品继续承载,其原因主要是粉饼样品的中心区域未产生裂纹且处于不断密实化过程,主要的变形机制还是颗粒自身变形,因此整体上能够承受较大的载荷。照片♯4至♯6展示了裂纹传播过程。

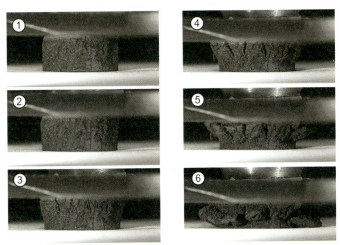

图3-23 负极颗粒材料粉饼轴向压缩过程中不同时刻照片

横向压缩试验也称巴西圆盘试验,是用于表征颗粒材料力学行为的经典试验形式。图3-24(a)给出了横向压缩试验的载荷-位移曲线及其斜率变化。与轴向压缩情况相似,可以观察到明显的载荷-位移曲线拐点(即刚度峰值),该拐点对应宏观裂纹的萌生,随着压缩变形增大,裂纹持续扩展。测试之后可以观察到穿过样品的径向裂缝(见图3-24(b))。

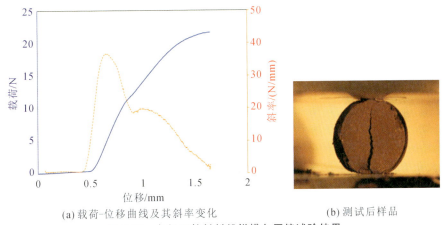

(a) 载荷-位移曲线及其斜率变化　　　　(b) 测试后样品

图3-24 负极颗粒材料粉饼横向压缩试验结果

在粉饼样品的约束压缩中,可以根据铝制套环的环向应变 $\varepsilon_{Al,\theta}$ 获得环向应力,并根据弹性薄壳理论计算被约束样品的径向应力 σ_{rr}。

$$\sigma_{rr} = (h_{Al}/r_{Al})E_{Al}\varepsilon_{Al,\theta} \tag{3-37}$$

式中：h_{Al} 和 r_{Al} 分别为套环的厚度和半径。

在设计试验时需要选择合适的套环厚度，以保证套环仅发生弹性变形。样品的轴向应力 σ_{zz} 则可以通过试验机测得的轴向力除以面积计算得到，$\sigma_{zz} = P/A$。整个加载过程中，材料受到的静水压力和等效应力分别为

$$p = (1/3)(\sigma_{zz} + 2\sigma_{rr}) \tag{3-38}$$

$$q = |\sigma_{zz} - \sigma_{rr}| \tag{3-39}$$

由于套环的周向约束，样品主要在轴向发生压缩变形，其周向和径向变形可以忽略不计，即周向和径向应变近似为 0。对于 DPC 模型而言，基于上述分析，可利用式(3-34)和式(3-33)得到 $R = \sqrt{(2/3)(p-p_a)/q}$，将其与式(3-38)和式(3-39)一起代入密实化屈服面方程，得到

$$p_a = [-3q - 4c\tan\beta + \sqrt{9q^2 + 24cq\tan\beta + 8(3pq + 2q^2)\tan^2\beta}]/4\tan^2\beta \tag{3-40}$$

由此可见，在给定 p 和 q 时可以完全确定 DPC 模型参数 R 和 p_a。理论上 R 和 p_a 都会随体积应变 ε_v 发生变化，实际分析发现 R 变化不大，因此可以取其平均值作为模型参数。p_a 随着 ε_v 增加呈指数增大，如图 3-25 所示。当 ε_v 达到 0.35，也就是负极石墨涂层的初始孔隙率时，p_a 的增大趋势停止，可以推测当 ε_v 达到 0.35 时涂层颗粒材料被完全压实，初始孔隙完全闭合，此后的压缩特性主要是石墨涂层材料自身力学特性。图 3-26 分别展示了原始状态、部分压实状态和完全压实状态下的负极石墨涂层扫描电子显微镜(SEM)图像。可以清楚地观察到体积应变为 0.35 时样品几乎没有孔隙。

4. 基于层叠压缩试验的活性涂层压缩力学性能分析

层叠压缩试验有助于更全面地分析研究活性涂层颗粒材料在完全压实后的大变形力学特征。以下提及的试验对象包括正负极极片层叠试样，其中正极极片和负极极片层叠试样的总厚度为分别为 3.2 mm 和 2.6 mm，试验机压头的加载速率为 0.6 mm/min，试验结果如图 3-27 所示。可以看出，负极涂层的压缩曲线有明显的拐点和峰值点。这表明负极层叠压缩过程中发生了损伤和断裂，而正极层叠试验在到达试验机最大量程之前未发生试样断裂。负极涂层

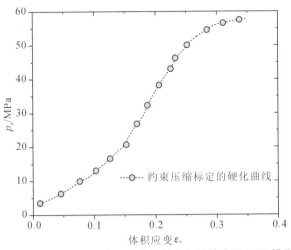

图 3-25 基于粉饼约束压缩获得的负极活性涂层 DPC 模型密实化屈服面位置体积应变(p_a-ε_v)曲线

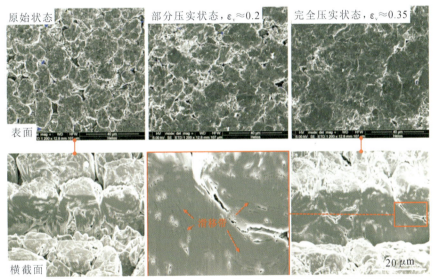

图 3-26 原始状态、部分压实状态和完全压实状态的负极石墨涂层 SEM 图像

在 100 MPa 左右发生断裂,而正极涂层在 200 MPa 时仍未断裂(图中曲线下降段为卸载过程);相同变形程度下,正极涂层的应力水平明显高于负极涂层。

与涂层材料粉饼测试不同,极片层叠压缩试验是一种结构试验,涉及金属箔材的贡献及层间接触的影响,需要排除这些影响以获得涂层的力学特性。为此可以建立层叠试样的有限元模型,结合仿真与试验获得的总体载荷-位移曲线

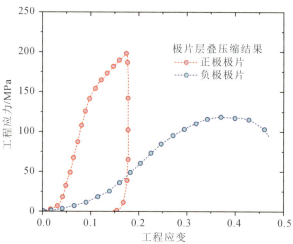

图 3-27 正极和负极极片层叠压缩试验结果

进行残差分析,通过迭代优化,达到对 DPC 模型硬化曲线 $p_a(\varepsilon_v)$ 的最终标定。

对于常见颗粒材料,p_a 与 ε_v 的关系通常满足幂函数增长规律:

$$p_a = A(\varepsilon_v + \varepsilon_0)^n, \quad n > 1 \qquad (3\text{-}41)$$

式中:A、ε_0 和 n 为三个待定常数。

可以看出,此关系中 p_a 随 ε_v 的增长越来越大,即体积应变越大,硬化率越高。由于在前述负极极片层叠压缩试验中观察到了明显的损伤演化,为此引入损伤因子 dmg,损伤产生后屈服面位置为 $p_a' = (1-\mathrm{dmg})p_a$。又考虑在多轴压缩过程中损伤首先不断累积,完全压实后石墨涂层又变得接近不可压缩,硬化率会再次上升,即材料最终可能从可压缩状态转变为不可压缩状态。对于此,可等效地假设负极颗粒材料的损伤先积累,随后又逐渐减少,相应地采用如下形式的损伤演化函数加以描述:

$$\mathrm{dmg} = \mathrm{dmg}^t [3(\varepsilon_v/\varepsilon_v^t)^2 - 2(\varepsilon_v/\varepsilon_v^t)^3] \qquad (3\text{-}42)$$

式中:dmg^t 和 ε_v^t 为待定参数。

图 3-28 给出对应式(3-42)的损伤演化曲线,可以看到曲线满足在原点和顶点处导数为 0、在 $\varepsilon_v = \varepsilon_v^t/2$ 处的二次导数为 0。对硬化曲线 $p_a(\varepsilon_v)$ 的优化,则转化为针对式(3-41)的三个参数 A、ε_0、n 和式(3-42)的两个参数 dmg^t、ε_v^t 的优化标定,标定过程如下:

(1) 以层叠压缩试验载荷-位移曲线拐点之前的部分为基准,结合仿真标定无损伤的硬化函数(式(3-41)),迭代优化 A、ε_0、n,以优化值作为这些参数的初值;

(2) 以层叠压缩试验载荷-位移曲线拐点之后的部分为基准,结合仿真标定损伤函数(式(3-42)),迭代优化参数 dmg^r、ε_v^r 和 A、ε_0、n,使仿真结果与基准曲线偏差最小。

通过极片层叠压缩的变参数仿真对比,可知层间接触摩擦系数对极片层叠压缩的整体响应没有明显影响,同时在初始加载阶段(例如静水压 p 小于 50 MPa 时),涂层内的应力状态分布较为均匀,且加载过程接近于比例加载,即 $q=k\cdot p$。基于这些信息,可以利用式(3-38)、式(3-39)和式(3-40)直接标定无损伤硬化参数 A、ε_0、n。注意真实压缩应力和体积应变的计算需考虑压缩过程的横向变形,而对于层叠压缩而言,由于涂层材料牢固粘接于集流体箔材表面,其初始加载阶段的横向变形可以忽略。

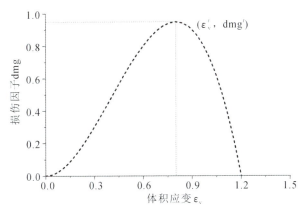

图 3-28　负极涂层材料压缩条件下的损伤演化曲线

3.4　电极集流体箔材-活性涂层界面强度表征

采用第 2.2.4 节介绍的电极箔材-涂层界面强度测试方法,考察了正极铝箔-活性涂层界面在不同拉伸-剪切比下的强度。界面样品的基底使用了 4.45 mm 厚的有机玻璃板,每种拉伸-剪切比的样品基底形状不同,由激光切割加工而成。试验的加载速度为 1.0 mm/min。

图 3-29 给出不同拉伸-剪切比下正极铝箔-活性涂层界面的平均失效强度试验结果。界面平均失效强度定义为 $\sigma_u=F_f/A$,其中 F_f 是试验机测得的最大载荷,A 是界面面积。试验结果表明,不同拉伸-剪切比下的正极铝箔-活性涂层界面的

失效强度均处于 3.0 MPa 和 4.5 MPa 之间。从 0°到 60°加载角度,随着界面载荷的剪切比例增加,界面失效强度呈增加趋势。然而在 75°和 90°加载角度下,界面失效强度又呈下降趋势。对 90°加载角度而言,此时样品承受类似于简单剪切的载荷,界面的应力分布极不均匀,按上述方式计算的平均失效强度并不能正确反映真实的界面失效强度,需要采用仿真逆向的方法来确定界面剪切强度。

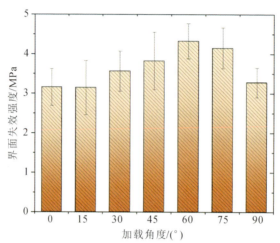

图 3-29 不同拉伸-剪切比(不同加载角度)下正极铝箔-活性涂层界面的平均失效强度

为此我们利用 LS-DYNA 软件建立了界面样品的 90°加载有限元模型。由于极片厚度很小,与有机玻璃基底厚度相比可近似忽略,在仿真中忽略极片材料属性对所考察界面附近的应力分布影响。在模型中将有机玻璃基底视为弹塑性材料(采用 MAT_24 模拟)。实际仿真表明,加载过程中有机玻璃基底变形始终处于弹性阶段。模型采用边长为 0.7 mm 的实体单元划分网格。为模拟界面失效行为,将两块有机玻璃基底之间的接触属性定义为捆绑类型(TIED_SURFACE_TO_SURFACE_FAILURE),并定义失效准则为

$$(\sigma_n/\text{NFLS})^2 + (\sigma_s/\text{SFLS})^2 = 1 \qquad (3-43)$$

式中:NFLS 和 SFLS 分别为界面拉伸失效强度和剪切失效强度;σ_n、σ_s 分别为界面上的正应力和切应力。

以 0°加载试验获得的界面平均失效强度作为 NFLS 输入(3.16 MPa),优化调节 SFLS,使仿真界面失效获得的峰值载荷与试验结果一致。图 3-30 展示了临近界面失效时刻的试件表面等效应力云图,可以看到界面附近应力分布极

不均匀。通过逆向工程方法，最终标定得到正极铝箔-活性涂层界面的剪切失效强度 SFLS 为 6.80 MPa，显著大于界面的拉伸失效强度 NFLS。

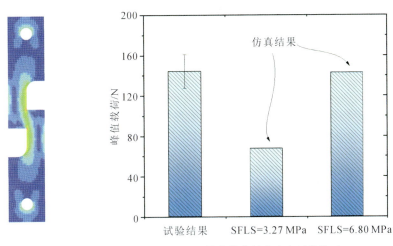

(a) 临近界面失效时刻的试件应力分布　　(b) 载荷峰值的仿真与试验比对

图 3-30　正极铝箔-活性涂层界面 90°加载的仿真分析

3.5　隔膜材料的力学行为表征

3.5.1　隔膜材料的本构描述

隔膜是具有微孔结构的单层或多层复合聚合物膜，尽管不参与电池单体中的电化学反应，但隔膜提供了防止正负极直接接触的屏障，又同时成为锂离子交换的通道。与正负极极片中的活性涂层和集流体相比，隔膜的刚性和强度都要低得多。当电池单体承受外部挤压载荷发生变形时，隔膜往往首先发生大变形，并因此引发隔膜的局部破裂，这成为正负极导通、触发内短路的直接原因。

隔膜的力学行为一般都表现出明显的黏弹（塑）性特征。Zhang 等[23]针对四种不同隔膜分别开展了多方向的拉伸试验，结果表明隔膜力学响应有突出的各向异性，尤其对于干法制造的隔膜，各向异性更为显著，这与干法制造中拉伸工艺形成的隔膜微观结构密切相关。Jiang 等[24]通过隔膜的应力松弛试验、多级加卸载试验以及不同速率拉伸试验，研究了隔膜的非线性黏弹（塑）性力学行为。此外，隔膜的力学性能受温度、电解液浸润等环境因素的影响非常显著[25,26]。有很多研究尝试建立隔膜的微细观力学模型或分子动力学模型，从机理上分析隔膜的力学行为和环境因素影响。这类模型目前尚难以直接用于宏观结构中的隔膜变形及破裂仿真，为此需要选择或开发能够全面描述隔膜宏观力学行为的连续介质力学本构模型。

对于超弹性、黏性与塑性耦合的宏观复杂力学行为，可以尝试采用并联流变模型（以 Abaqus 中的 PRF 模型为代表）加以描述。常见的线性黏弹性模型的力学构型如图 3-31(a)所示，通常采用 Prony 级数来描述材料的应力松弛行为，其表达式为

$$g_R(t) = 1 - \sum_{i=1}^{N} g_i [1 - \exp(-t/\tau_i^G)] = g_\infty + \sum_{i=1}^{N} g_i \exp(-t/\tau_i^G) \tag{3-44}$$

式中：$g_R(t)$ 为无量纲化的应力松弛模量；g_i 和 τ_i^G 为材料常数；$g_\infty = 1 - \sum_{i=1}^{N} g_i$，为无量纲化平衡态模量。

线性黏弹性模型力学构型中各分支的弹簧元件弹性模量满足 $E_i/E_j = g_i/g_j$。

与线性黏弹性模型相比，并联流变模型（PRF 模型）（见图 3-31(b)）具有如下特点：① 平衡态分支（即 E_∞ 分支）支持弹塑性耦合力学行为的描述；② 弹簧元件代表非线性弹性模型或超弹性模型，适用于材料大变形表征；③ 粘壶元件既可以描述线性黏性，也可以描述非线性黏性，可以实现非线性黏弹性表征。

PRF 模型中，刚度比例 SR_i 定义各分支弹性力学行为的相对强弱。假定单向加载下分支 i 的弹性满足 $T_i = f_i(\lambda)$（T_i 为工程应力，λ 为伸长率），则有 $T_i/T_j = SR_i/SR_j$。弹性模型可采用瞬态与稳态两种定义方式，稳态定义下输入的参数代表平衡态分支的响应，其他分支的弹性响应通过 $T_i/T_\infty = SR_i/SR_\infty$ 获得；瞬态定义下输入的参数代表所有弹性分支的弹性响应之和，即 $f(\lambda) = \sum f_i(\lambda)$，各分支的弹性行为通过 $T_i = SR_i f(\lambda)$ 获得。

对于 PRF 模型中超弹性部分的具体表述，有多种超弹性材料应变能密度函数可以选择，这里简要介绍三种，包括多项式模型、Ogden 模型与 Marlow 模型。多项式模型的应变能密度函数形式为

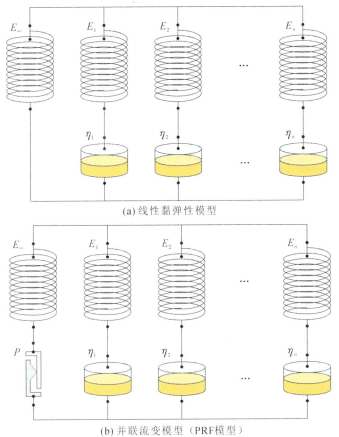

(a) 线性黏弹性模型

(b) 并联流变模型（PRF模型）

图 3-31 黏弹(塑)性本构模型的基本力学构型

$$U = \sum_{i+j=1}^{N} C_{ij} (\bar{I}_1 - 3)^i (\bar{I}_2 - 3)^i + \sum_{i=1}^{N} \frac{1}{D_i} (J-1)^{2i} \tag{3-45}$$

式中：C_{ij}、D_i 和 N 为材料参数；$\bar{I}_1$ 和 $\bar{I}_2$ 分别为应变偏张量的第一不变量和第二不变量，$\bar{I}_1 = \bar{\lambda}_1^2 + \bar{\lambda}_2^2 + \bar{\lambda}_3^2$，$\bar{I}_2 = \bar{\lambda}_1^{-2} + \bar{\lambda}_2^{-2} + \bar{\lambda}_3^{-2}$，$\bar{\lambda}_i = J^{-1/3} \lambda_i$，$\lambda_i$ 是材料在 $\vec{x}_i$ 方向的主伸长率，J 表示材料的体积变化率。

当设定不同的 C_{ij} 组合时，多项式模型可以退化为一些特定的超弹性模型，例如 Neo-Hookean 模型、Mooney-Rivlin 模型和 Yeoh 模型。

Ogden 模型的应变能密度函数形式为

$$U = \sum_{i=1}^{N} \frac{2\mu_i}{\alpha_i} (\bar{\lambda}_1^{\alpha_i} + \bar{\lambda}_2^{\alpha_i} + \bar{\lambda}_3^{\alpha_i} - 3) + \sum_{i=1}^{N} \frac{1}{D_i} (J-1)^{2i} \tag{3-46}$$

式中：μ_i、α_i、D_i 和 N 为材料参数。

当特别选定 μ_i 和 α_i 参数组合时，也可以由 Ogden 模型转换得到 Neo-Hookean 模型和 Mooney-Rivlin 模型。

Marlow 模型应变能密度函数的基本形式为

$$U = U_{\text{dev}}(\bar{I}_1) + U_{\text{vol}}(J) \tag{3-47}$$

式中：U_{dev} 和 U_{vol} 分别为应变能密度函数的偏量部分和体积变化部分，但并不需要给出显式的函数形式。

实际应用中，通过输入单轴拉伸、双轴拉伸或平面拉伸的试验数据来确定 U_{dev}；在材料近似不可压缩的假设下，通过输入体积压缩试验数据、给定泊松比（例如 $\nu = 0.475$）或者提供上述试验数据时同时给出侧向应变来定义 U_{vol}。

PRF 模型通过变形梯度的分解 $\widetilde{F} = \widetilde{F}^e \cdot \widetilde{F}^{cr}$ 和蠕变势函数 G^{cr} 的定义来描述材料的非线性黏性行为，其中 $\widetilde{F}^e$ 是变形梯度的弹性部分，通过前述的超弹性模型来表征，$\widetilde{F}^{cr}$ 则是变形梯度的蠕变部分。当给定 G^{cr} 为 Cauchy 应力偏张量 $\bar{\sigma}$ 的等效应力 $\bar{q}$ 时，蠕变应变张量的率形式为

$$\widetilde{D}^{cr} = \dot{\lambda}\frac{\partial G^{cr}}{\partial \bar{\sigma}} = \frac{3}{2\bar{q}}\dot{\bar{\varepsilon}}^{cr}\bar{\sigma} = \frac{3}{2}\frac{\dot{\bar{\varepsilon}}^{cr}}{\bar{q}}\widetilde{\tau} \tag{3-48}$$

式中：$\dot{\bar{\varepsilon}}^{cr}$ 为等效蠕变应变率；$\widetilde{\tau} = J\bar{\sigma}$，为 Kirchhoff 应力偏张量；$\bar{q} = J\bar{q}$ 为等效 Kirchhoff 应力。

这里需要给出 $\dot{\bar{\varepsilon}}^{cr}$ 的具体函数形式，可供选择的有幂率应变强化模型、双曲正弦模型、Bergstrom-Boyce 模型等。以幂率应变强化模型为例，其形式为

$$\dot{\bar{\varepsilon}}^{cr} = \{A\bar{q}^n[(m+1)\bar{\varepsilon}^{cr}]^m\}^{\frac{1}{m+1}} \tag{3-49}$$

式中：A、m 和 n 都是待定参数，要求 $A > 0$，$-1 \leqslant m \leqslant 0$ 且 $n > 0$。

当 $m = 0$ 且 $n = 1$ 时，该模型退化为线性黏性模型。

尽管隔膜材料力学行为较为复杂，但是在实际的电池单体建模仿真中，考虑到隔膜相对于其他组分（如活性涂层）厚度很小，且隔膜对单体结构的整体力学响应贡献也相对偏小，可以选择较为简单的材料模型，以简化隔膜材料模型的参数标定工作。当关注电池挤压或压缩工况时，带有微孔隙结构特征的隔膜材料的压缩力学特性相对重要，这时可选择扩展型 Deshpande-Fleck 可压溃泡沫材料模型或 Honeycomb 蜂窝材料模型作为单体精细化建模中的隔膜材料模型（模型介绍参见第 3.3 节）。使用扩展型 Deshpande-Fleck 模型时，可根据所

考察隔膜的拉伸与压缩力学特性的实际差异,选择合适的硬化形式,如各向同性强化(isotropic hardening,其拉压差异小)或体积硬化(volumetric hardening,其拉压差异大);对于各向异性十分显著的隔膜类型(如干法制备的隔膜),修正的 Honeycomb 蜂窝材料模型可作为候选材料模型。

3.5.2　隔膜材料力学测试结果与力学行为表征

1. 隔膜材料的拉伸力学性能分析

我们选择一种干法单向拉伸工艺制备的隔膜(隔膜 A)和一种湿法双向拉伸工艺制备的隔膜(隔膜 B),开展了多级应变率单向拉伸试验,制备了 0°(MD,即垂直于电池单体的极耳方向)、90°(TD)和 45°(DD)三个方向的试样用于每个应变率下的拉伸测试。隔膜 A 为多层聚丙烯隔膜;隔膜 B 为具有陶瓷涂层的聚乙烯隔膜。

图 3-32 给出了两种隔膜的拉伸试验结果,可见无论在准静态下还是在动态下,隔膜拉伸应力应变行为的各向异性都非常显著。对隔膜 A 测试了 3 个方向的应力应变行为,应力水平从大到小排序为 0°,45°,90°;对隔膜 B 测试了 2 个方向的应力应变行为,应力水平从大到小排序为 0°,90°。在相同应变率的拉伸试验中,隔膜的 0°方向断裂应变均最小,90°方向断裂应变均最大。相比较而言,隔膜 A 为干法单向拉伸制备而成,它的各向异性更为突出。再对比同一加载方向、不同应变率的试验结果,可见隔膜拉伸应力应变行为的应变率效应也非常显著,应力水平均随应变率增大显著增强,断裂应变随应变率增大而有所降低。

图 3-33 给出了通过扫描电子显微镜观察获得的两种隔膜微观结构形貌。图 3-33(a)展示的为干法单向拉伸制成的聚丙烯隔膜(隔膜 A)。其由高分子聚合物纤维和片层组成,其间有大量孔隙,聚合物纤维的取向性排布是隔膜材料各向异性的主要原因:纤维主要沿 0°方向(MD)排布,因而该方向的拉伸应力水平最高;该方向断裂行为也主要与纤维断裂相关,与聚合物的片层状态相比,纤维的延展性较差,因而 0°方向的宏观断裂应变偏低。图 3-33(b)展示的为湿法双向拉伸制成的聚乙烯隔膜(隔膜 B)。其由主要沿 0°方向分布的主纤维和沿不规则方向分布的次纤维组成。该隔膜的 0°方向断裂与主纤维密切相关,因此

强度也最高;主纤维断裂位置差异导致该隔膜的 0°方向宏观断口扭曲或不规则;而 45°和 90°方向则由于次纤维断裂和主纤维分离,宏观断口相对平直。

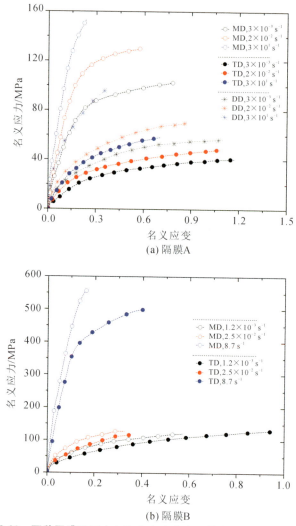

图 3-32　两种隔膜不同方向和多个应变率下的单向拉伸试验结果

隔膜的穿孔试验可以为近似双向拉伸变形状态下的断裂表征提供参考。图 3-34 给出了隔膜 A 和隔膜 B 的准静态穿孔试验载荷-位移曲线;穿孔冲击头的半径越大,隔膜断裂时的峰值载荷与位移也越大。图 3-35 展示了两种隔膜穿孔试验中的断裂模式。隔膜 A 的断口沿 TD 方向张开,裂纹扩展则沿 MD 方向,并沿 MD 方向形成边缘狭长的裂缝;隔膜 B 断口形成和扩展的方向性并不

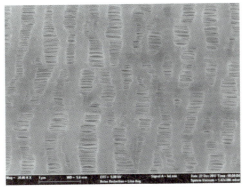

(a) 干法单向拉伸隔膜（隔膜A）

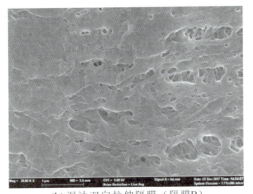

(b) 湿法双向拉伸隔膜（隔膜B）

图 3-33　两种隔膜的微观结构形貌

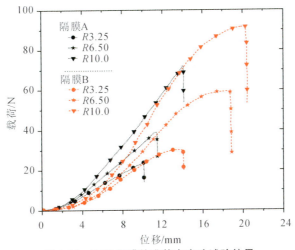

图 3-34　两种隔膜的准静态穿孔试验结果

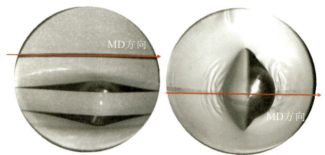

图 3-35　两种隔膜的穿孔断裂模式

显著,相对来说断口沿 MD 方向张开趋势较为明显,断口形成近似椭圆状。两种隔膜穿孔试验中的断口都沿断裂应变小的方向张开,相对来说隔膜 A 的延伸率更小,因而随着穿孔深度增大,裂纹扩展更加剧烈。此外,隔膜在不同速率下的穿孔试验结果反映的规律与拉伸试验相近。随着穿孔冲击头速率的提高,隔膜发生断裂时的峰值载荷升高,对应的冲击头位移量降低。

2. 隔膜材料的压缩力学性能分析

采用层叠压缩试验方法获得了隔膜材料的压缩力学性能,如图 3-36 所示。此处隔膜层叠压缩试验的试样包含 40 层隔膜,总厚度为 0.64 mm。与正极极片的层叠压缩类似,隔膜层叠压缩试验在达到试验机载荷量程时,隔膜并未发生断裂,图中曲线的下降段为卸载过程。可以看到,隔膜压缩加载阶段的应力应变曲线呈现为典型的幂函数关系,符合孔隙材料的宏观塑性硬化特征。

3. 隔膜材料模型标定

以 PRF 模型为例介绍隔膜材料的模型参数标定流程,如图 3-37 所示,整个流程分为平衡态提取、弹塑性分解和黏性模型标定三部分。首先根据多级加载-松弛试验的结果,获取隔膜材料的平衡态应力应变关系;其次结合多级加卸载-蠕变试验的结果,得到隔膜材料在不同变形量下的塑性不可恢复部分,由此可以将隔膜材料平衡态应力应变关系的弹性响应和塑性响应部分分解,其中应力-弹性应变数据用于超弹性本构模型的标定,应力-塑性应变关系则反映塑性硬化律,两者可作为 PRF 模型的直接输入;最后根据多应力水平松弛试验的结果,标定 PRF 模型中各个黏弹性分支的刚度比例和蠕变律具体函数形式的参数。

多级加载-松弛试验的步骤如图 3-38 所示,将试样加载至预设应变后暂停加载,在固定变形下使试样发生充分的应力松弛,松弛完成后继续加载至下一

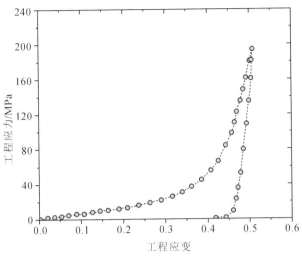

图 3-36　隔膜的层叠压缩试验结果

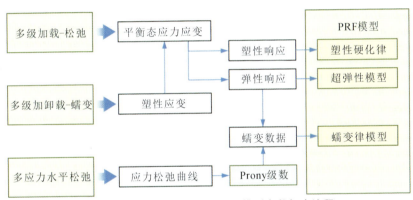

图 3-37　面向隔膜材料的 PRF 模型参数标定流程

个预设应变,如此循环。在每个应力松弛过程中,试样的应力水平最终都趋于某个稳定值。由各个预设应变及其对应的稳定应力值,可以得到试样的平衡态应力应变关系。由上述过程可知,平衡态应力应变关系是准静态或瞬态的材料总体力学响应剔除黏性响应而得到的,是时间无关的材料稳态响应。

观察长时间静置的隔膜材料拉伸后试样,可以看到试样仍残留明显的不可恢复变形。这说明隔膜材料具有塑性,其平衡态应力应变关系应包含弹性和塑性两部分。设计和开展多级加卸载-蠕变试验,以实现平衡态响应中弹性和塑性部分的分解。实施步骤如图 3-39 所示,在预设应变水平下完成一次加卸载,至应力卸载为零时松开夹具,使试样发生充分蠕变,蠕变完成后进行下一个预设

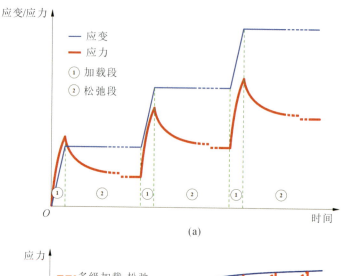

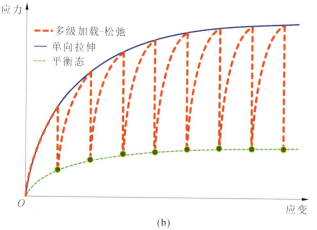

图 3-38　多级加载-松弛试验步骤

应变水平的加卸载，如此循环。在每个零应力水平的蠕变过程中，试样的残余变形最终都趋于某个稳定值。该稳定应变值即为各应变水平下的塑性应变值。结合上一环节获取的平衡态应力应变关系，可以从中分解得到隔膜的平衡态塑性响应和弹性响应。

图 3-40(a)和图 3-40(b)分别给出了隔膜 A 的平衡态应力应变关系和其中的弹性响应部分，可以看到弹性响应部分仍呈现显著非线性，该隔膜拉伸平衡态响应在 0°和 90°方向上的差异十分显著。图 3-40(b)中同时给出了平衡态弹性响应的 Neo-Hookean 超弹性模型拟合结果以及幂函数拟合结果，后者可用于无显式应变能函数的 Marlow 模型的应力应变数据输入。可以看到，

Neo-Hookean 模型能够在总体上合理描述隔膜材料的平衡态超弹性力学行为，但是对应力应变关系的非线性细节表征有欠精准。

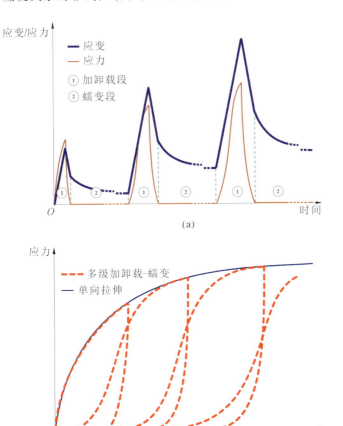

图 3-39　多级加卸载-蠕变试验步骤

多级加载-松弛试验的目的在于获取每个松弛过程结束时隔膜材料的平衡态应力，而多应力水平松弛试验则是为了完整得到隔膜材料在各初始应力水平下的应力变化历程，以此来标定和黏性相关的模型参数。为此，在进行多应力水平松弛试验时，对应各初始应力水平，建议都采用新的试样进行测试。图 3-41 给出隔膜 A 材料在 0°和 90°方向上的多应力水平松弛试验结果，其中纵坐标应力做了归一化处理，$\tau_{norm} = \tau(t)/\tau_0$，$\tau_0$ 即应力松弛的初始应力水平。可以看到，无论是 0°还是 90°方向，各级松弛的应力变化历程互不重合，与线性黏弹性材料的松弛特征不符。

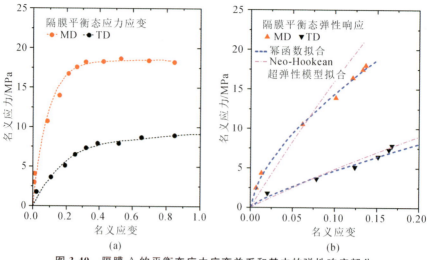

图 3-40 隔膜 A 的平衡态应力应变关系和其中的弹性响应部分

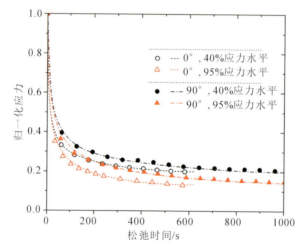

图 3-41 隔膜 A 的多应力水平松弛试验结果和 Prony 级数拟合结果

我们可以先借用线性黏弹性模型的 Prony 级数（式（3-44）），针对各初始应力水平下的松弛试验数据，拟合得到 Prony 级数参数 g_∞、g_i 和 τ_i^G，获得 PRF 模型的黏弹性分支 i 的应力松弛行为

$$\tau_i(t) = \tau_{0i} \exp(-t/\tau_i^G) = \tau_0 g_i \exp(-t/\tau_i^G) \tag{3-50}$$

再根据平衡态应力应变关系的弹性响应部分 $\tau_\infty(\varepsilon_e)$，获得黏弹性分支 i 的弹性部分

$$\tau_{0i}(\varepsilon_e) = (SR_i/SR_\infty)\tau_\infty(\varepsilon_e) = (g_i/g_\infty)\tau_\infty(\varepsilon_e) \tag{3-51}$$

这里将 SR_i 初始化为 g_i。在完成隔膜平衡态弹性响应的超弹性模型拟合后,由式(3-50)和式(3-51),借助数值方法,可以求得黏弹性分支 i 松弛过程中的蠕变应变、蠕变应变率和等效 Kirchhoff 应力数据,由此拟合该黏弹性分支的蠕变律模型参数。这样在每个初始应力水平 τ_0 下,每个黏弹性分支都对应一组蠕变律模型参数(例如应变强化蠕变律模型参数 A_i、m_i 和 n_i)。这些参数值可以为整个 PRF 模型的参数(包括超弹性模型参数,刚度比 SR_i,蠕变律模型参数 A_i、m_i 和 n_i)的全局优化提供参数取值范围。

选择隔膜 A 的两个方向 40% 和 95% 应力水平的应力松弛试验数据,采用三阶 Prony 级数($N=3$)进行拟合,拟合结果与试验结果吻合度很高,如图 3-41 所示。表 3-3 给出各应力水平下各阶 Prony 级数的参数。基于此,实现了 PRF 模型的三个黏弹性分支的 Prony 级数参数化;再通过上述数值计算和蠕变律参数拟合环节,得到各黏弹性分支的应变强化蠕变律参数,也列于表 3-3 中。

表 3-3 隔膜 A 材料两个方向、两个应力水平下的 PRF 模型黏弹性分支参数初始化
(使用 Marlow 模型描述隔膜平衡态超弹性响应)

参数类型			三阶 Prony 级数参数		应变强化蠕变律参数		
			$g_i(SR_i)$	τ_i^G/s	A_i	m_i	n_i
0°方向拉伸(MD)	40%应力水平	$i=1$	0.350	1.575	1.9×10^{-2}	0	1.38
		$i=2$	0.283	17.38	3.7×10^{-3}	0	1.38
		$i=3$	0.173	175.2	6.6×10^{-4}	0	1.38
	95%应力水平	$i=1$	0.360	1.527	9.3×10^{-3}	-0.23	1.10
		$i=2$	0.311	20.29	8.6×10^{-4}	-0.18	1.20
		$i=3$	0.203	168.6	1.9×10^{-4}	-0.05	1.42
90°方向拉伸(TD)	40%应力水平	$i=1$	0.334	3.838	8.4×10^{-3}	0	1.17
		$i=2$	0.311	36.03	9.9×10^{-4}	-1.4×10^{-4}	1.18
		$i=3$	0.172	383.5	1.9×10^{-4}	-7.5×10^{-3}	1.17
	95%应力水平	$i=1$	0.306	2.624	1.0×10^{-2}	0	1.10
		$i=2$	0.360	31.46	7.2×10^{-4}	-4.0×10^{-6}	1.10
		$i=3$	0.199	321.8	1.4×10^{-4}	-1.4×10^{-2}	1.08

接下来需要对 PRF 模型的参数进行全局优化,使得模型对多个应变率下隔膜材料拉伸试验结果的描述更为合理。借助 Abaqus 有限元软件建立单个单

元拉伸仿真模型,在前述确定的参数范围内(见表3-3)随机生成模型材料参数的初始值,基于仿真模拟获得多个应变率对应的拉伸应力应变结果,利用遗传算法开展多目标优化,达到模拟和试验结果的绝对误差(Err_1)最小化与相对误差(Err_2)最小化的优化目标,即

$$\mathrm{Err}_1 = \frac{1}{n}\sum_{i=1}^{n} |T_i^{\mathrm{sim}} - T_i^{\mathrm{test}}|, \quad \mathrm{Err}_2 = \sum_{i=1}^{n}(1 - T_i^{\mathrm{sim}}/T_i^{\mathrm{test}})^2 \quad (3-52)$$

式中:T_i^{sim} 和 T_i^{test} 分别是每个相同应变下的应力模拟结果和试验结果。

图3-42给出了隔膜材料PRF模型参数全局优化的流程,表3-4给出了隔膜A材料PRF模型的参数全局优化结果,图3-43给出了隔膜A材料的PRF模型拉伸的最终模拟结果。可以看到,PRF模型可以合理、全面地表征隔膜材料非线性黏弹塑性力学行为。需要指出的是,隔膜的不同方向拉伸模拟需各自使用一套PRF模型参数(见表3-4)。如果需要灵活表征隔膜力学行为的方向相关性,还需要将PRF模型拓展或修正至各向异性形式。

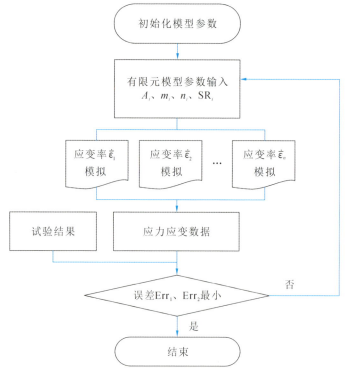

图3-42 隔膜材料PRF模型参数全局优化流程

表 3-4　隔膜 A 材料 PRF 模型的参数全局优化结果
（使用 Marlow 模型描述隔膜平衡态超弹性响应）

参数名称		SR_i	A_i	m_i	n_i
0°方向拉伸（MD）	$i=1$	0.357	1.9×10^{-2}	-0.128	1.16
	$i=2$	0.304	9.3×10^{-4}	-0.183	1.32
	$i=3$	0.199	9.3×10^{-5}	-0.145	1.47
90°方向拉伸（TD）	$i=1$	0.306	2.1×10^{-2}	-0.051	1.14
	$i=2$	0.311	1.9×10^{-3}	-0.100	1.28
	$i=3$	0.172	7.1×10^{-5}	-0.113	1.22

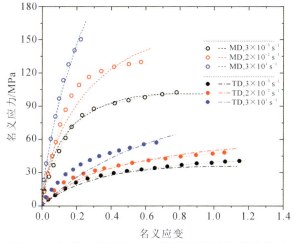

图 3-43　隔膜 A 材料的 PRF 模型拉伸的最终模拟结果

3.6　电池单体的封装材料

不同电池单体类型采用的封装结构不同，封装材料差异很大，例如软包电池单体封装通常采用铝塑膜，方壳电池单体封装通常采用铝制外壳，圆柱电池单体封装通常采用钢制外壳。

钢制和铝制外壳材料的力学性能表征与一般的金属板材类似。对于建立电池单体碰撞挤压仿真模型来说，金属外壳材料的塑性和断裂力学特性较为关键，因此所有的试验和表征工作主要围绕这两个方面设计和开展。

Zhang 等[27,28]针对 18650 圆柱电池的钢制外壳进行了全面的材料力学性能测试与表征。由于钢制外壳通过薄板深拉工艺加工而成,因此成形后材料一定程度上具有各向异性。Zhang 等[27,28]设计并制备了外壳轴向、环向和斜向试件,进行了三个方向的单向拉伸测试,验证了外壳材料塑性力学行为和断裂应变的方向相关性,基于 Hill's 48 屈服准则和组合形式塑性硬化律(关于金属材料屈服准则和硬化律的介绍,参见第 3.2.1 小节),较好地表征了钢制外壳材料的各向异性塑性力学行为;通过中心孔试样拉伸、缺口试样拉伸、蝶形试样拉伸、剪切、穿孔等试验,标定了 MMC 断裂模型(参见第 3.2.1 小节);最后通过钢制外壳的多种结构力学试验与仿真,包括空壳的轴向压溃、横向压溃、三点弯及电池单体整体的非均匀挤压,验证了外壳材料塑性模型和断裂模型的可靠性。

软包电池的封装材料铝塑膜实际上是包含铝箔和高分子聚合物薄膜的多材料层合结构。通过在软包电池铝塑膜封装上取样,测试不同方向的单向拉伸力学行为,结果表明铝塑膜材料具有显著的各向异性,并且不同方向的应力应变关系相互交叉,如图 3-44 所示,在应变小于 20% 的较小变形阶段,90°方向的应力水平高于 0°方向的应力水平,而在应变大于 20% 之后,0°方向应力上升更快,逐渐高于 90°方向应力。分析其原因,主要是铝塑膜中铝箔和高聚物薄膜的基本力学性能以及各向异性都有显著区别,在不同变形阶段二者对铝塑膜总体力学响应的贡献比重发生改变。这种相对复杂的各向异性,对铝塑膜宏观力学行为的准确表征是一个挑战。选择常用的各向异性材料模型尝试描述铝塑膜的各向异性力学行为,发现都未能达到令人满意的表征效果。

在研究某些特定工况时,铝塑膜特定方向的力学性能会相对重要一些,例如使用平行于 0°方向的刚性圆柱面进行软包电池单体的面外挤压时,可以主要考虑铝塑膜 90°方向的拉伸性能。图 3-45 给出了铝塑膜 90°方向不同应变率下的拉伸应力应变曲线,可以看出材料力学性能具有显著的应变率相关性:随着应变率的提升,材料韧性有明显下降。这时我们可以采用各向同性弹塑性模型来表征铝塑膜 90°方向的拉伸力学性能,并采用 Cowper-Symonds 模型等形式将其计入应变率效应。

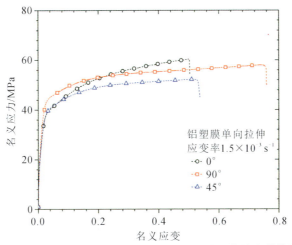

图 3-44　封装软包电池的铝塑膜材料不同方向拉伸力学性能

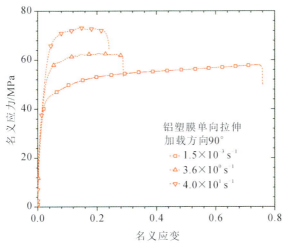

图 3-45　铝塑膜 90°方向的不同应变率下的拉伸力学行为

3.7　本章小结

本章详细分析了锂离子电池单体关键组分材料(包括正负极集流体箔材、活性涂层、隔膜材料和封装材料)的力学特性,介绍了具有代表性的材料本构模型和参数识别方法。电池组分材料的某些力学特性与一般结构材料存在共通之处,例如金属箔材弹塑性力学行为可能呈现的各向异性和应力状态相关的断裂特性、活性涂层孔隙材料的大变形压缩塑性屈服特征等,可以借鉴一些经典材料模型,达到合理表征。另一方面,电池组分材料的力学行为也存在特殊性,例如隔膜材料拉伸状态的非线性各向异性黏弹塑性和压缩状态的孔隙材料强非线性硬化行为、软包电池铝塑膜封装材料的复杂各向异性等,给材料力学行为的准确表征带来了挑战,这需要我们在材料模型开发工作中继续加以关注。本章介绍的不同组分材料和界面的力学表征方法和表征结果,也为电池单体层级的精细化模型构建提供了理论基础。

本章参考文献

[1] ZHU J, XIA Y, LUO H, et al. Influence of flow rule and calibration approach on plasticity characterization of DP780 steel sheets using Hill48 model[J]. International Journal of Mechanical Sciences, 2014, 89: 148-157.

[2] BAI Y, WIERZBICKI T. A new model of metal plasticity and fracture with pressure and Lode dependence[J]. International Journal of Plasticity, 2008, 24(6): 1071-1096.

[3] BAO Y, WIERZBICKI T. On fracture locus in the equivalent strain and stress triaxiality space[J]. International Journal of Mechanical Sciences, 2004, 46(1): 81-98.

[4] LI W, ZHU J, XIA Y, et al. Testing and modeling the effect of strain-rate on plastic anisotropy for a traditional high strength steel[C]. Proceedings of the ASME 2015 International Mechanical Engineering Congress and Exposition, Houston: ASME, 2015.

[5] HEMKER K J, SHARPE J W N. Microscale characterization of mechanical properties[J]. Annual Review of Materials Research, 2007, 37(1): 93-126.

[6] ZHU J, XIA Y, ZHOU Q, et al. A rate-dependent model for metals based on a master curve of normalized hardening behavior of DP steels[J]. Journal of Dynamic Behavior of Materials, 2016, 2(2): 272-282.

[7] ZHANG C,XU J,CAO L,et al. Constitutive behavior and progressive mechanical failure of electrodes in lithium-ion batteries[J]. Journal of Power Sources,2017,357:126-137.

[8] SAHRAEI E,BOSCO E,DIXON B,et al. Microscale failure mechanisms leading to internal short circuit in Li-ion batteries under complex loading scenarios[J]. Journal of Power Sources,2016,319:56-65.

[9] BONATTI C,MOHR D. Anisotropic viscoplasticity and fracture of fine grained metallic aluminum foil used in Li-ion batteries[J]. Materials Science and Engineering:A,2016,654:329-343.

[10] PAN Z,ZHAO P,WEI X,et al. Characterization of metal foil in anisotropic fracture behavior with dynamic tests[C]. SAE Int. J. Mater. Manf.,11(4):2018,https://doi.org/10.4271/2018-01-0108.

[11] XIA Y,CHEN G,ZHOU Q,et al. Failure behaviours of 100% SOC lithium-ion battery modules under different impact loading conditions [J]. Engineering Failure Analysis,2017,82:149-160.

[12] HILL R. A theory of the yielding and plastic flow of anisotropic metals [C]. Proceedings of the Royal Society of London. Series A,Mathematical and Physical Sciences,1948,193(1033):281-297.

[13] BARLAT F,MAEDA Y,CHUNG K,et al. Yield function development for aluminum alloy sheets[J]. Journal of the Mechanics and Physics of Solids,1997,45(11-12):1727-1763.

[14] BARLAT F,BREM J C,YOON J W,et al. Plane stress yield function for aluminum alloy sheets—Part 1:theory[J]. International Journal of Plasticity,2003,19(9):1297-1319.

[15] BARLAT F,ARETZ H,YOON J W,et al. Linear transformation-based anisotropic yield functions[J]. International Journal of Plasticity,2005, 21(5):1009-1039.

[16] YOSHIDA F,HAMASAKI H,UEMORI T. A user-friendly 3D yield function to describe anisotropy of steel sheets[J]. International Journal

of Plasticity,2013,45:119-139.

[17] BAI Y,WIERZBICKI T. Application of extended Mohr-Coulomb criterion to ductile fracture[J]. International Journal of Fracture,2010,161(1):1-20.

[18] BAO Y. Prediction of ductile crack formation in uncracked bodies[D]. Boston:Massachusetts Institute of Technology,2003.

[19] SAHRAEI E,BOSCO E,DIXON B,et al. Microscale failure mechanisms leading to internal short circuit in Li-ion batteries under complex loading scenarios[J]. Journal of Power Sources,2016,319:56-65.

[20] DESHPANDE V S,FLECK N A. Isotropic constitutive models for metallic foams[J]. Journal of the Mechanics and Physics of Solids,2000,48(6-7):1253-1283.

[21] GURSON A L. Plastic flow and fracture behaviour of ductile materials incorporating void nucleation,growth and interaction[D]. Providence: Brown University,1975.

[22] ALI M Y,LAI W J,PAN J. Computational models for simulations of lithium-ion battery cells under constrained compression tests[J]. Journal of Power Sources,2013,242:325-340.

[23] ZHANG X,SAHRAEI E,WANG K. Deformation and failure characteristics of four types of lithium-ion battery separators[J]. Journal of Power Sources,2016,327:693-701.

[24] JIANG X,LUO H,XIA Y,et al. Mechanical behavior of lithium-ion battery component materials and error sources analysis for test results[J]. SAE International Journal of Materials and Manufacturing,2016,9:614-621.

[25] KALNAUS S,WANG Y,TURNER J A. Mechanical behavior and failure mechanisms of Li-ion battery separators[J]. Journal of Power Sources,2017,348:255-263.

[26] KALNAUS S,KUMAR A,WANG Y,et al. Strain distribution and fail-

ure mode of polymer separators for Li-ion batteries under biaxial loading[J]. Journal of Power Sources, 2018, 378: 139-145.

[27] ZHANG X, WIERZBICKI T. Characterization of plasticity and fracture of shell casing of lithium-ion cylindrical battery[J]. Journal of Power Sources, 2015, 280: 47-56.

[28] ZHANG X. Mechanical behavior of shell casing and separator of lithium-ion battery[D]. Boston: Massachusetts Institute of Technology, 2017.

第 4 章
受挤压电池的力学响应和变形失效特征

基于第 2 章介绍的机械加载试验方法，开展了电池单体和模组两个层级的试验研究。在单体层级上主要从结构力学角度，分析不同构型电池单体的宏观力学响应的共性特征，以及对应的局部结构变形和损伤机理。在更为复杂的模组层级上，分析不同方向碰撞挤压载荷引起的外部结构失效差异和内部电池单体变形损伤差异，以及由此带来的内短路和热失控风险的差异。

4.1 单体变形与失效特征

常见的锂离子动力电池单体包括圆柱电池（见图 4-1(a)）、方壳电池（见图 4-1(b)）和软包电池（见图 4-1(c)）。锂离子电池内部的主要结构则是浸润于液态电解质的卷芯。

三种常见锂离子电池的结构差异具体体现为：

(1) 封装结构机械性能不同，圆柱电池和方壳电池的封装一般使用相对较厚（约 1 mm）的金属外壳，外壳具有较高的刚度和强度，而软包电池的封装一般采用相对较薄（约 0.1 mm）的铝塑膜，刚度偏低。

(2) 卷芯结构不同，圆柱电池和方壳电池的卷芯一般为卷绕式，通过单层正极-隔膜-负极组分卷绕而成，而软包电池的卷芯一般为叠片式，通过正极-隔膜-负极组分重复堆叠而成。方壳电池内部通常含有两个或两个以上并联连接的卷芯。

本章针对这三种形式的电池单体选择了具体测试对象，基本参数如表 4-1 所示。

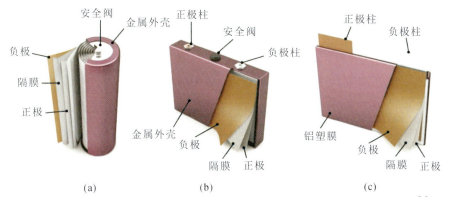

图 4-1　常见的锂离子圆柱电池单体、方壳电池单体和软包电池单体结构示意图[1]

表 4-1　三种形式电池测试对象的基本参数

	圆柱电池	软包电池	方壳电池
尺寸/mm	18×φ65	210×110×11.5	88×145×12.5
容量/(A·h)	2	20	20
额定电压/V	3.6	3.2	3.65
截止电压/V	2.8	2.0	2.8

4.1.1　圆柱电池单体的变形与失效特征

1. 圆柱电池变形特征

对圆柱电池实施了侧向和轴向两种工况的准静态挤压,试验速度为 6 mm/min。侧向挤压采用直径 20 mm 的刚性圆柱面作为挤压物。

图 4-2(a)给出了侧向挤压下圆柱电池单体的载荷-位移曲线。根据曲线变化特征,可以将圆柱电池侧向变形过程分为 4 个阶段,各阶段的机械响应和电压响应的主要特征描述如下。

阶段 1:随着刚性压头的挤入,外壳和内部卷芯共同承载,局部变形增大,载荷持续上升,直到第一个局部载荷峰值;电压保持不变。

阶段 2:出现一段较短的载荷平台(曲线上 a 点至 b 点),对应单体中部的外壳屈曲变形和卷芯损伤起始;在第一个局部载荷峰值(a 点)附近发生电压下降,随后迅速减小到零,对应内短路触发。

阶段 3:单体继续承载,直到最大载荷峰值(c 点),此时单体两端开始破裂。

阶段 4：随着单体中部裂纹扩展的加剧，载荷开始下降，最终电池发生断裂。

图 4-2(b)给出了轴向挤压下圆柱电池单体的载荷-位移曲线。轴向挤压过程也可以分为 4 个阶段。

阶段 1：正极端组件变形，使正极端的凹槽闭合。

阶段 2：卷芯和外壳沿轴向稳定压缩变形，直到第二个局部载荷峰值。

阶段 3：外壳正极端出现稳定屈曲，载荷进入一段平台期，之后继续承载。

阶段 4：两端发生不稳定屈曲，中部发生弯曲。

在圆柱电池轴向挤压过程中，电压的梯次下降对应电池内短路的过程，内短路的初始原因是安全阀与卷芯的接触，它导致卷芯端部出现褶皱，进而引起卷芯层级间的接触。

圆柱电池的机械挤压过程中，在外壳断裂之前并未观测到电池外部温度发生明显变化。电池严重受损后，由于外壳断裂，卷芯部分暴露在外，观测到卷芯有 10 ℃左右的温升。此时外壳未发生断裂区域的电池外部温升仍不明显，可见电池外壳会妨碍卷芯实际温度的测量。为了观察电池卷芯受挤压过程中的温度变化，可以拆除外壳，只挤压卷芯，试验结果如图 4-2(c)所示，从准静态侧向挤压下的卷芯载荷-位移曲线可以看到，位移为 6 mm 时出现载荷峰值，之后载荷迅速下降，此时卷芯底部因弯曲拉应力发生破裂，同时电压开始下降；在内短路时刻，卷芯局部温度也开始上升。载荷峰值、电压下降和温度升高对应的挤压位移几乎相同。

2. 圆柱电池的失效特征

在挤压试验中，如果电池发生内短路后压头后续的侵入量过大，则往往引发剧烈温升甚至电池燃烧，这样不利于电池失效特征的观察。为了有效观察挤压试验后样品的断裂区域形貌，需要对圆柱电池单体或卷芯挤压试验的位移量加以控制，即实施第 2.3 节所述的中断试验，具体来说就是在出现第一个局部载荷峰值后立即停止加载，获得试验后样品。通过机械手段切割试验后样品[3]，对断裂位置横截面进行拍摄和观察。图 4-3 展示了挤压区域最窄横截剖面，由此可分辨出侧向挤压的主要变形特征：正极-隔膜-负极-隔膜环绕的原始圆形截面被挤压成扁平状，两角处发生局部弯折，层间产生多处细小裂纹，但并未贯穿形成明显主裂纹；内部损伤积累已导致圆柱电池单体的结构失效和内短路。

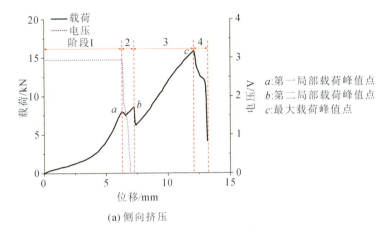
(a) 侧向挤压

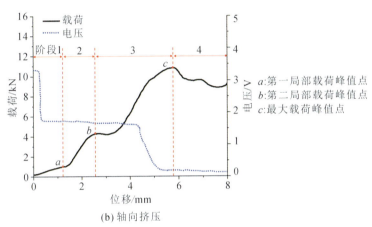
(b) 轴向挤压

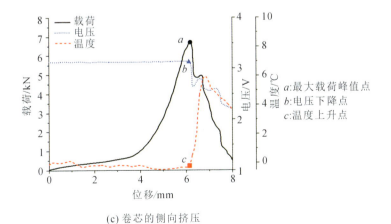
(c) 卷芯的侧向挤压

图 4-2 准静态加载工况下的圆柱电池单体力学响应

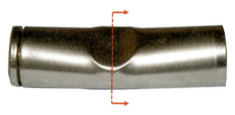 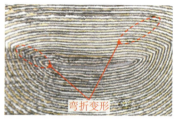

图 4-3 圆柱电池横向柱面挤压区域最窄横截剖面

4.1.2 软包电池单体的变形与失效特征

1. 软包电池变形特征

试验选用的软包电池单体的主要组分为 $Li(Ni_xCo_{1-x-y}Mn_y)O_2$ 正极、石墨负极和涂覆陶瓷层的聚乙烯隔膜。准静态挤压试验在量程为 100 kN 的万能试验机上进行,压头沿面外方向(即厚度方向)挤压试样。试验前按照恒流放电模式(1/3 C)将所有电池单体放电至截止电压。

图 4-4 给出了不同形状压头挤压下软包电池单体的载荷、电压随挤压位移的变化曲线。所有试验中,在载荷峰值点之前,载荷总是随着压头侵入量的增大而上升,电池电压一直保持恒定;挤压载荷达到峰值点后急剧下降,标志着电池内部结构发生了局部破坏,同时,电池电压也出现明显下降,标志着电池内短路的发生。挤压试验结果表明,电池内短路的发生与局部结构破坏有高度关联性;不同形状压头挤压下软包电池单体结构破坏前可承受的变形量不同。

在软包电池的挤压过程中,电池内部带有微孔隙结构的组分材料被逐渐压实,电池的载荷-位移响应的变化特征为:载荷-位移曲线的斜率持续增加,即结构刚度随着挤压量增加呈增大趋势;载荷达到峰值之前,载荷-位移曲线上出现一个明显的拐点,这个拐点之后的曲线斜率不增反降。以直径 13.0 mm 球形压头挤压试验为例,图 4-5 给出了试验载荷-位移曲线和对应的曲线斜率(刚度)-位移曲线,从刚度曲线上可以更明确地读出拐点位置。载荷-位移曲线拐点的出现对应着电池内部损伤的起始。根据曲线拐点与载荷下降点的位置可以将电池的载荷-位移历程分为三个阶段,如图 4-5 所示:阶段 1,即挤压初期,结构刚度随着位移增加呈增大趋势;阶段 2,从刚度曲线拐点到载荷峰值点,结构刚度停止增大,进入平台期,对应内部结构损伤的起始和演化;阶段3,载荷下降阶段,结构刚度也急剧下降(曲线斜率为负),对应内部结构的急剧破坏。

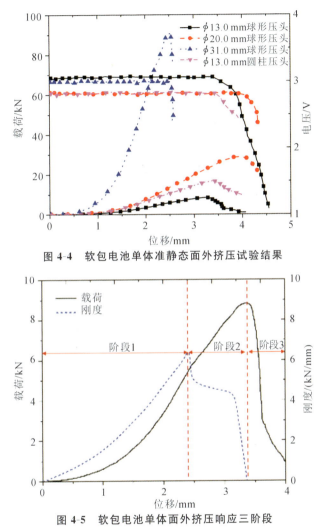

图 4-4 软包电池单体准静态面外挤压试验结果

图 4-5 软包电池单体面外挤压响应三阶段

对于使用不同形状压头的挤压试验,电池的载荷-位移曲线有明显区别,但所有曲线都包含上述三个变形阶段。图 4-6 对比了各挤压试验中拐点、载荷峰值点及内短路时刻(即电压下降时刻)对应的挤压位移量与载荷。球头挤压下,电池变形区近似处于轴对称受力状态,变形区中部主要表现为法向(厚度方向)压缩,而变形区边缘主要表现为层内双向拉伸。柱面挤压下,电池宽度方向变形量远小于长度方向变形量,可以认为变形区近似处于平面应变状态,与球头挤压工况差异显著。对于球头挤压来说,随着压头直径增大,电池内短路发生前的载荷峰值和对应的变形极限也相应增大。所有试验中,柱面挤压下的变形极限最小。

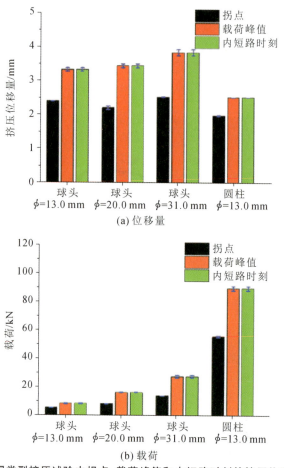

图 4-6　不同类型挤压试验中拐点、载荷峰值和内短路时刻的挤压位移量与载荷

2. 软包电池失效特征

为方便下文围绕软包电池失效特征展开详细分析,对测试单体内部的各组分层分别进行了编号,如图 4-7 所示,其中正极共有 16 层,负极共有 17 层,隔膜共有 36 层。图 4-7 还给出了单体内各组分层的厚度信息。

图 4-8 给出了正常未变形电池单体的正负电极活性涂层及隔膜表面的扫描电子显微镜(SEM)显微图像。由图像可知:正负电极的活性涂层均为颗粒状结构,颗粒直径为 5~10 μm;隔膜材料由一层聚合物基底与一层陶瓷颗粒涂层组

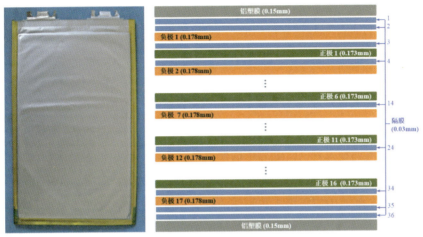

图 4-7 测试软包电池单体与内部结构示意图

成。隔膜的聚合物层面对正极,由随机分布的纤维与孔洞组成;陶瓷涂层面对负极,由陶瓷颗粒组成多孔结构,陶瓷颗粒直径仅为 0.3～0.5 μm,远小于电极活性颗粒尺寸。

(a) 正极活性涂层（放大倍数1000）　　(b) 负极活性涂层（放大倍数1000）

(c) 隔膜聚合物层（放大倍数5000）　　(d) 隔膜陶瓷涂层（放大倍数5000）

图 4-8　组分材料 SEM 显微图像

为分析电池挤压试验载荷-位移曲线出现拐点的机理,我们以直径 13.0 mm 球形压头挤压为基本形式,开展了不同载荷水平下的中断试验,通过这些中断试验的样品来观察不同变形阶段电池内部组分及层间界面的变化情况。在每次中断试验中，将样品加载到预设挤压载荷水平，然后卸载、拆解，再利用光学显微镜观察变形区域状态。对于本节分析的软包电池，中断试验的预设载荷水平从小到大依次为 4.0 kN、5.5 kN、6.0 kN、7.0 kN 和 8.0 kN，其中，5.5 kN 载荷水平对应着挤压载荷-位移曲线拐点形成时刻，8.0 kN 则略小于载荷峰值(8.8 kN)。这5个载荷水平涵盖了电池初始密实化阶段、拐点形成时刻及临近断裂时刻。

通过拆解观察发现：① 电池正极变形区域在整个挤压过程中未出现可识别的损伤；② 负极与隔膜的界面随着挤压载荷的增大呈现明显的损伤演化。图 4-9 展示了电池内部负极 1 与相邻的隔膜 3 在不同载荷水平下的变形区域形貌变化。在 4.0 kN 和 5.5 kN 挤压载荷下，负极与隔膜表面都未出现明显变化，只是形成了半球形凹陷。当载荷增加到 6.0 kN 时，负极变形区域中心位置出现了银白色斑点(如图 4-9(c)中红圈所示)，隔膜对应区域的透明度增加(如图 4-9(c)中蓝圈所示)，可以判断银白色斑点是从隔膜上剥离的陶瓷涂层物质。当载荷进一步增大到 7.0 kN 和 8.0 kN 时，负极上银白色斑点和隔膜表面透明区域的面积相应增大。在 8.0 kN 挤压载荷下，部分负极活性涂层物质从集流体上脱离，黏附于隔膜表面，活性涂层物质脱落处暴露出负极集流体铜箔的表面。尽管此时载荷已接近挤压载荷峰值(8.8 kN)，但隔膜与集流体除表面形貌变化外，并未发生断裂。

在软包电池球头挤压试验中，电池厚度方向变形并不均匀。观察拆解后的试样可以发现，电池内部组分变形从上往下逐渐减小，靠近加载端的电极变形区域的球形凹陷非常显著，靠近支撑端的电极变形区域的变形小得多，也均匀得多。图 4-10 展示了 8.0 kN 挤压载荷下，软包电池中的负极 2、负极 7、负极 12 和负极 17 的变形情况。可以看到，这四个负极活性涂层表面的银白色斑点面积依次减小。其中，负极 2 的银白色斑点面积最大，且能观察到活性涂层物质的脱离，而负极 17 上几乎观察不到明显变形。

我们对不同载荷水平下出现银白色斑点的负极数量进行了统计，如图 4-11 所示。可以看到，这种标志性界面现象的出现与电池结构刚度拐点的形成具有高度一致性，并且在拐点之后，随着载荷水平上升，这种界面变化加剧。由此可见，负极与隔膜之间的界面变化，以及活性涂层的断裂、脱层都与机械加载密切相关,是加载过程中形成的不可逆损伤现象,并且在宏观上表现为电池结构刚度的特征性变化。

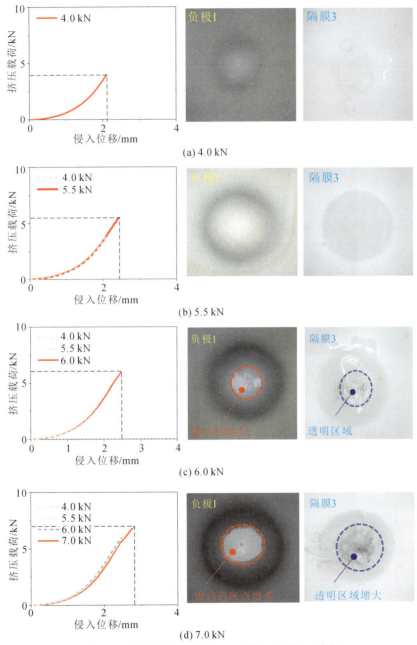

图 4-9　不同载荷水平下负极-隔膜界面的形貌变化

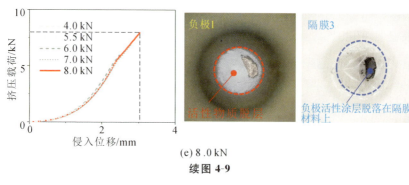

(e) 8.0 kN

续图 4-9

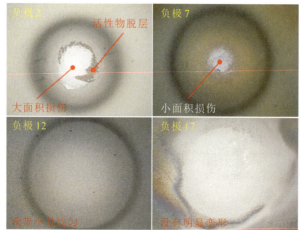

图 4-10 相同挤压载荷(8.0 kN)下电池内部不同位置处负极变形情况

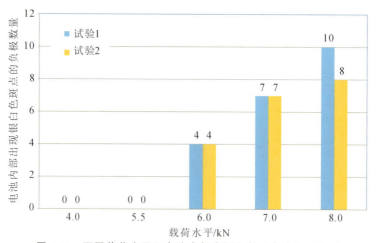

图 4-11 不同载荷水平下电池内部出银白色斑点的负极数量

通过上述分析,可以将受挤压载荷的软包电池单体变形和失效过程总结如下。加载初期,电池内部层叠结构逐渐压实,挤压区域的局部刚度不断增大。载荷增加到一定程度时,挤压区域的结构刚度停止增大。此时,电极活性涂层内出现大量微裂纹,同时在压缩载荷下,尺寸较小的陶瓷颗粒被挤入负极石墨颗粒间隙,两者之间形成黏附。尽管电池内部已经出现不可逆损伤,但此时金属集流体与隔膜并未发生断裂,电池电压保持恒定。进一步的挤压过程中,活性涂层内开始出现剪切失效,部分涂层物质与金属集流体脱离。在球头挤压工况中,从加载端到支撑端,电池的组分材料变形由大到小非均匀分布,隔膜层有超过三分之一被大幅压缩。当挤压载荷达到峰值时,电池结构中靠近加载端的区域几乎同时发生断裂,导致载荷急剧下降。软包电池挤压载荷-位移曲线的拐点对应着电池内部损伤的出现,可以作为机械加载电池安全性评估的参考依据。

4.1.3 方壳电池单体的变形与失效特征

1. 方壳电池变形特征

方壳电池的厚度比软包电池大很多,在考察方壳电池单体的机械变形和失效特征时,既要关注电池腹面挤压工况(即面外挤压工况),也要关注侧面和底面挤压工况(即面内挤压工况)。这里具体选择了两种代表工况开展测试分析,分别为直径 25 mm 球头面外挤压和直径 25 mm 球头面内挤压,试验的挤压速度为 2 mm/min。对于面内挤压工况,为了更好地模拟方壳电池模组装配中的边界条件,在固定电池单体样品时设置了电池腹面的法向约束,并利用螺栓预紧,沿腹面法向施加了 400 N 的初始压力。方壳电池面内挤压工况装置图如图 4-12 所示。

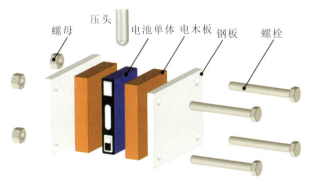

图 4-12　方壳电池面内挤压工况装置图

图 4-13 给出了两种工况下方壳电池的挤压试验结果。可以看到,方壳电池的面外挤压响应和软包电池有很多相似之处,载荷-位移曲线也分为三个阶段:

阶段 1 中,挤压载荷随位移增大而上升,电池结构刚度随着载荷增加而不断增大;阶段 2 中,载荷-位移曲线到达拐点,方壳电池单体内部出现损伤,从拐点到载荷峰值的变形历程对应电池单体内部的损伤累积过程;阶段 3 中,载荷达到峰值,而后迅速下降,电池的结构刚度也急剧下降,对应着电池内部结构的断裂。方壳电池受面外挤压时,电池电压的下降也对应着内短路的发生,从图 4-13 中可以看到,内短路发生时刻非常靠近载荷峰值出现时刻。

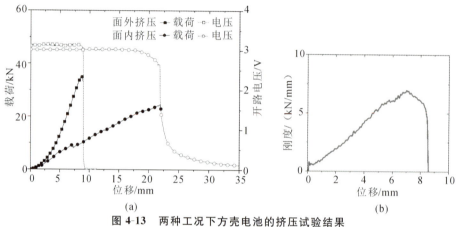

图 4-13 两种工况下方壳电池的挤压试验结果

方壳电池的面内挤压力学响应特征与面外挤压力学响应特征存在较为显著的差异。这与方壳电池的结构特征密切相关,结构特征主导的变形和失效模式差异(详见下文分析)决定了宏观力学表现的差异。相比面外挤压工况,腹面约束条件下的方壳电池面内挤压工况的载荷-位移响应较为缓和,结构丧失承载能力前的容许挤压变形量更大。面外挤压的载荷-位移响应曲线上存在若干波动,与面外挤压工况的平滑加载曲线有较大区别。面外挤压工况下,方壳电池一般在出现微小电压下降后就会迅速发生电压骤降,对应电池结构宏观破断的发生和总体载荷突降的时刻,而面内挤压工况下,方壳电池在一定变形阶段会先出现软短路(电压轻微下降),同时还能保持电池结构的完整性,继续加载直到发展为较为严重的变形,才会造成电池的宏观结构失效,并引发硬短路(电压骤降)。

2. 方壳电池失效特征

借助 XCT(X 射线计算机断层扫描)无损监测和表征技术,我们对面内和面外挤压工况下的方壳电池变形模式和失效区域进行了分析。图 4-14(a)展示了面外挤压工况下方壳电池变形区域的横截面,从中可以识别电池卷芯关键组分和电池外壳的损伤断裂情况。球形压头下方为变形集中区域,压头正下方区域的组分材料经历了高度密实化,其中有多个微小裂纹贯穿分布于层间,主裂纹则呈现为明显的滑移断裂带。这种断裂模式极易造成正负极之间的短接,形成内短路区域。在靠近压头的边缘区域,可以更为清楚地观察到剪切变形带和滑移断裂带。电池外壳的断裂位置则主要在压头正下方。

图 4-14(b)展示了面内挤压工况下的方壳电池变形和失效模式。面外挤压造成的壳体和卷芯变形以及局部结构失效,对应了面内挤压载荷-位移曲线上出现的多个波动。方壳电池腹面法向约束的存在,使得电池外壳难以向外扩张变形,电池卷芯则在面内挤压作用下呈现明显的结构屈曲失稳变形。卷芯的屈曲并不会造成电池组分的短接而引发内短路。靠近压头加载端的卷芯部分主要发生压缩变形,形成了局部的密实化区域。这与面外挤压工况中压头正下方区域的变形模式较为一致。由于上端面球头挤压和腹面法向约束的共同作用,端部卷芯一部分被挤压至壳体的角落区域,并出现拉伸变形失效,形成滑移断裂带,造成电池内短路。这与面外挤压工况下的剪切失效模式比较相似。面内挤压工况下电池内部形成的剪切带难以像面外挤压工况下那样在卷芯内部充分扩展,因而面内挤压下的内短路区域相对局限,电压下降过程相对缓和。

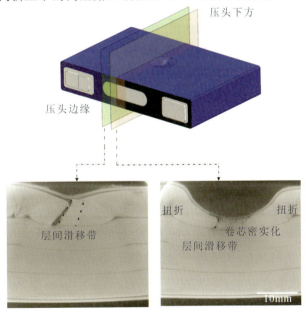

(a) 面外挤压工况

图 4-14 两种工况下方壳电池的变形失效特征

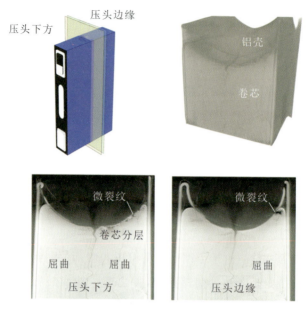

(b) 面内挤压工况

续图 4-14

4.2　模组变形与失效特征

4.2.1　软包电池模组

我们基于落锤试验台开展了100%荷电状态(state of charge, SOC)软包电池模组的冲击加载试验,并对不同冲击工况下的电池模组变形与失效过程进行对比分析。如图4-15(a)所示,试验选取的软包电池模组的尺寸为270 mm×160 mm×73 mm。软包电池模组由四个电池单元并联组成,每个电池单元由两个软包电芯(即软包单体)串联而成。每个电池单元中的软包电芯之间有一层散热片。电池外包结构采用塑料外壳,各个结构用螺栓紧密连接起来(见图4-15(b))。试验选取了七种工况进行研究,如图4-16所示,加载方向与冲击头存在差异,具体的挤压工况如表4-2所示。

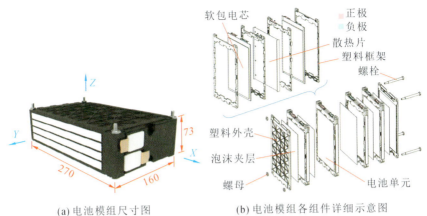

(a) 电池模组尺寸图　　(b) 电池模组各组件详细示意图

图 4-15　电池模组示意图

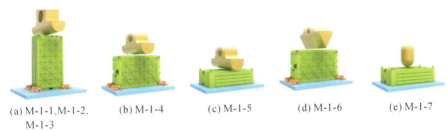

(a) M-1-1,M-1-2, M-1-3　(b) M-1-4　(c) M-1-5　(d) M-1-6　(e) M-1-7

图 4-16　软包电池模组冲击加载试验示意图

表 4-2　软包电池模组冲击加载试验工况

工况	冲击头形状	冲击加载方向	冲击头质量/kg	初速度/(m/s)
M-1-1	柱面	X 方向	81.6	10
M-1-2	柱面	X 方向	81.6	7
M-1-3	柱面	X 方向	40.0	10
M-1-4	柱面	Y 方向	40.0	10
M-1-5	柱面	Z 方向	40.0	10
M-1-6	楔形	Y 方向	40.0	10
M-1-7	球形	Z 方向	40.0	10

对比工况 M-1-1 和工况 M-1-2,可以分析冲击速度对软包电池模组的影响;对比工况 M-1-1 和工况 M-1-3,可以分析冲击头质量对软包电池模组的影响。图 4-17(a)给出工况 M-1-1 至 M-1-3 测得的载荷、位移和电压的时间历程,图 4-17(b)给出载荷-侵入量曲线和耗能-侵入量曲线,图 4-17(c)给出三个不同时

刻的高速摄像照片,可以观察电池模组变形和断裂模式的变化。工况 M-1-1 至 M-1-3 均沿电池模组长度方向(X 方向)冲击加载,可以看出三种工况下电池模组的结构力学响应具有相同特征。在加载初始阶段(0～40 mm),主要由模组的塑料框架、外壳及电池单体之间的散热铝板承载。冲击力达到峰值时,模组的框架结构发生屈曲(见图 4-17(c)),此时软包电池单体处于面内加载的小变形阶段,且软包电池单体的面内刚度低,因此软包电池单体分担的载荷较小。随着冲击头的继续侵入(40～160 mm),框架结构在屈曲的同时发生断裂,软包电池单体开始弯曲和折叠,此时载荷降至较低水平并产生波动。当侵入进一步加剧时,软包电池单体被压实,载荷开始快速回升。最后阶段电池模组的框架结构严重破损,电池单体失去支撑和约束,向两侧倒伏(见图 4-17(d))。

进一步分析以上三种工况试验结果,可以看出,初始动能最大的工况 M-1-1 下,电池模组被压实所用的时间最短,而对于初始动能相同的工况 M-1-2 和工况 M-1-3,工况 M-1-3 具有较大初始速度,电池模组则较快被压实。工况 M-1-1 和工况 M-1-3 的初始冲击速度相同,电池模组载荷响应的第一峰值比较接近,均明显高于初始速度较低的工况 M-1-2。这三种工况的电池模组 X 方向变形量都超过了 65%,但模组电压在冲击头触及限位器之前均未发生改变。试验中,模组中的部分单体在最终阶段极端变形下发生了破损并引发内短路,但模组均未发生冒烟起火等热失控现象,原因主要在于模组框架的崩溃式破坏、电池单体的倒塌与相互分离为发生内短路的电池单体提供了充分的换热空间,内短路产生的热量可以迅速耗散至周围环境。

对比工况 M-1-3、工况 M-1-4 和工况 M-1-5,可以分析加载方向对软包电池模组冲击响应的影响。

图 4-18(a)给出了这三个工况下载荷、侵入量和电压随时间的变化曲线,图 4-18(b)则给出了载荷-相对侵入量和耗能-相对侵入量的变化曲线。相对侵入量是实际侵入量与电池模组在该方向尺寸的比值。从载荷-时间曲线可以看出,电池模组受到 Z 方向冲击时,载荷水平明显大于另外两个方向,主要原因在于电池模组受不同方向冲击时内部变形损伤模式不同,这与软包电池模组本身的结构特征相关。由于结构特征相似性,X、Y 两个方向冲击下电池模组的初始刚度较为接近,载荷峰值也比较接近,而载荷峰值后 Y 方向冲击

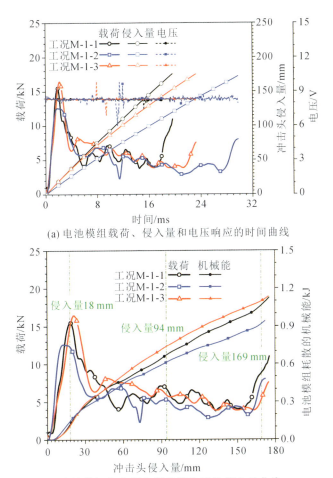

(a) 电池模组载荷、侵入量和电压响应的时间曲线

(b) 电池模组载荷-侵入量曲线和耗能-侵入量曲线

(c) 工况M-1-1下电池模组的变形和破坏过程

(d) 试验后的电池模组

图 4-17　工况 M-1-1 至工况 M-1-3 下的试验结果

的载荷平台略高于 X 方向冲击的载荷平台，主要是由于模组中电池单体的分离程度有差异。

电池模组受 Z 向冲击时,可以产生比另外两个方向冲击大很多的反作用力,并且在冲击头侵入过程中,电池单体的压实与断裂消耗了全部初始动能,冲击头的侵入量比另外两个方向冲击也小得多。从吸收碰撞能量、抵抗侵入的角度来说,电池模组的 Z 方向性能是最好的。然而,从电压响应和试验现象可知,Z 方向冲击是电池模组短路和热失控最为剧烈的工况。如图 4-18(c) 所示,电池模组在 Z 方向冲击下迅速冒烟起火,内部电池单体的膨胀甚至将大质量的冲击头抬起。由工况 M-1-5 下的试验后模组照片可知,柱面冲击头并没有直接侵入模组内部,但是大能量的面外冲击使模组中堆叠的电池单体受到剧烈挤压,导致隔膜与集流体断裂、涂层破碎、正负极接触等严重的内部损伤(见图 4-18(d)),由此引发剧烈内短路,引起局部温度迅速升高。电池单体的相互挤压又导致热量迅速积聚、难以耗散,最终高温引燃电池内部可燃成分,形成明火。

对比工况 M-1-4 和工况 M-1-6,可以分析冲击头形状对冲击响应结果的影响,如图 4-19 所示。相比工况 M-1-4 的柱面形状冲击头,工况 M-1-6 采用的楔形冲击头要锋利尖锐得多。如图 4-19(a) 和图 4-19(b) 所示,这两种工况下模组的载荷响应具有相似的变化趋势,但楔形冲击头的冲击载荷水平和初始上升斜率均相对较低。观察高速摄像记录和试验后模组样品可知,两种工况下电池模组的失效模式差异显著,在工况 M-1-6 楔形冲击头的作用下,模组中的电池单体和散热片均被切断,并在切割位置附近发生局部弯曲或屈曲,楔形冲击头的影响区域相对较小。工况 M-1-4 柱面冲击头的作用下,电池单体和散热片没有发生明显的断裂,而是相互挤压折叠,形成大面积褶皱,这种变形模式使较多的材料参与变形吸能,因而工况 M-1-4 的模组整体耗能更多。

观察图 4-19(a) 中的电压变化可知,柱面冲击头作用下,电池模组极端密实化前电压都未下降,而楔形冲击头对模组结构的切割则早早引起电压的持续下降。被切割开来的电池单体更易发生正负极接触,从而引发内短路。同时注意到工况 M-1-6 中,Y 方向冲击下模组的单体、散热片层状结构仍然趋向于彼此分离,这种断续的接触和分离方式使得模组整体电压逐渐减小,且最终未发生剧烈的热失控现象。

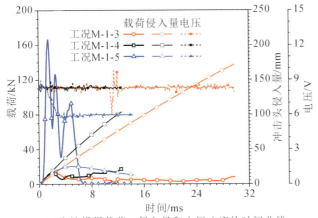

(a) 电池模组载荷、侵入量和电压响应的时间曲线

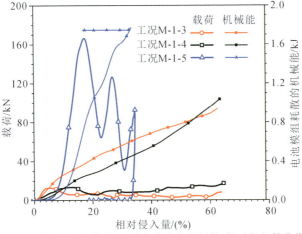

(b) 电池模组载荷-相对侵入量曲线和耗能-相对侵入量曲线

(c) 电池模组在工况M-1-5下的冒烟起火现象

(d) 工况M-1-5下的试验后模组

图 4-18　M-1-3 至工况 M-1-5 下的试验结果

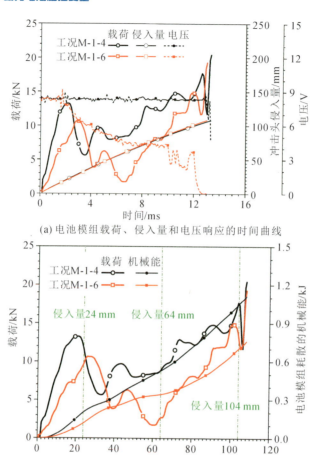

(a) 电池模组载荷、侵入量和电压响应的时间曲线

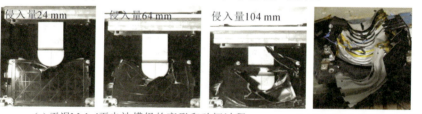

(b) 电池模组载荷-侵入量曲线和耗能-侵入量曲线

(c) 工况M-1-4下电池模组的变形和破坏过程

(e) 工况M-1-4下试验后模组

(d) 工况M-1-6下电池模组的变形和破坏过程

(f) 工况M-1-6下试验后模组

图 4-19 工况 M-1-4 和工况 M-1-6 下的试验结果

工况 M-1-5 和工况 M-1-7 的结果对比显示了另一组不同形状冲击头冲击响应的差异。这两种工况分别使用柱面冲击头和球形冲击头进行软包电池模组的 Z 方向加载。如图 4-20(a)和图 4-20(b)所示，两种工况下的载荷响应总体特征较为接近，在经历迅速消除多层结构初始间隙的过程后，载荷急剧上升，模组表现出 Z 方向大刚度特征；达到载荷峰值之后，随着层状结构的相互挤压和渐进式破坏，载荷发生较大的波动，同时冲击头的机械能迅速耗尽并发生反弹。通过载荷波峰时刻的高速摄像照片，可以观察电池模组的破坏过程。与 M-1-5 的柱面冲击头冲击挤压相比，M-1-7 的球头挤压载荷水平较小，侵入量更大，对电池模组的侵入破坏要严重得多（见图 4-20(c—e)），模组上部结构发生了明显的破裂。在工况 M-1-7 下，随着模组内的电池单体在冲击头侵入过程中断裂和压实，电池模组同样发生了严重的热失控（见图 4-20(f)）。

综合分析上述多个工况，可以看到软包电池模组的冲击响应有着非常明显的方向性差异，沿单体堆叠方向加载是热失控风险最高的工况。在电动汽车的整车结构设计和电池排布设计中，需要格外重视电池单体堆叠方向的碰撞防护。上述试验也表明，沿着模组另外两方向的冲击虽然也造成电池模组的严重损伤，并导致部分单体发生短路，但最终并未引发热失控。主要原因在于这些冲击导致的模组破坏模式提供了较好的换热条件，降低了热失控风险。然而在整车的实际安装环境中，电池包中的模组一般都紧密排布，周围还有电池箱壳体和其他电气部件包围，因而真实碰撞场景下电池模组的边界不可能是自由的，模组破坏模式与上述试验会有很大区别，碰撞冲击中的变形组件和断裂碎片不可能自由分离和散落，热失控风险也会增大。

在模组试验中可以尝试更复杂的边界条件，比如在模组周围增加刚性或柔性约束，以探究更多试验场景下的电池模组响应。而从另一角度来看，如果在一定强度、特定情形的碰撞中，电池模组 X 方向或 Y 方向的剧烈挤压或侵入已不可避免，那么在结构集成设计中可以考虑触发电池模组的框架破碎和组件分离，借此达到耗散碰撞能量和降低热失控风险的目的。

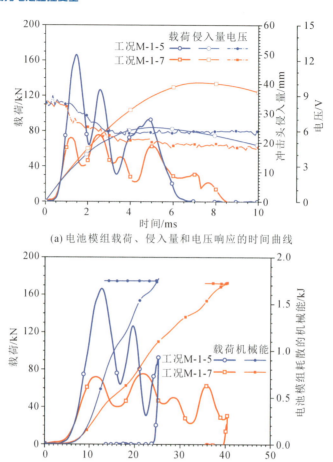

(c) 工况M-1-5下电池模组的变形和破坏过程　　(e) 工况M-1-7下的试验后模组

(d) 工况M-1-7下电池模组的变形和破坏过程　　(f) 试验中起火冒烟的现象

图 4-20　工况 M-1-5 和工况 M-1-7 下的试验结果

4.2.2 方壳电池模组

方壳电池模组一般在尺寸上和携带电池容量上都比软包电池模组要大,在搭建方壳电池模组的机械加载试验平台时,一要选择量程较大的加载和测量装置,二要做好更加充分的防火除烟措施。我们分别采用大量程液压加载台和落锤试验台开展了某款方壳电池模组的准静态和动态冲击试验。该款电池模组中方壳电池单体尺寸为 220 mm×102.5 mm×66.5 mm,单块方壳电池的质量为 3.53 kg。一个电池模组由 8 个电池单体构成。出于安全防护的目的,该电池模组的 XY 两端面配置了结构化铝型材盖板,YZ 两侧面封装了铝外壳。试验中电池模组放置于刚性底座上,通过螺栓与底座固定,借助数字图像采集和 DIC(数字图像相关法)处理获取位移数据,并监测载荷和电压变化。表 4-3 列举了六种试验工况,图 4-21 给出了试验设置示意图。

表 4-3 方壳电池模组冲击试验工况

工况	冲击头形状	冲击加载方向	冲击头直径/mm	加载速度/(m/s)
M-2-1	圆柱形	X 方向	80	3.3×10^{-5}
M-2-2	圆柱形	X 方向	80	5.0
M-2-3	半球形	Y 方向	60	3.3×10^{-5}
M-2-4	半球形	Y 方向	60	5.0
M-2-5	圆柱形	Z 方向	80	3.3×10^{-5}
M-2-6	圆柱形	Z 方向	80	5.0

(a) X 方向柱面挤压　　(b) Y 方向球头挤压　　(c) Z 方向柱面挤压

图 4-21 方壳电池模组试验设置示意图

1. X 方向柱面挤压

图 4-22(a)给出了工况 M-2-1 和工况 M-2-2 下的载荷-侵入量曲线,并标记了

电压下降时刻。准静态工况下,模组电压下降时刻对应的冲击头侵入量约为 56 mm;动态工况(加载速度为 5 m/s)下,电压下降时刻对应的侵入量约为 13 mm,短路侵入量随加载速度增大而减小。对比准静态和动态工况下的载荷-侵入量曲线,可以发现在结构破坏失效之前,方壳电池模组 X 方向的机械性能没有明显的动态强化效应。观察准静态挤压下模组的破坏形式,可以看到加载端的 YZ 侧面壳体出现大挠度弯曲变形,它与两个 XY 端面盖板的焊接连接完全失效断开,冲击头下方的电池单体出现壳体开裂和极耳撕裂,XZ 侧面汇流板也发生严重变形和破裂(见图 4-22(b))。与准静态挤压相比,动态挤压下的模组结构完全失效时刻对应的冲击头侵入量要小得多(约 30 mm),因而最终破坏形式(见图 4-22(c))看起来没有准静态工况下那么严重。借助试验观察分析,可知方壳电池模组的 X 方向柱面挤压下,单体壳体破裂和电极层暴露是导致短路发生的主要原因,而侧面壳体与两端盖板的连接失效是模组结构整体失效的主要原因。

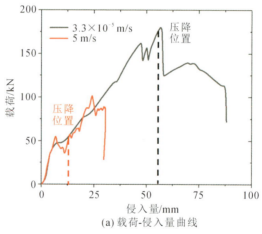

(a) 载荷-侵入量曲线

(b) 准静态工况下方壳电池模组破坏形式

(c) 动态工况下方壳电池模组破坏形式

图 4-22　工况 M-2-1 和 M-2-2 下的试验结果

2. Y方向球头挤压

图 4-23(a)给出了工况 M-2-3 和工况 M-2-4 下的载荷-侵入量曲线,并标记了电压下降时刻。在准静态工况下,试验侵入量达到了 110 mm,而动态工况下,实际侵入量仅 40 mm 左右,短路侵入量随速度增加而减小。Y 方向动态挤压下的模组失效前响应曲线明显高于准静态挤压下的模组失效前响应曲线,这表明模组 Y 方向的结构刚度具有一定的动态强化效应。球头挤压的变形和破坏更加集中于局部。准静态工况下,球头下方的汇流板和电池单体外壳都发生严重破裂,使得电极层暴露出来(见图 4-23(b));在载荷峰值处,模组电压发生了小幅度下降,这说明上述变形破坏导致了模组短路的发生。动态加载与准静态情形类似,也是汇流板和单体外壳破裂,引起局部电池单体短路(见图 4-23(c))。

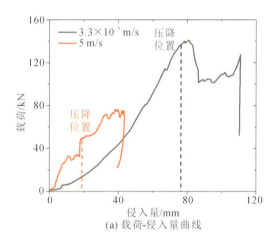

(a) 载荷-侵入量曲线

(b) 准静态工况下方壳电池模组破坏形式

(c) 动态工况下方壳电池模组破坏形式

图 4-23 工况 M-2-3 和工况 M-2-4 下的试验结果

3. Z方向柱面挤压

图 4-24(a)给出了工况 M-2-5 和工况 M-2-6 下的载荷-侵入量曲线,并标记了电压下降时刻。在准静态工况下,试验侵入量达到了 56 mm。而动态工况

下,实际侵入量仅 35 mm 左右,短路侵入量随速度增加而减小。对比准静态和动态试验结果,可以看到方壳电池模组 Z 方向机械加载响应有显著的动态强化现象。Z 方向柱面挤压结果与 X 方向柱面挤压结果有较大的区别,无论是准静态还是动态工况,在冲击头侵入过程中,模组靠近加载端的 XY 端面盖板均发生大的溃缩变形及破裂,处于顶部的单体则发生面外挤压变形,对应载荷峰值时刻,顶部单体发生严重破损并引发短路。观察试验后样品,可以看到模组侧面壳体与端部盖板的焊接连接失效、汇流板变形和断裂、顶部单体外壳破损等破坏形式(见图 4-24(b)和图 4-24(c))。

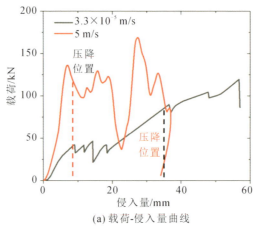

(a) 载荷-侵入量曲线

(b) 准静态工况下方壳电池模组破坏形式　(c) 动态工况下方壳电池模组破坏形式

图 4-24　工况 M-2-5 和工况 M-2-6 下的试验结果

4.3　本章小结

本章主要介绍了电池单体和电池模组在挤压载荷工况下的力学响应和失效特征。单体层级试验分析表明,电池单体的挤压大变形阶段往往伴随卷芯结构的局部损伤产生和演化。材料和结构的局部损伤和断裂最终发展为电池结构完整性的破坏，导致电池单体丧失整体承载能力。在挤压载荷下，机械损伤失效是电池内短路的直接诱因，载荷峰值出现时刻往往与内短路发生时刻非常接近。在电池单体腹面挤压试验中，观察到结构载荷-侵入量响应曲线的上升阶段有一个斜率变化的拐点。分析表明，这个拐点对应着电池单体内部损伤的起始时刻，这为建立电池碰撞挤压安全性评估判据提供了重要参考依据。

模组层级试验分析表明，电池模组的碰撞挤压过程一般包括外部结构失效和电池单体失效。模组壳体和框架结构的失稳和破裂，导致模组丧失相当一部分承载能力和能量吸收能力。伴随外部结构的变形和失效，模组内部的电池单体也逐渐参与承载和能量吸收，呈现特定模式的变形和损伤。当内部电池单体达到挤压变形容限时，发生自身结构失效并引发内短路，有可能引发冒烟起火等热失控险情。

本章介绍的试验结果，为全面理解机械载荷下单体和模组层级的整体响应特征和局部变形失效模式提供了详细信息，也为开发可靠的电池机械变形仿真模型提供了充分的数据基础。

本章参考文献

[1] Johnson Matthey battery systems: our guide to batteries[M]. 3rd edition. Dundee: Johnson Matthey PLC, 2018.

[2] ZHU J, ZHANG X, SAHRAEI E, et al. Deformation and failure mechanisms of 18650 battery cells under axial compression[J]. Journal of Power Sources, 2016, 336: 332-340.

[3] 李威. 基于精细模型的锂离子电池变形失效研究[D]. 北京: 清华大学, 2019.

[4] LI W, XIA Y, CHEN G, et al. Comparative study of mechanical-electrical-thermal responses of pouch, cylindrical, and prismatic lithium-ion cells under mechanical abuse[J]. Science China: Technological Sciences, 2018, 61: 1472-1482.

[5] 罗海灵.机械滥用下的锂离子软包电池结构失效机理与建模研究[D].北京:清华大学,2018.

[6] LUO H,XIA Y,ZHOU Q. Mechanical damage in a lithium-ion pouch cell under indentation loads[J]. Journal of Power Sources,2017,357:61-70.

[7] LUO H,JIANG X,XIA Y,et al. Fracture mode analysis of lithium-ion battery under mechanical loading[C]. Proceedings of the ASME 2015 International Mechanical Engineering Congress and Exposition,Houston,2015.

[8] XING B,XIAO F,KOROGI Y,et al. Direction-dependent mechanical-electrical-thermal responses of large-format prismatic Li-ion battery under mechanical abuse[J]. Journal of Energy Storage,2021,43,103270.

[9] 陈冠华.锂离子电池模组碰撞响应研究和结构优化[D].北京:清华大学,2018.

[10] CHEN G,LI W,LUO H,et al. Influence of mechanical interaction between lithium-ion pouch cells in a simplified battery module under impact loading[C]. Proceedings of the ASME 2017 International Mechanical Engineering Congress and Exposition,Tampa,2017.

第 5 章
面向机械载荷工况的电池仿真建模方法

围绕锂离子动力电池开展试验研究有助于分析和理解电池变形与破坏的基本规律,并探究关键影响因素。但受限于加载和测量条件,试验研究往往局限于较为简单的载荷工况,能够获取的信息量也较为有限,同时试验研究成本相对较高。相比而言,仿真技术手段的引入,不仅可以更加灵活地分析研究与实际车辆碰撞对应的更为复杂的动力电池加载工况,实现动力电池复杂变形响应的量化描述和合理预报,还能在仿真分析中提取更加丰富的局部响应及变形损伤信息。这样既有助于辨识和揭示复杂载荷工况下电池的变形失效机理,也可以为动力电池的碰撞安全提供评估和预测手段,大幅提高电动汽车碰撞保护设计的效率。

5.1 电池单体建模方法概述

电池单体的主体结构卷芯是正极-隔膜-负极-隔膜重复堆叠或卷绕而成的多层结构。根据仿真模型对电池结构的还原程度,可大致将电池单体的有限元仿真模型分为精细化模型和简化模型两大类。不同应用场景对仿真模型计算效率和计算精度的需求不同,在上述分类基础上,还可以将现有电池仿真模型细分为均质简化模型、非均质简化模型、精细化完整模型和代表体元模型。

在建立电池模型时对真实结构进行一定程度的简化,可以减少模型单元数量、提高计算效率。这类模型适用于重复性计算、电池模组和电池包层级的数值仿真计算。简化模型的主要形式有:① 均质简化模型,通常也称均质化模型,它将卷芯整体甚至整个电池单体视为均一材料,忽略实际的多层结构,只需确定一种等效材料模型并标定模型参数,在材料均一化的结构基础上进行单元划分,建模和计算的效率都可显著提升;② 非均质简化模型,这类模型仍然区分电池单体中不同种类组分的材料属性,保留非均质层状结构,通过增加组分厚度、减少层数的方式来提高计算效率,有的非均质简化模型还会将同类组分材料(如正负极活性涂层)的力学性能进行等效处理。

反映电池单体真实结构的精细化完整模型可以预测局部变形和失效特征,适用于研究电池单体变形响应中各组分的力学表现和贡献、损伤与失效分布和演化。精细化完整模型主要存在计算效率低和标定过程复杂等问题。一方面,从几何结构上,电池单体组分材料的最小厚度通常在 $10~\mu m$ 左右,而电池单体实际厚度远大于单层组分材料厚度,因此建立具有实际几何特征的电池单体完整有限元模型需要的单元数量巨大,对计算资源的要求很高;另一方面,电池单体包括多种不同种类的组分材料(如软包电池包含铝塑膜、正极涂层、正极集流体、隔膜、负极涂层和负极集流体等六种组分),标定各组分的力学行为需要进行大量的试验。

代表体元模型介于简化模型和精细化完整模型之间,也可以认为是一种特殊的精细化模型,它构建的是能够体现电池单体结构与功能的最小体积单元。模型中多层结构的几何和材料组成非常贴近真实情形,然而代表体元模型一般通过定义周期性边界条件来等效完整电池单体的力学行为,这样可以有效控制单元数量,保证模型规模适中。这类模型适用于分析简单或均匀载荷工况,对于复杂加载工况和非均匀变形模式,周期性边界条件不再适合,代表体元模型难以胜任。

5.2 电池单体的均质化模型

在第 4 章中,我们介绍了电池单体在挤压试验中的力学响应,可以看到,不论是软包电池单体,还是圆柱电池或方壳电池的卷芯,沿着层叠法向的挤压力学响应都呈现出显著非线性的载荷-位移关系,转化为等效的应力-应变关系也一定是典型的先软后硬的非线性变化特征,对应着承载对象的微观孔隙结构局部变形、坍塌到逐渐密实化的过程,这与很多工程应用中的多孔材料(例如泡沫材料、蜂窝结构材料等)力学行为有相似之处。因此,在已有的电池单体均质化模型开发工作中,很多都采用了商用有限元计算程序自带的泡沫材料或蜂窝材料模型[1-3],以简化和替代单体中相对复杂的卷芯结构。这些模型需要标定的参数相对较少,通常采用压缩试验得到的卷芯整体应力-应变曲线作为输入。

初期的均质化模型未考虑卷芯结构力学行为的各向异性,采用各向同性的多孔材料模型开展电池的单一加载工况仿真,对于圆柱电池的横向挤压[4]、圆柱电池的径向挤压[5]、软包电池的面外挤压[6]等,能够取得较好的模拟效果。具有代表性的模型包括 LS-DYNA 软件中的可压缩泡沫材料模型(MAT_63)和 Abaqus 软件中的可压溃泡沫模型(扩展型 Deshpande-Fleck 模型)等,可参考第3.3节的相关内容。当采用 LS-DYNA 的 MAT_63 模拟电池单体的弯折工况时,发现仿真结果与试验结果明显偏离,这说明所采用的模型缺乏拉压不对称力学特征的描述能力。相比较而言,考虑静水压对屈服行为影响的材料模型(如 Deshpande-Fleck 模型)则更适合描述卷芯机械加载响应的拉压不对称性[7]。为了更完整地描述卷芯结构不同方向的挤压响应,需要等效材料模型具有各向异性表征能力,为此相关的建模工作常采用诸如 LS-DYNA 中的蜂窝材料模型(MAT_026 或 MAT_126)。然而,这类蜂窝材料模型都将三个材料方向的力学行为完全解耦,这种简化在电池卷芯的材料等效处理中具有一定的局限性。

总的来说,采用等效材料模型表征电池单体卷芯的力学行为,需要抓住三方面主要特征:① 可压缩性,即活性涂层孔隙材料组成的层状卷芯体积可压缩;② 拉压不对称性,即卷芯结构的面外或面内拉伸和压缩力学行为存在显著差异;③ 各向异性,即层状卷芯结构面外和面内的宏观力学响应存在显著差异。接下来,分别以基于 MAT_126 蜂窝材料模型和基于 Deshpande-Fleck 模型的材料模型扩展修正为例,来介绍电池卷芯均质化模型改进方法。

5.2.1 蜂窝材料模型的改进

1. 蜂窝材料模型的基本描述

LS-DYNA 中的 MAT_126 和 MAT_026 模型原本是为薄壁金属蜂窝结构的仿真模型开发的,本质上是对蜂窝结构形式的等效均质化。在蜂窝结构均质化建模中,为实体单元赋予合适的材料力学属性,而不重现蜂窝结构本身的细节,可以显著降低计算成本,提升计算效率。这和电池的多层卷芯结构均质化处理方式的相似度很高。蜂窝结构本身具有方向性,且面内和面外方向的压缩力学性能差异明显,这种各向异性也是 MAT_126 和 MAT_026 模型的表征重点之一。

在变形量达到蜂窝结构的压实应变之前,三个材料主方向下的正应力-正应变关系和剪切应力-剪切应变关系都做了完全解耦的假定,并且分别定义各自的非线性弹塑性力学行为。当变形足够大,蜂窝结构体积减小到某一阈值时,认为达到压实状态,此时的宏观力学行为接近于结构母材本身的力学行为,并近似表现为各向同性。

对于电池卷芯结构,在进入压实状态之前,它的力学响应通常都呈现与蜂窝结构类似的正交各向异性。同样地,我们假设卷芯等效材料的应力张量各分量之间是完全独立的,并且分别定义每个应力分量的应力应变函数关系 $\sigma_{ij}(\varepsilon_{ij})$。而等效材料的模量随着体积变化,在模量初始值和压实状态下的母材模量之间线性变化,有

$$E_{ii} = E_{ii}^{U} + \alpha(E - E_{ii}^{U}) \quad i = 1,2,3 \tag{5-1}$$

$$G_{ij} = G_{ij}^{U} + \alpha(G - G_{ij}^{U}) \quad i \neq j, i,j = 1,2,3 \tag{5-2}$$

式中:$\alpha = \max[\min((1-V)/(1-V_f),1),0]$,$V$ 为相对体积(当前体积与初始体积比值),V_f 为压实状态时的体积;E_{ii} 和 G_{ij} 分别为每个方向的杨氏模量和剪切模量;E 和 G 分别为压实状态下的母材杨氏模量和剪切模量;E_{ii}^{U} 和 G_{ij}^{U} 分别为未变形时的杨氏模量和剪切模量。

在应力更新过程中,对于压实之前的阶段,试应力根据弹性关系计算:

$$\sigma_{ii}^{n+1,\text{trial}} = \sigma_{ii}^{n} + E_{ii}\Delta\varepsilon_{ii} \quad i = 1,2,3 \tag{5-3}$$

$$\sigma_{ij}^{n+1,\text{trial}} = \sigma_{ij}^{n} + 2G_{ij}\Delta\varepsilon_{ij} \quad i \neq j, i,j = 1,2,3 \tag{5-4}$$

应力更新时应检查和确保应力分量不超过 $\lambda\sigma_{ij}(\varepsilon_{ij})$ 范围,如果

$$|\sigma_{ij}^{n+1,\text{trial}}| > \lambda\sigma_{ij}(\varepsilon_{ij}) \quad i,j = 1,2,3 \tag{5-5}$$

那么

$$\sigma_{ij}^{n+1} = \sigma_{ij}(\varepsilon_{ij}) \frac{\lambda\sigma_{ij}^{n+1,\text{trial}}}{|\sigma_{ij}^{n+1,\text{trial}}|} \quad i,j = 1,2,3 \tag{5-6}$$

式中:λ 为描述应变率效应的放大因子,对于准静态加载来说 $\lambda=1$。

当 $V \leqslant V_f$ 时,材料进入压实状态,表现为理想弹塑性材料。应力拆分为偏

应力分量和体应力分量(静水压力),首先更新偏应力分量,试应力根据弹性关系计算:

$$s_{ij}^{\text{trial}} = s_{ij}^{n} + 2G\Delta\varepsilon_{ij}^{\text{dev}} \tag{5-7}$$

式中:偏应变分量定义为 $\Delta\varepsilon_{ij}^{\text{dev}} = \Delta\varepsilon_{ij} - \frac{1}{3}\Delta\varepsilon_{kk}\delta_{ij}$。等效应力的试应力定义为

$$s_{\text{eff}}^{\text{trial}} = \left(\frac{3}{2} s_{ij}^{\text{trial}} s_{ij}^{\text{trial}}\right)^{1/2} \tag{5-8}$$

应力更新时应检查确认等效应力的试应力是否超过屈服应力,如果超过屈服应力,应力分量需返回到屈服面上,有

$$s_{ij}^{n+1} = \frac{\sigma_y}{s_{\text{eff}}^{\text{trial}}} s_{ij}^{\text{trial}} \tag{5-9}$$

静水压力更新为

$$p^{n+1} = p^{n} - K\Delta\varepsilon_{kk}^{n+1/2} \tag{5-10}$$

式中:K 为体积模量。

这样得到更新的应力分量为

$$\sigma_{ij}^{n+1} = s_{ij}^{n+1} - p^{n+1}\delta_{ij} \tag{5-11}$$

为了便于模型的后续扩展,借助 Abaqus 程序的用户接口功能,将上述蜂窝结构等效材料本构模型编写成用户自定义材料子程序 VUMAT,实现了该本构模型的 Abaqus 仿真应用。为了评估该本构模型对于电池卷芯力学响应的表征能力,以方壳电池的卷芯在不同方向下的挤压试验为例,开展了相应的仿真对比。电池卷芯试验的相关内容可参见第 4 章。

图 5-1 展示了方壳电池单体中一块卷芯的均质化模型,该卷芯为卷绕构型,通过局部材料坐标系,可以合理地定义和区分卷芯结构的面外和面内方向。图 5-2 给出了仿真结果与试验结果对比。可以看出,基于蜂窝结构等效材料建立的电池卷芯仿真模型可以较好地描述卷芯在三个方向上的挤压力学响应。在失效发生之前,仿真得到的载荷-位移关系与试验结果吻合很好。

2. 基于单力学量失效准则的模型扩展

上述等效材料模型尚未包括失效准则,为了达到较为合理的卷芯失效预测,我们在各向异性等效材料模型的基础上,加入不同的失效准则,并比较卷芯失效的模拟结果。

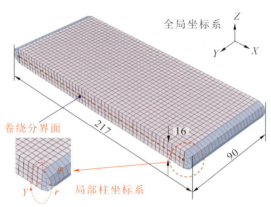

图 5-1 电池卷芯均质化模型

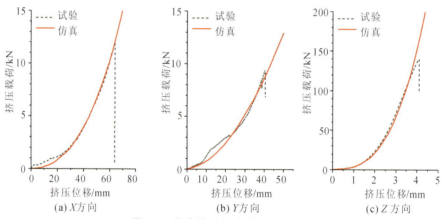

图 5-2 仿真结果与试验结果对比图

表 5-1 列出了所考察的五种常用失效准则，包括最大等效应力准则、最大主应力准则、最大剪应力准则、体积应变准则和最大主应变准则。可以看到，这五种失效准则的共同特点是采用单一力学量作为失效判据。结合电池单体卷芯的三个方向挤压试验结果，标定各失效准则参数，如表 5-1 所示，可见对于任一单力学量失效准则，三个方向试验标定的失效参数差异明显、难以统一。实际应用中只能输入一个失效参数，单力学量失效准则的模拟效果会因此而折损。

表 5-1 单力学量失效准则及参数

编号	失效准则	参数标定的试验工况		
		X 方向	Y 方向	Z 方向
FAIL1	von-Mises 应力（最大等效应力）/MPa	52	86	128

续表

编号	失效准则	参数标定的试验工况		
		X方向	Y方向	Z方向
FAIL2	最大主应力/MPa	30.0	10.1	17.3
FAIL3	最大剪应力/MPa	60	91	132
FAIL4	体积应变	0.81	0.82	0.26
FAIL5	最大主应变	0.062	0.067	0.164

例如,基于卷芯面外(Z方向)挤压试验来标定五个失效准则的参数,并尝试将其用于预测X方向和Y方向挤压下的卷芯失效。仿真结果和试验结果的对比如图5-3所示。可以看到,由于是采用Z方向试验标定的参数,五种失效准则都准确地再现了Z方向挤压下的卷芯失效时刻;同时,这五种失效准则对X方向和Y方向挤压下的卷芯失效预测效果都很差。因此可以确认,这些单力学量的失效准则无法用于电池卷芯多方向挤压失效的仿真预测。

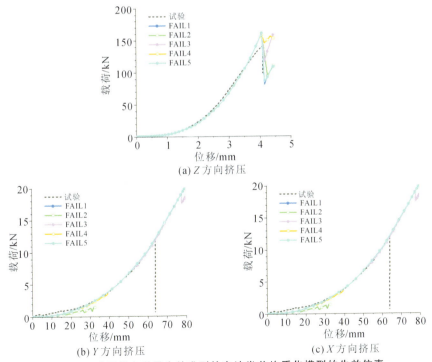

图5-3 采用单力学量失效准则的电池卷芯均质化模型的失效仿真

3. 卷芯变形和失效模式分析

为了提出合理有效的卷芯失效准则,兼顾具有多层结构特征的卷芯在不同方向上的失效特性差异,我们先具体分析卷芯受不同方向挤压时的变形和失效模式(见图 5-4)。

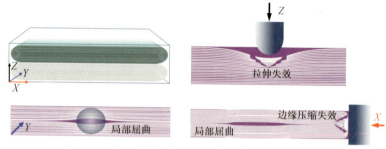

图 5-4 电池卷芯受不同方向挤压时的变形和失效模式

在面外 Z 方向挤压载荷作用下,卷芯结构变形主要为压头下方及附近局部区域的渐进式压实。处于该区域的卷芯组分材料承受不同程度的面外压缩和面内拉伸组合作用,组分材料断裂更多是从压头边缘对应的上层卷芯位置产生,这个位置往往呈现更为明显的面内拉伸变形。组分材料的持续断裂会伴随明显的宏观力降。随着压头的继续侵入,断裂以一定角度向卷芯内部扩展,形成斜向剪切带裂纹,诱发内短路,对应电池电压的急剧下降。

在面内 Y 方向挤压载荷作用下,初始状态的多层结构面内方向平行于压头行进方向,压头的侵入使得靠近压头的卷芯片层先发生局部分离和弯曲,对压头形成初始阻力,在压头进一步侵入的情况下,远离压头的卷芯片层发生局部屈曲。局部屈曲可能会引起渐进式的电极片层断裂,宏观上对应一些小的力降。结构局部屈曲的发生和扩展过程,会引起若干位置的隔膜局部减薄和微损伤。这些现象往往引起电池的软短路,电池电压出现缓慢的下降。由于均质化模型不大可能模拟出卷芯结构的局部屈曲变形,实际的局部屈曲模式在宏观上可考虑近似等效为卷芯整体的 Y 方向压缩。

在面内 X 方向挤压载荷作用下,由于两端卷绕结构的存在,在挤压初期,压头下方小范围局部区域内发生的是类似面外挤压的局部压缩变形。随着挤压加剧,卷芯主体片层区域沿 X 方向逐渐失稳。对应于不同强度的侧面约束,中部位置容易发生整体屈曲或局部屈曲,卷芯上下两半在分界面处容易发生分离。类似地，X 方向挤压中的局部挤压和局部屈曲也可能引起不同位置的电极片层断裂，对应一些小的宏观力降，并且可能引起电池的软短路。这些局部变形在宏观上可考虑近似等效为卷芯整体的 X 方向压缩。

4. 基于组合失效准则的模型扩展

根据上述对变形和失效模式的分析以及单力学量失效准则的局限性，考虑使用组合形式的失效准则，以刻画卷芯不同方向挤压失效的差异性。为了给出合适的组合失效准则，除了结合实际试验观察结果进行分析，还应结合均质化模型不同方向挤压的仿真情况来分析，需要指出的是，这里的挤压仿真模型都不包含任何材料失效准则。

图 5-5 展示了卷芯 Z 方向柱面挤压工况中的平行于卷芯长度方向（X 方向）的正应变云图。可以看到，在压头下方的卷芯区域存在 X 方向正应变的集中分布。真实的 Z 方向柱面挤压试验中，卷芯断裂位置也是在压头下方区域。因此，考虑采用面内方向（X 方向、Y 方向）的拉伸应变作为面外挤压工况的卷芯失效准则。

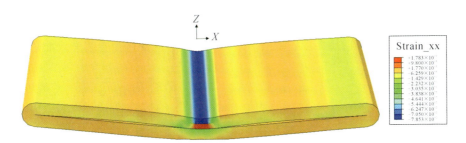

图 5-5 卷芯 Z 方向挤压工况下的 X 方向正应变分布

图 5-6 展示了沿卷芯宽度方向加载的面内挤压工况应变云图，包括 Y 方向正应变和 XY、YZ 方向剪应变。如图 5-6(a) 所示，压头下方存在 Y 方向正应变的集中分布，并且为压缩变形状态。真实试验的对应区域存在层间分离、局部屈曲和局部破损现象，这是导致出现局部力降和软短路的主要原因。又如图 5-6(b) 和图 5-6(c) 所示，靠近压头的卷芯区域存在较大的面内和面外剪切变形。在真实试验中，宏观的剪切变形实际对应着卷芯的层间错动，过大的层间错动也可能引起局部破损，导致局部力降和软短路发生。因此，针对卷芯的 Y 方向面内挤压工况，考虑采用 Y 方向压缩应变或者 XY、YZ 方向剪应变作为卷芯失效准则。

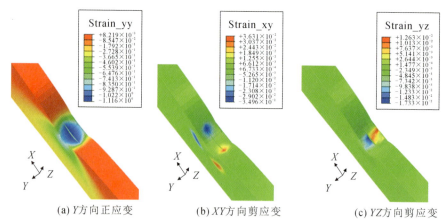

(a) Y方向正应变　　　　(b) XY方向剪应变　　　　(c) YZ方向剪应变

图 5-6　卷芯 Y 方向挤压工况下 Y 方向正应变、XY 和 YZ 方向剪应变分布

图 5-7 展示了沿卷芯长度方向加载的面内挤压工况应变云图,包括 X 方向正应变、XY 和 XZ 方向剪应变。图 5-7(a)中,压头下方区域存在 X 方向压缩应变的集中分布,该区域对应卷芯两端卷绕结构。在实际挤压工况中,该区域会发生局部材料破损,引起局部内短路。图 5-7(b)和图 5-7(c)中,卷芯在靠近压头外侧的区域内存在较大的剪切变形。在真实试验中,局部剪切可能导致卷芯多层结构分离开来,降低结构的承载能力。因此,针对卷芯的 X 方向挤压工况,考虑采用 X 方向压缩应变或者 XY、XZ 方向剪应变作为卷芯失效准则。

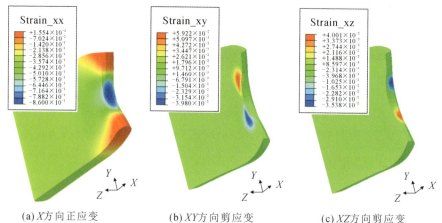

(a) X方向正应变　　　　(b) XY方向剪应变　　　　(c) XZ方向剪应变

图 5-7　卷芯 X 方向挤压工况下 X 方向正应变、XY 和 XZ 方向剪应变分布

如前所述,运用均质化模型描述电池卷芯的多方向加载变形失效时,单一力学量失效准则有明显的局限性。采用组合型失效准则,则能够充分利

用不同方向加载下卷芯变形模式的显著差异,达到卷芯失效行为的合理预测。

首先考察拉伸和压缩应变组合的失效准则。该准则可以表示如下:

$$\varepsilon^{F1} = \varepsilon_{11}^{F1} \mid \varepsilon_{22}^{F1} \tag{5-12}$$

式中:ε_{11}^{F1}、ε_{22}^{F1} 分别为 X 方向与 Y 方向正应变并且都定义拉伸和压缩限值。

仿真中,如果单元在面内任一材料方向上承受的拉伸应变超过限值,则卷芯材料发生面内方向拉伸失效。如果单元在面内任一材料方向上承受的压缩应变超过限值,则卷芯材料发生面内方向压缩失效。基于仿真和试验对比可确定失效准则的参数限值,如表 5-2 所示。图 5-8 给出应用该组合形式的失效准则的均质化模型仿真结果,三个方向的挤压响应曲线及失效时刻都与试验结果吻合。

表 5-2　拉伸和压缩应变组合的失效准则参数

失效准则	ε_{11}^{F1}		ε_{22}^{F1}	
	+	−	+	−
FAIL6	0.041	−0.84	0.041	−1.28

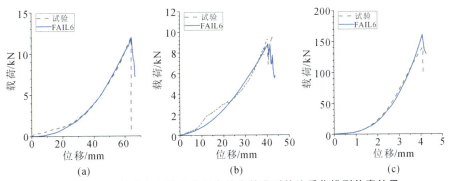

图 5-8　采用拉伸和压缩应变组合的失效准则的均质化模型仿真结果

再考察拉伸和剪切应变组合的失效准则。该准则可以表示如下:

$$\varepsilon^{F2} = \varepsilon_{11}^{F2} \mid \varepsilon_{22}^{F2} \mid \varepsilon_{12}^{F2} \tag{5-13}$$

式中:ε_{11}^{F2}、ε_{22}^{F2} 分别为 X 方向与 Y 方向正应变;ε_{12}^{F2} 为 XY 方向剪应变。

表 5-3 给出结合试验和仿真拟定的失效准则参数限值。图 5-9 给出采用该组合形式的失效准则的均质化模型的挤压仿真结果,可以看到这一失效准则同

样可以准确描述不同方向挤压下的卷芯失效特征。

表5-3　拉伸和剪切应变组合的失效准则参数

失效准则	ε_{11}^{F2}	ε_{22}^{F2}	ε_{12}^{F2}	
	+	+	+	−
FAIL7	0.041	0.041	0.04	−0.04

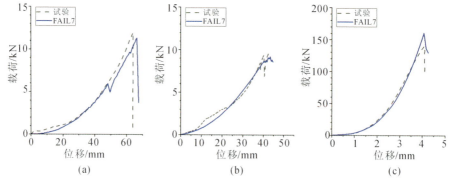

图5-9　采用拉伸和剪切应变组合的失效准则的均质化模型仿真结果

采用两种组合形式的失效准则都得到了较为准确的失效位移，可见组合形式的失效准则相对单力学量失效准则具有模拟多方向加载工况的优势。接下来对仿真结果的失效位置加以分析，以进一步衡量失效准则的合理性。

图5-10展示了面外挤压试验后的卷芯试样照片和均质化模型仿真结果失效模式。可以看到，仿真中的失效都是从压头下方与电池卷芯的接触区域开始的，对于分别采用最大等效应力、体积应变和最大剪应力失效准则（FAIL1、4、3）的仿真，起始失效位置在压头正下方；分别采用最大主应变、最大主应力准则（FAIL5、2）和混合形式准则（FAIL6、7）的仿真，起始失效位置则在压头侧下方，这与已有的柱面挤压试验中观察到的断裂形貌更为贴近。

5. 蜂窝材料等效模型中的动态效应描述

通过卷芯三个方向的静动态挤压试验对比，我们已经明确卷芯结构的三个方向动态增强效应有着明显的差别，其中面外（Z方向）挤压的动态效应最为显著。在蜂窝材料模型的基本描述中，式(5-6)的应变率效应放大因子λ并未考虑方向差异。这里借鉴Johnson-Cook模型中的应变率效应表征方程形式，对电池卷芯不同方向的动态效应加以描述。不同方向的应变率效应放大因子λ_{ij}为

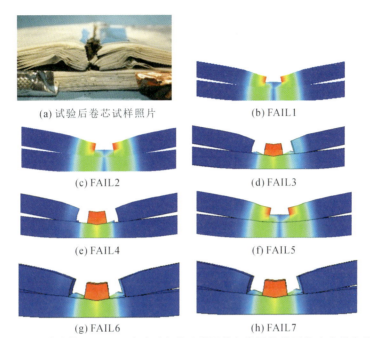

图 5-10　面外方向挤压工况下试验后卷芯试样照片与均质化模型仿真中的失效位置

$$\lambda_{ij} = a_{ij}\ln(\dot{\varepsilon}) + b_{ij} \tag{5-14}$$

将式(5-14)代入式(5-6),得到不同方向的应变率相关的应力应变关系,有

$$\sigma_{ij}^{n+1} = \sigma_{ij}(\varepsilon_{ij})\frac{[a_{ij}\ln(\dot{\varepsilon})+b_{ij}]\sigma_{ij}^{n+1,\text{trial}}}{|\sigma_{ij}^{n+1,\text{trial}}|} \quad i,j=1,2,3 \tag{5-15}$$

加入组合型失效准则和动态效应修正后,将蜂窝等效材料模型应用于电池卷芯不同方向静动态挤压的模拟仿真,得到如图 5-11 所示电池卷芯三个方向准静态及动态挤压工况的仿真与试验结果对比的力学响应。与试验结果对比显示,该均质化模型可以准确描述卷芯三个方向的动态强化效应和失效行为。

5.2.2　Deshpande-Fleck 模型的改进

Deshpande-Fleck 模型主要应用于岩石、土壤、电池活性涂层等材料或结构的力学性能研究(详见第 3 章)。它可以描述孔隙材料静水压相关的各向同性塑性力学行为。这里为了更好地模拟电池卷芯的各向异性力学行为,对 Deshpande-Fleck 模型加以改进。

1. 损伤和断裂描述

Deshpande-Fleck 模型的屈服准则参见第 3 章的详细介绍。在描述材料塑

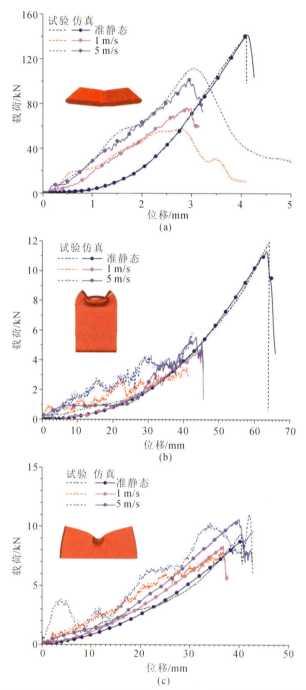

图 5-11 电池卷芯三个方向准静态及动态挤压工况的仿真与试验结果对比

性硬化行为时,加入损伤与断裂准则,以描述大变形阶段应力应变行为的软化特征。如第4章中挤压试验结果所示,载荷-位移曲线的拐点为软包电池或方壳电池在外载荷作用下卷芯内部损伤的起始点。如图5-12所示两段硬化方程表征示意图,通过拐点可以将电池的塑性硬化行为分为两个阶段。发生损伤前,硬化描述采用Voce方程形式,即

$$\sigma = A(\varepsilon + \varepsilon_0)^n \quad \varepsilon \leqslant \varepsilon_t \tag{5-16}$$

式中:A、ε_0与n都是待定参数。

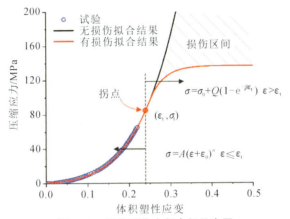

图 5-12 两段硬化方程表征示意图

在拐点之后,即从损伤起始开始,硬化描述采用Swift方程形式

$$\sigma = \sigma_0 + Q(1 - e^{-\beta\varepsilon}) \quad \varepsilon > \varepsilon_t \tag{5-17}$$

式(5-16)和式(5-17)两段硬化方程在ε_t对应时刻σ值相等,且在ε_t对应时刻σ的一阶导数相等,由此可以得到各参数之间关系为

$$\sigma_0 = A(\varepsilon_t + \varepsilon_0)^n - Q(1 - e^{-\beta\varepsilon_t}) \tag{5-18}$$

$$Q = \frac{n \cdot A(\varepsilon_t + \varepsilon_0)^{n-1}}{\beta \cdot e^{-\beta\varepsilon_t}} \tag{5-19}$$

因此,ε_t和β两个参数确定后,就可以确定第二阶段硬化函数。两阶段组合而成的硬化函数整体上需要确定5个自由参数。

模型将损伤和断裂行为进行解耦,采用独立的断裂准则来预测断裂的开始和力降,断裂准则的一般形式为

$$\int_0^{\varepsilon_f} \frac{d\varepsilon_v^p}{f(\boldsymbol{\sigma})} = 1 \tag{5-20}$$

式中：$f(\boldsymbol{\sigma})$是应力张量$\boldsymbol{\sigma}$相关的某个标量函数。

这一断裂准则背后的物理意义是，随着体积塑性应变的增加，控制断裂的物理量（如孔洞体积占比）不断积累，当达到临界值时材料断裂。值得注意的是，在塑性变形阶段，应力张量$\boldsymbol{\sigma}$的变化依赖于塑性应变，因此，$f(\boldsymbol{\sigma})$在失效准则中并非一个常量，并且与应力状态相关。一些研究者在应用均质化模型模拟电池挤压破坏时，比较了不同的断裂准则，并推荐了两种能有效模拟压缩载荷下剪切带破坏形式的断裂准则，分别是 Cockcroft-Latham 准则和 Johnson-Cook 准则，两个准则中的$f(\boldsymbol{\sigma})$分别为

$$f(\boldsymbol{\sigma}) = \frac{w_\mathrm{f}}{\langle \sigma_1 \rangle}, \quad \langle \sigma_1 \rangle = \begin{cases} \sigma_1 & \sigma_1 > 0 \\ 0 & \sigma_1 \leqslant 0 \end{cases} \tag{5-21}$$

$$f(\boldsymbol{\sigma}) = w_1 \cdot e^{-w_2 \eta} \tag{5-22}$$

式中：w_f、w_1和w_2都是待定模型参数。

将增强了损伤和断裂描述的 Deshpande-Fleck 模型编写为用户子程序 VUMAT，在 Abaqus 软件中实现了软包电池的六种面外挤压的均质化模型仿真。典型挤压工况下软包电池均质化模型的仿真结果与试验结果对比如图 5-13 所示。从试验与仿真结果对比来看，增强了损伤和断裂描述的 Deshpande-Fleck 模型可以准确表征电池卷芯在准静态面外挤压载荷下的力学响应。

2. 各向异性描述

进一步改进 Deshpande-Fleck 模型，使均质化模型能够描述电池卷芯的各向异性力学行为。卷芯多层结构在面外方向（Z方向）上能够承受的拉伸载荷极为有限，而在面内方向（X、Y方向）上可以承受大得多的拉伸载荷；卷芯的面外压缩对应很小的起始结构刚度，而受侧面约束的卷芯多层结构面内压缩变形首先需要克服初始屈曲阻力，因而起始结构刚度相对要大。

各向异性压缩力学行为通过在硬化函数中引入方向相关的放大因子$T(\boldsymbol{n})$来加以表征：

$$p_\mathrm{c}(\varepsilon_\mathrm{v}^\mathrm{p}, \boldsymbol{n}) = p_\mathrm{c}(\varepsilon_\mathrm{v}^\mathrm{p}, \boldsymbol{n}^0) \cdot T(\boldsymbol{n}) \tag{5-23}$$

式中：$p_\mathrm{c}(\varepsilon_\mathrm{v}^\mathrm{p}, \boldsymbol{n}^0)$表征参考方向$\boldsymbol{n}^0$下卷芯的硬化力学行为，一般选择面外方向作为参考方向。

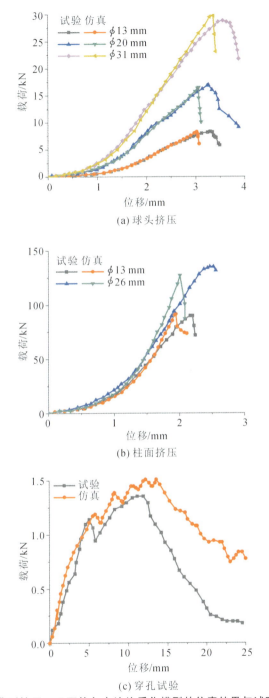

图 5-13 典型挤压工况下软包电池均质化模型的仿真结果与试验结果对比

方向相关的放大因子 $T(\boldsymbol{n})$ 采用如下组合形式：

$$T(\boldsymbol{n}) = k_n \cdot n_n + k_t \cdot n_t \qquad (5-24)$$

式中：k_n 为面外方向放大因子；k_t 为面内方向放大因子（这里忽略面内的材料各向异性，将卷芯结构近似等效为采用横观各向同性材料）；n_n 和 n_t 可以表示为应力向量在材料主轴方向上的投影，有

$$n_n = \frac{\sigma_i \boldsymbol{n}_i \cdot \boldsymbol{e}_3}{\sqrt{\sigma_i \sigma_i}}, \quad n_t = \sqrt{1 - n_n^2} \qquad (5-25)$$

为了描述各向异性拉伸力学特性，引入一个方向相关的初始屈服面，沿面外方向的初始拉伸屈服应力比面内方向的初始值小得多。方向相关的 σ_t^0 采用如下组合形式：

$$\sigma_t^0(\boldsymbol{n}) = s_n \cdot n_n + s_t \cdot n_t \qquad (5-26)$$

式中：s_n 和 s_t 分别为面外方向和面内方向的初始拉伸屈服应力。

通常将面内方向初始值设为参考值，即 $s_t = 1$，那么各向异性拉伸行为仅通过 s_n 一个参数即可以表征。

3. 动态效应描述

在电池单体的静动态挤压试验中可以对比观察到结构力学行为的动态效应，详细分析参见第 8 章。在卷芯的均质化模型中一般采用唯象的方式，以准静态下的硬化曲线和失效应变为基准，引入应变率相关的缩放函数来表征动态效应。这时硬化函数和断裂准则可以分别表示为

$$p_c(\varepsilon_v^p, \dot{\bar{\varepsilon}}_*) = p_c(\varepsilon_v^p, \boldsymbol{n}^0, \dot{\bar{\varepsilon}}_*^0) \cdot T(\boldsymbol{n}) \cdot R(\dot{\bar{\varepsilon}}_*) \qquad (5-27)$$

$$\int_0^{\varepsilon_f} F(\dot{\bar{\varepsilon}}_*) \frac{d\varepsilon_v^p}{f(\boldsymbol{\sigma})} = 1 \qquad (5-28)$$

式中：$\dot{\bar{\varepsilon}}_* = \dot{\bar{\varepsilon}}_v / \dot{\bar{\varepsilon}}_0$ 是相对应变率，$\dot{\bar{\varepsilon}}_0$ 是参考应变率，$\dot{\bar{\varepsilon}}_v$ 是所关注应变率；$\dot{\bar{\varepsilon}}_*^0$ 是准静态下的相对应变率；$R(\dot{\bar{\varepsilon}}_*)$ 为硬化曲线的缩放函数。

表 5-4 给出五种可供选择的描述应变率相关性的塑性硬化行为缩放函数形式，这些形式在 LS-DYNA 或 Abaqus 中都较为常用。对于失效应变的缩放，则通常使用查表形式的缩放方式。$F(\dot{\bar{\varepsilon}}_*)$ 为失效应变的缩放函数。当 $F(\dot{\bar{\varepsilon}}_*) > 1$ 时，损伤累积加快，材料更早达到断裂失效。

表 5-4　五种描述应变率相关性的缩放函数形式

编号	模型名称	函数形式	参数
1	Johnson-Cook	$R = 1 + C\ln(\dot{\varepsilon}_*)$	C
2	Second-order Logarithm	$R = 1 + C_1 \ln(\dot{\varepsilon}_*) + C_2 [\ln(\dot{\varepsilon}_*)]^2$	C_1, C_2
3	Power Law	$R = [\dot{\varepsilon}_*]^C$	C
4	Symons-Cowper	$R = 1 + (\dot{\varepsilon}_*/D)^{1/P}$	D, P
5	Look-up Table	$R = f(\dot{\varepsilon}_*)$	

5.2.3　电芯均质化模型的电池模组仿真应用

第 4 章已介绍了一款软包电池模组的碰撞挤压试验。以之为基础，结合电池单体均质化模型，开展了电池模组的 LS-DYNA 建模仿真研究。所研究的电池模组由软包电池单体、外壳、散热片等组件集成为整体结构。其重要组件的几何模型如图 5-14 所示。从计算效率的角度考虑，电池单体的均质化模型是非常适合模组结构层级仿真计算的模型选择。为合理仿真电池模组碰撞工况，还需要为模组的其他组件选择材料本构模型、标定参数，同时明确电池模组结构几何特征及结构连接的简化方法。

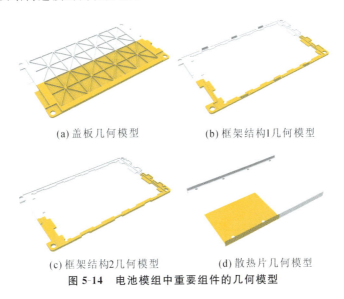

(a) 盖板几何模型　　(b) 框架结构1几何模型

(c) 框架结构2几何模型　　(d) 散热片几何模型

图 5-14　电池模组中重要组件的几何模型

根据第 4 章给出的电池模组冲击试验结果，可以大致分析和了解不同组件的变形和失效情况，估计其对总体承载和耗能的贡献，从而选择合适的建模处理方式。例如，电池单体间的海绵薄层衬垫对总体耗能的贡献很小，在模组建模中可以忽略。在模组冲击试验中，四根装配螺栓均未发生塑性变形，则建模中使用弹性材料模型(*MAT_001_Elastic)即可。电池模组散热片厚度仅为 0.4 mm，考虑使用壳单元简化。沿单体堆叠方向的模组冲击试验中未发现散热片断裂，因此不必引入散热片的断裂准则。通过多个方向和多个加载速率的拉伸试验，发现铝合金材质的散热片力学性能对应变率不敏感，且为近似各向同性，因此选择*MAT_024_Piecewise_Linear_Plasticity 模型来表征。模组外壳的塑料材料选择*MAT_187_SAMP-1 模型进行表征，该模型可以准确描述高分子聚合物在复杂受力状态下的力学响应。

软包电池模组受到沿单体堆叠方向的冲击挤压时，顶部塑料框架的变形和破损比底部位置严重。为提高计算效率，进行了网格优化。首先，保证电池盖板加强筋、框架搭扣等关键小尺寸结构的网格划分质量；其次，除顶部几层框架，其他位置框架的网格尺寸适当增大。各组件的网格划分形式如图 5-15 所示，所建立的电池模组模型共计有 515 万个单元。

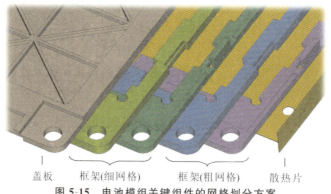

盖板　框架(细网格)　框架(粗网格)　散热片

图 5-15　电池模组关键组件的网格划分方案

电池模组模型中，紧固螺栓的末端面与支撑平板的顶面通过固连方式连接。电池模组挤压仿真中的接触定义需要考虑因单元失效产生的新界面，因此选用*CONTACT_ERODING_SINGLE_SURFACE。最终建立的电池模组模型如图 5-16 所示。仿真模型利用 *DATABASE_HISTORY_NODE 提取刚性压头位移,利用 *DATABASE_CROSS_SECTION_PLANE 提取载荷传感器截面力。这些设置与试验数据的获取方式保持一致。

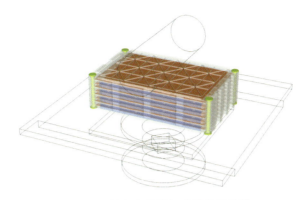

图 5-16　软包电池模组碰撞挤压模型

图 5-17 给出了软包电池模组碰撞挤压仿真结果。可以看到,仿真计算复现了模组结构的碰撞挤压工况力学响应特征,例如载荷振荡幅度、平均载荷水平、局部变形模式等。同时可以看到,碰撞加载过程中,随着压头的侵入,电池模组的耗能历程也和试验结果较为接近。由此可见,基于电池单体均质化模型构建的模组模型可以合理地预测软包电池模组结构的机械响应和组件失效,为模组机械冲击分析提供了仿真预测工具。

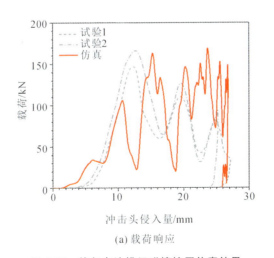

(a) 载荷响应

图 5-17　软包电池模组碰撞挤压仿真结果

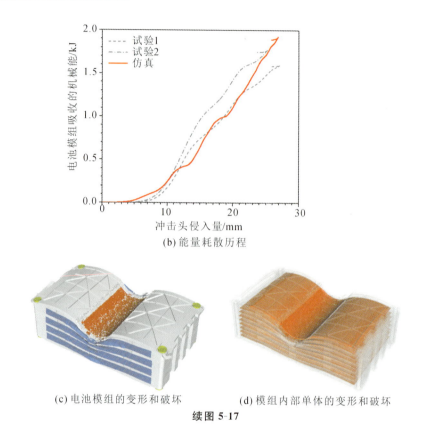

(b) 能量耗散历程

(c) 电池模组的变形和破坏　　　(d) 模组内部单体的变形和破坏

续图 5-17

5.3 非均质简化模型

电池单体的非均质简化模型由等效金属箔材、等效孔隙材料和铝塑膜三部分构成。等效金属箔材综合考虑铜箔与铝箔两种金属集流体的力学行为，如果所研究的铜箔和铝箔材料的各向异性程度较小，可以采用各向同性材料模型等效表征。等效孔隙材料则综合考虑正负极活性涂层和隔膜这三种孔隙材料的力学行为，它们具有明显的各向异性和拉压不对称性，在非均质简化模型中通常采用各向异性孔隙材料模型（如 LS-DYNA 的 MAT_126）等效表征。

通过铜箔与铝箔应力应变响应的厚度加权平均，可得到等效金属箔材的应力应变曲线，如图 5-18 所示；遵循幂函数形式，外插等效箔材的应力应变曲线，以用于非均质简化模型仿真。

采用与均质化模型参数标定相似的方法，可以得到等效孔隙材料的模型参数。在实际的模型处理中,可以从均质化模型压缩响应中扣除金属集流体的贡献,得到等效孔隙材料的压缩应力应变曲线,而等效孔隙材料的拉伸力学行为则简化为隔膜材料的拉伸应力应变关系。

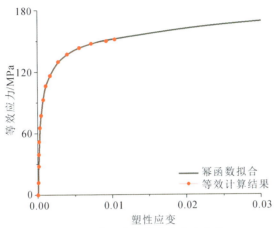

图 5-18　等效箔材的应力应变曲线

除材料性能的等效处理之外,非均质简化模型对卷芯结构也做了简化,例如,所研究的软包电池单体的真实卷芯结构是以"正极-隔膜-负极-隔膜"为重复单位的 16 层堆叠结构,非均质简化模型将它减少为以"等效孔隙材料-等效箔材-等效孔隙材料"为重复单位的 4 层堆叠结构。等效孔隙材料与等效箔材的厚度分别为 1.73 mm 和 0.14 mm。简化后的卷芯模型再加上 0.15 mm 厚度的铝塑膜封装,以保证电池单体模型的完整性。

非均质简化模型中,等效孔隙材料层采用特征尺寸约 1.0 mm 的实体单元划分网格,等效箔材层采用特征尺寸为 1.0 mm 的厚壳单元划分网格,铝塑膜封装则采用特征尺寸为 1.0 mm 的平面壳单元划分网格。非均质简化模型的等效孔隙材料层之间、等效孔隙层与铝塑膜之间的接触均采用 Eroding_Single_Surface 类型定义,摩擦系数设为 0.9。

在非均质简化模型中,可以通过引入合适的等效箔材断裂准则(例如 MMC 断裂准则[8]),来表征电池单体的断裂失效行为。关于金属箔材断裂准则的介绍可参见本书第 3 章,此处不再赘述。当为等效箔材选择了应力状态相关的断裂模型时,为了确定断裂模型参数,可以采用不考虑断裂的非均质简化模型开展电池单体的多种挤压工况仿真,并参照实际试验的失效时刻和断裂位置,提取模拟结果对应的局部应力状态参数数值和等效应变数值,如多种挤压工况非均质简化模型仿真的局部数据提取的 MMC 断裂准则结果(见表 5-5)所示,由此标定断裂模型参数。表 5-6 给出了通过上述方法获得的 MMC 模型参数,此外也可以尝试其他形式的断裂模型[9,10]。如果现有的考虑应力状态相关性的断裂模型均不适用,还可以在等效箔材模型定义中直接以表格形式输入应力状态参数(如罗德角和应力三轴度)与断裂塑性应变的关系,据此仿真计算过程可通过查表插值来确定断裂判据。相比均质模型采用的单一参数断裂准则,考虑了应力状态影响的箔材断裂准则的引入可以使非均质简化模型对多种挤压工况的电池断裂预测有所改善。

表 5-5 多种挤压工况非均质简化模型仿真的局部数据提取的 MMC 断裂准则结果

试验类型	罗德角参数	应力三轴度	断裂塑性应变
$\phi 31$ 球头挤压	−0.886	0.665	0.117
$\phi 20$ 球头挤压	−0.852	0.663	0.118
$\phi 13$ 球头挤压	−0.852	0.662	0.092
$\phi 26$ 圆柱挤压	0.080	0.562	0.028
$\phi 13$ 圆柱挤压	0.062	0.566	0.047

表 5-6 非均质简化模型中等效箔材的 MMC 断裂准则标定模型参数

参数	A/GPa	n	c_1	c_2/GPa
标定值	0.2296	0.076	0.1659	0.1176

5.4 精细化模型

5.4.1 精细化模型构建

对各组分材料的详细测试、精准表征和参数标定为构建电池单体的精细化模型打下了基础,组分层级的表征分析工作请参考本书第 2 章和第 3 章。这里以某款软包锂离子电池单体为例介绍精细化模型的构建,电池单体的组分材料基本信息如表 5-7 所示。该电池样品由 20 层 57 mm×42 mm 的"负极-隔膜-正极-隔膜"重复单元堆叠组成,并采用铝塑膜真空封装。

表 5-7　精细化模型的组分材料基本信息

组分	材料	厚度/μm	表征模型
负极涂层	石墨颗粒	60	Drucker-Prager/Cap 模型
正极涂层	NCA(Ni-Co-Al)颗粒	70	
隔膜	陶瓷涂覆 PE(聚乙烯)	16	具有代表性的模型包括 LS-DYNA 软件中的可压缩泡沫模型（MAT_63）和 Abaqus 软件中的扩展型 Deshpande-Fleck 模型等
负极集流体	铜箔	10	J2 塑性模型
正极集流体	铝箔	20	
封装材料	铝塑膜	130	

这里我们主要考察软包电池单体的球头挤压和柱面挤压两种工况，根据加载条件和电池几何特征，完全可以在二维空间建立相应的精细化计算模型，这样也可以大幅提高计算效率。我们在 Abaqus/Explicit 环境中分别建立了球头挤压的轴对称模型和柱面挤压的平面应变模型，前者采用二维轴对称实体单元建模，后者采用二维平面应变实体单元建模，如图 5-19 所示。其中活性涂层厚度方向划分三层实体单元，单层厚度约 0.02 mm；压头下方区域单元划分较密，单元最小长度为 0.1 mm；模型单元总数约为 2.1×10^4。模型中，活性涂层与金属集流体固连；隔膜和活性涂层之间设置摩擦接触，摩擦系数设置为 0.1。针对软包电池的真空封装形式，在电池单体模型的顶面和侧面分别施加了 0.1 MPa（1 标准大气压）的外部压强。

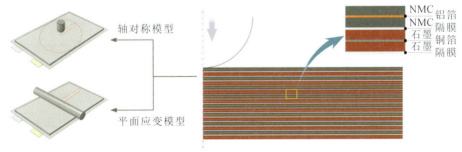

图 5-19　用于分析球头挤压和柱面挤压的软包电池单体精细化模型

5.4.2　模型计算结果

基于软包电池单体的真实试验和精细化模型仿真，我们对 φ12.7 mm 球头

挤压和 $\phi 15.0$ mm 柱面挤压进行了仿真预测对比。图 5-20 分别给出了两种工况仿真与试验的载荷-位移响应曲线，可以看到仿真结果与试验吻合度很高。两种挤压工况下载荷-位移曲线的拐点位置和随后的刚度变化（即曲线斜率变化）都能够得到较好的预测，这与该精细化模型中的负极涂层材料模型引入了损伤参数有关。在面外挤压工况中，负极涂层的力学性能对整体力学响应的贡献占比最大，在模型中合理描述负极涂层材料大变形下的损伤起始和演化，可以在电池单体结构响应中更真实、更准确地捕捉整体刚度变化历程。此外，两种工况下的断裂位移（对应峰值载荷时刻）模型预测值与试验结果的一致性很好，表明模型的断裂准则选择和参数标定是合理的。

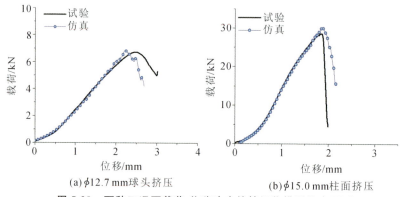

图 5-20　两种工况下载荷-位移响应的精细化模型仿真预测

为了进一步考察精细化模型的预测合理性，我们对试验后软包电池样品进行了无损 XCT 扫描观测。图 5-21(a) 和图 5-21(b) 分别展示了球头挤压和柱面挤压试验后电池的内部断裂形貌的 XCT 图像。图像中两边较亮、中间略暗的组分层是正极的 NMC(Ni-Mn-Co) 涂层；两边稍暗、中间较亮的组分层是负极的石墨涂层；聚合物隔膜在 XCT 断层扫描图像中几乎不可见。从图 5-21 中可以清楚地观察到柱面挤压工况下贯穿厚度方向的 X 形裂纹，而球头挤压主要产生集中在压头下方的局部裂纹。通过比较两种挤压工况下的电池内部断裂形貌，可以看到相近直径的柱面挤压下局部断裂比球头挤压更为严重、裂纹扩展区域更大，也就是说，平面应变比轴对称挤压变形条件下的裂纹演化模式更加危险。图 5-21(c) 显示了局部放大的球头挤压变形和失效区域，在压头下方也能观察到层间剪切断裂模式。图 5-22 展示了与 CT 扫描结果相对应的精细化模型断裂预测结果,可以看出模拟结果较好地预测了电池内部的断裂形貌,在柱面挤压工况下更是准确复现了层间的 X 形断裂模式。

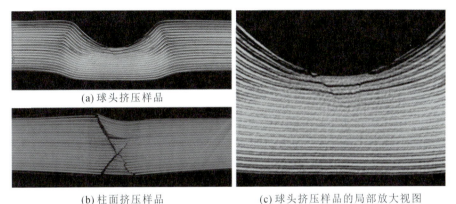

(a) 球头挤压样品

(b) 柱面挤压样品　　(c) 球头挤压样品的局部放大视图

图 5-21　挤压失效后电池的 XCT 扫描结果

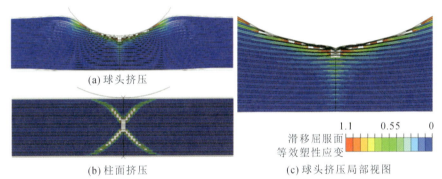

(a) 球头挤压

(b) 柱面挤压　　(c) 球头挤压局部视图

图 5-22　模型仿真的断裂预测结果

精细化模型的另一个作用是帮助我们探究机械载荷下电池内部组分材料的断裂顺序,从而理解电池单体的破坏机理,最终可以为电池安全设计提供更多的依据。仍以该款软包电池的精细仿真为例,观察和分析电池单体内部五种组分材料断裂的起始与扩展过程。图 5-23 展示了柱面挤压模拟中各组分材料的断裂顺序。可以观察到在靠近压头的顶部位置,有多层正极集流体铝箔在位移 1.71 mm 时开始发生断裂;此时其他四种组分还未出现可见裂纹。在一个数值模拟步长(位移 1.74 mm)之后,铜箔开始断裂,并且观察到正负极涂层剪切带的形成。如前所述,活性颗粒材料在发生剪切变形时承载能力有限。因此某种程度上,可认为此时涂层材料已经开始失效。随后在位移达到 1.77 mm 时,观察到隔膜的断裂。随着压头位移达到 1.82 mm,可以观察到与图 5-22 一致的贯穿厚度方向的 X 形断裂面。综上所述,该款电池在柱面挤压下五种组分材料的断裂顺序是:铝箔、铜箔、活性涂层(包括 NMC 涂层(正极涂层)和石墨涂层(负极涂层))、隔膜。

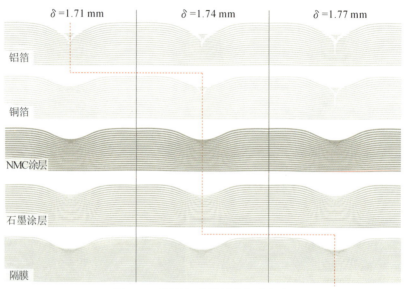

图 5-23　不同组分材料的断裂顺序

值得注意的是,从铝箔的断裂开始到贯穿厚度方向的裂纹形成,整个过程压头侵入的位移仅有 0.1 mm,对应时长很短,并且在实际试验中各组分层相互挤压,很难分辨何种组分发生断裂,要通过试验观测捕捉到上述断裂顺序具有很大难度。这充分体现了数值模型仿真的优势。

上述分析说明该款软包电池挤压的破坏过程是由铝箔断裂引发的,隔膜的高延展性并不能有效地抑制电池单体整体失效。一般认为隔膜的断裂大概率对应了内短路的发生,因此将隔膜断裂作为内短路触发的判据。而隔膜的断裂主要与其他组分先行断裂时局部能量释放有密切关系。考虑到电池单体压缩变形主要由负极涂层贡献(正极涂层刚度和强度较大,其余组分体积占比少),可以认定柱面挤压下该款电池的变形和断裂分别由负极涂层和集流体控制。

5.5　基于仿真大数据的碰撞失效预测模型

经过完整标定校核的电池单体精细化模型是一种较为理想的虚拟计算工

具,能够获得可靠性高的机械加载响应预测结果,并可以较为精准地捕捉电池结构的局部变形和断裂失效信息。而电池模组或电池包层级的碰撞安全评估和保护设计,更适合采用简化后的电池单体或模组数值模型,以保证合适的计算分析效率,只是这样的选择意味着牺牲一定的仿真预测精度。当面对实际碰撞事故中动力电池失效风险评估等应用场景时,前述这些依赖于数值方法的仿真模型,无论是精细化模型,还是经过大幅简化的均质化模型,都大大受限于计算时长和计算成本,很难做到电池损伤的实时预测或快速判断。

车辆感知和网联技术的发展很可能在未来交通场景下实现车辆运行过程中突发状况的信息获取,例如探测预知入侵物方向、大小和速率等特征。如果车载芯片能根据这些输入信息迅速判断电池受损等级,则可以主动采取应急措施,有效降低事故风险。如上所述,这类应用场景需要开发一类新的可植入模型,可以在碰撞前极短时间内迅速评估车载电池损伤风险,为车辆应急响应争取更多时间。目前基于大数据的机器学习模型已受到广泛关注和深入研究,这类模型具有运算效率高、可扩展、可移植等优势,有望实现车载集成。

对于电池碰撞来说,考虑不同加载条件的多变量真实试验数据仍较为匮乏。而借助精细化电池模型、生成相对完备且可靠性高的电池机械加载响应仿真数据集,不失为一个合理选择。以其为基础,可以更好地实现数据驱动的机器学习模型开发、建立电池碰撞挤压失效的快速预测工具。

5.5.1 多工况参数化电池精细模型

实际的电动汽车碰撞事故存在多种可能性,车载动力电池包可能受到不同形状入侵物在一定速度和角度下的冲击碰撞,导致内部电池发生不同程度的变形损伤甚至失效。如果通过真实试验遍历多种碰撞载荷条件、构建全面的电池机械加载失效试验数据集,在任务难度和工作成本上都令人难以接受。而借助高可靠性的仿真模型,建立电池机械加载失效仿真数据集,则可以很好地弥补试验数据的不足,并有效地控制工作成本。

我们对碰撞挤压工况进行了特征参数提取,并确定了特征参数的调整范围,从而使仿真数据集的对应工况具备代表性。首先,需要对受挤压电池对象和入侵物的几何尺寸特征进行简化和参数化。这里我们选择大型软包锂离子电池单体作为对象,并关注其腹面受挤压的情况。根据软包电池尺寸对腹面挤压的影响显著性,选择电池厚度 H 和宽度 W 作为几何变量,而不考虑电池长度。选择椭球体来简化近似真实入侵物的复杂形状,采用椭球体的三个半轴长 R_1、R_2 和 R_3 作为几何变量。半轴长值的不同组合可以描述不同的入侵物形状,特别地,当 $R_1=R_2=R_3$ 时,入侵物为球形;$R_1=R_2 \ll R_3$ 时,入侵物为圆柱面;$R_1 \ll R_2=R_3$ 时,入侵物为圆柱平头。其次,碰撞挤压的加载条件通过入侵物质量 M、入侵速度 V 和入侵角度 θ 的不同组合来确定。利用上述 8 个变量,可以建立入侵物碰撞挤压软包电池单体腹面的完整工况描述。再基于电池厚度 H 将所有几何变量无量纲化,最后形成了 7 个独立变量的工况描述。

所开发的碰撞失效预测模型需要预测软包电池单体的失效状态 S,$S=0$ 对应电池安全,$S=1$ 对应电池失效;模型也要预测电池单体失效情形下的失效位移 D 和失效载荷 F。前者属于分类(classification)问题,后者属于回归(regression)问题。

回归问题的解决方案之一是统计学方法,但是统计学方法通常需要预先假设响应量(输出量)与自变量(输入量)的数学关系,如常用的响应曲面法,需要假设线性或二次多项式关系,而碰撞冲击问题通常具有较为显著的非线性特性,二次多项式关系往往难以合理描述此类问题。另外一种工程上常用的方法是查表法,即以输入变量空间中足够数量的样本为基础进行线性插值,预测整个变量空间任意位置的响应。对于本研究中的包含 7 个输入变量的情形,当每个变量选取 5 个水平时,需要 $5^7=78125$ 这样的大规模样本数量,可见查表法也不太适合用于本研究。机器学习则是通过计算手段,利用现有经验对新的情况作出有效的决策[11],它可以克服上述困难,不需要对输出量与输入量之间的数学关系预先作出假设,且基于已有数据集训练学习得到的模型具备一定的泛化能力,能有效地解决分类和回归问题。以下我们采用机器学习算法来建立电池单体的碰撞失效预测模型。

图 5-24 展示了基于机器学习的电池单体碰撞失效预测模型的开发流程。分别考察了三种常用机器学习算法,分别为决策树[12,13]、支持向量机[14]和神经网络[15]。基于上一节建立的精细化电池单体有限元模型,建立了大规模的高精度仿真数据集,可以满足机器学习算法的需求。依照图 5-24 中的流程,首先建立碰撞挤压工况多参数组合仿真矩阵、开展大量仿真计算,以隔膜断裂作为单

体失效判据,提取仿真结果中单体失效对应的侵入位移和峰值载荷。然后将获得的数据用于训练和验证机器学习模型。对于分类模型,每个仿真算例的7个变量值(输入量)和失效状态(输出量)为一个训练样本,将所有的样本分成两部分,四分之三用于模型训练,四分之一用于模型验证。回归模型则用于预测单体失效情形下的侵入位移和峰值载荷。首先从所有样本中筛选出失效状态为1的样本(以下简称为失效样本),输出相应的失效位移和峰值载荷,并将失效样本也分为两部分,作为回归模型的训练集和验证集。最后得到的电池单体碰撞失效预测模型包含一个分类模型和两个回归模型,分类模型用于判断任意形状、大小和质量的入侵物以任意角度、速度撞击电池单体时的单体失效情况;回归模型则分别用于预测单体失效时的侵入位移和峰值载荷。

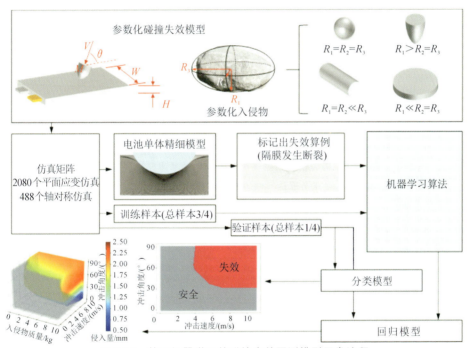

图5-24 基于机器学习的碰撞失效预测模型开发流程

5.5.2 电池单体碰撞挤压工况的多参数组合仿真矩阵

理论上电池单体的三维精细化模型可以进行任意形状入侵物、任意角度冲击的数值仿真,但是相应的计算成本过高。考虑计算效率,我们借助二维精细化模型构建仿真数据集,包括轴对称模型以及平面应变模型。二维模型可以覆盖的碰撞工况有局限,但计算效率有显著优势。轴对称模型主要用于模拟回转体入侵物的垂直方向冲击,平面应变模型主要用于模拟柱形入侵物(宽度方向半轴长远大于其他两个方向半轴长)的任意方向冲击。具体地,我们在构建电池单体碰撞挤压失效仿真数据集时考虑了四组电池单体碰撞失效工况,如图 5-25 所示,分别为圆柱面垂直与倾斜冲击、椭圆柱面垂直与倾斜冲击、球头垂直冲击以及椭球面垂直冲击,仿真矩阵如表 5-8 到表 5-11 所示。

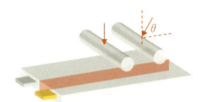

(a) 平面应变模型圆柱面垂直与倾斜冲击　　(b) 平面应变模型椭圆柱面垂直与倾斜冲击

 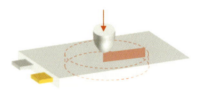

(c) 轴对称模型球头垂直冲击　　(d) 轴对称模型椭球面垂直冲击

图 5-25　构建仿真数据集时考虑的电池单体碰撞失效工况

表 5-8　圆柱面垂直与倾斜冲击仿真矩阵(平面应变模型)

质量	M/kg	0.05	0.25	1	4	8	12	16	20
入侵速度	$V/(\text{m/s})$	0.1	1	4	8	12	16	20	
入侵物半轴长	$R_1, R_2/\text{mm}$	3	6.25	14	22.5	45	60	80	100
入侵角度	$\theta/(°)$	5	30	60	90				
仿真算例数	$8\times7\times8\times4=1792$								

表 5-9　椭圆柱面垂直与倾斜冲击仿真矩阵(平面应变模型)

质量	M/kg	1	8					
入侵速度	$V/(\text{m/s})$	0.1	4	12	20			
入侵物半轴长	R_1/mm	14						
	R_2/mm	2.8	8.4	14	22.4	42	84	140	224
入侵角度	$\theta/(°)$	30	60	90				
仿真算例数	$3\times4\times8\times3=288$							

表 5-10 球头垂直冲击仿真矩阵（轴对称模型）

质量	M/kg	0.05	0.25	1	4	8	12	16	20
入侵速度	V/(m/s)	0.1	1	4	8	12	16	20	
入侵物半轴长	R_1,R_2/mm	3	6.35	14	22.5	45	60	80	100
入侵角度	θ/(°)	90							
仿真算例数	$8\times7\times8\times1=448$								

表 5-11 椭球面垂直冲击仿真矩阵（轴对称模型）

质量	M/kg	1	8						
入侵速度	V/(m/s)	0.1	4	12	20				
入侵物半轴长	R_1/mm	28							
	R_2/mm	2.8	8.4	14	22.4	42	84	140	224
入侵角度	θ/(°)	90							
仿真算例数	$3\times4\times8\times1=96$								

5.5.3 电池单体多工况碰撞失效仿真结果分析

图 5-26(a)中展示了球面入侵物垂直冲击电池单体的 392 次仿真结果。图中红色点为结果为单体失效的算例，灰色点为结果为单体安全的算例，标志点大小反映了失效时刻的侵入量。可以看到，大质量、小尺寸的入侵物以高速冲击挤压电池单体时，更容易出现隔膜断裂，造成单体失效。图 5-26(b)为椭球面入侵物垂直冲击挤压电池单体的 96 次仿真结果。可以看到，当入侵物的质量和入侵速度增加、形状尖锐时，电池单体更容易失效。

图 5-27 统计了 4 个不同角度下圆柱面冲击挤压电池单体的 1794 次仿真结果，冲击角度为 5°时，电池单体失效的比例相对较小。主要原因是垂直于单体的速度分量小，入侵物造成隔膜断裂前即发生回弹。相比 5°的冲击角度，冲击角度变大，垂直速度分量增加，电池单体失效算例的比例显著增加。值得注意的是，沿 60°角度冲击的电池单体挤压失效比例最高。

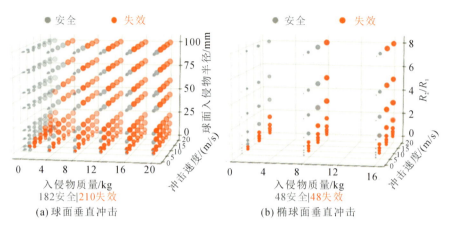

图 5-26 轴对称模型仿真失效情况（灰色代表安全算例，红色代表失效算例）

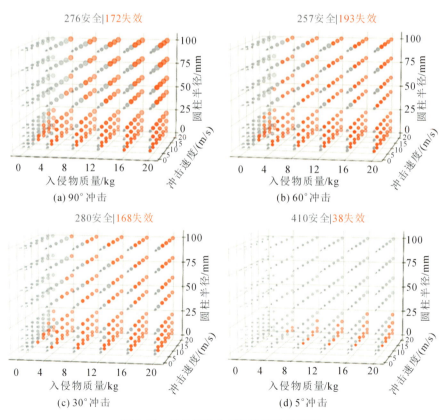

图 5-27 圆柱面冲击挤压仿真失效情况

5.5.4　基于仿真大数据的电池碰撞失效预测分类模型

1. 分类模型的数据前处理

球头挤压变形区域集中,当电池单体宽度大于变形区域尺寸时不影响力学响应;柱面挤压工况下,电池单体宽度变化可以等效为质量变化。因此两种挤压工况均可忽略电池单体宽度变量 W,进一步减小回归模型的输入量的维度。

R_3 无限大对应理想的平面应变加载状态,但实际处理时需要确定 R_3 的具体值。如图 5-28 所示,当 Δh 足够小时,可认为跨度 ΔL 的曲线近似为直线。由椭圆方程可得:

$$R_3 = \frac{\Delta L \cdot R_1}{\sqrt{2R_1 \cdot \Delta h - \Delta h^2}} \quad (5\text{-}29)$$

令 $k = \Delta h / H$,则有

$$R_3 = \frac{\Delta L \cdot (R_1/H)}{\sqrt{2(R_1/H)k - k^2}} \quad (5\text{-}30)$$

假设 $k \leqslant 0.02$ 时试验工况可近似看作平面应变加载,在此范围内加载状态相同不影响宏观力学响应。本研究分别取 $k = 0.02, 0.01$,获得两组不同 R_3 值,并令相应的加载结果相同。这对应着平面应变加载工况下 R_3 的增加不影响加载结果的特征。此处理也使得平面应变加载工况样本量加倍。

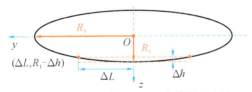

图 5-28　入侵物在 YZ 平面内截面示意图

2. 分类模型算法的参数调整与预测精度

采用决策树算法时,每个结点对应一种属性,根据属性值判断分支结点的走向。决策树算法的主要参数是最大深度及允许结点继续划分所需的最小样本数。最大深度为决策树向下划分时所允许的最大层数。最大深度越大,最小样本数越小,决策树的分支越多,对训练集的预测精度越高,但同时也越容易导致过拟合,使得泛化性能变差。表 5-12 列出了不同参数组合下的决策树在训练集中的训练精度和在测试集中的预测精度。可以看出最大深度的影响比较明

显,其值的增加能显著提高预测精度,而最小样本数在本数据集下对预测精度影响不大。

表 5-12　决策树算法的预测精度

序号	最大深度	最小样本数	训练精度	预测精度
1	3	5	0.887	0.875
2	5	5	0.939	0.937
3	5	50	0.939	0.935
4	8	5	0.9798	0.965
5	8	25	0.964	0.955
6	8	50	0.955	0.949
7	10	5	0.990	0.977

对于支持向量机算法,以二分类问题为例进行说明。在二分类问题中,能够有效划分两类别的直线或平面有无数个选择,算法的目标则是寻找位于两类别"正中间"的超平面,使得两类别的分界线距离最远,从而使得模型对于样本局部扰动的容忍性最好。支持向量机主要参数为惩罚系数 C 以及核函数形式,不同核函数形式又有相应的参数(见表 5-13)。

表 5-13　支持向量机算法的常用核函数形式与参数

名称	表达式	参数
线性核	$k(\boldsymbol{x}_i,\boldsymbol{x}_j)=\boldsymbol{x}_i^T\boldsymbol{x}_j$	—
多项式核	$k(\boldsymbol{x}_i,\boldsymbol{x}_j)=(\gamma \boldsymbol{x}_i^T\boldsymbol{x}_j)^d$	γ,d
高斯核	$k(\boldsymbol{x}_i,\boldsymbol{x}_j)=\exp(-\gamma\|\boldsymbol{x}_i-\boldsymbol{x}_j\|^2)$	γ
拉普拉斯核	$k(\boldsymbol{x}_i,\boldsymbol{x}_j)=\exp(-\gamma\|\boldsymbol{x}_i-\boldsymbol{x}_j\|)$	γ
Sigmoid 核	$k(\boldsymbol{x}_i,\boldsymbol{x}_j)=\tanh(\gamma \boldsymbol{x}_i^T\boldsymbol{x}_j+r)$	γ,r

多项式核函数的主要参数是核的指数 d 和系数 γ。惩罚系数默认值为 1,其值越大表示越不能容忍出现误差,容易出现过拟合。惩罚系数按对数间隔选取,如 0.1、1、10。指数 d 按 3、5、7 选取。系数 γ 默认值为类别数的倒数,对于二分类问题通常取为 0.5。表 5-14 列出了部分参数组合下模型的预测精度。对比参数组合 1、3、7,可以看出 C 值的增加可以提高预测精度;对比参数组合

2、3、4,可以看出 γ 增加时也能提高精度;对比参数组合 3、5、6,则可以看出随着 d 值的增加,预测精度反而有所降低。

表 5-14 多项式核函数支持向量机的预测结果

序号	C	d	γ	训练精度	预测精度
1	0.01	3	0.5	0.812	0.804
2	1	3	2.0	0.972	0.969
3	1	3	0.5	0.921	0.919
4	1	3	0.1	0.802	0.802
5	1	5	0.5	0.916	0.906
6	1	7	0.5	0.903	0.894
7	100	3	0.5	0.973	0.972

高斯核函数和 Sigmoid 核函数的主要参数为系数 γ。对高斯核函数来说,γ 表示高斯分布的幅宽,可以提高预测精度,但同时也有过拟合的风险。表 5-15 列举了不同参数组合下的高斯核和 Sigmoid 核函数支持向量机的预测精度。总体来说,高斯核 C 和 γ 的增加可以改善预测精度,而 Sigmoid 核函数对于数据集的预测精度较差。

表 5-15 高斯核与 Sigmoid 核函数支持向量机的预测结果

序号	C	γ	高斯核函数		Sigmoid 核函数	
			训练精度	预测精度	训练精度	预测精度
1	0.01	2.0	0.841	0.839	0.619	0.600
2	0.01	0.5	0.833	0.828	0.711	0.705
3	0.01	0.1	0.644	0.640	0.644	0.639
4	1	2.0	0.974	0.956	0.515	0.518
5	1	0.5	0.949	0.943	0.688	0.685
6	1	0.1	0.887	0.883	0.846	0.851
7	100	2.0	0.999	0.989	0.514	0.517
8	100	0.5	0.982	0.971	0.677	0.671
9	100	0.1	0.948	0.938	0.772	0.770

采用神经网络算法时,常用的神经网络结构由输入层、隐层和输出层组成,

每层结构中包括一定数量的神经元(结点),每个神经元都与前一层的全部神经元相互连接,而同一层内的神经元之间互相不连接。本研究的数据集规模不大,我们主要探究隐层的结点数和层数对预测精度的影响。结点的激活函数为ReLU(线性整流函数),算法的学习率为0.001,数据批处理单位为32。单隐层神经网络的预测结果如表5-16所示,随着结点数目的增加和模型的参数数量的增加,预测精度总体呈提高趋势,同时可以看出结点数从20增加到50时模型参数增加较多,但预测精度没有明显改善。双隐层网络的预测效果与单隐层网络差别不大,也是在结点数增加到20后预测精度较高并保持稳定,如表5-17所示。

表5-16 单隐层神经网络预测结果

序号	中间层结点数	模型参数数量	训练精度	预测精度
1	2	22	0.855	0.863
2	5	52	0.856	0.861
3	10	102	0.968	0.962
4	20	202	0.976	0.970
5	50	502	0.977	0.970

表5-17 双隐层神经网络预测精度

结点数	中间层1									
	2		5		10		20		50	
中间层2	参数	精度	参数	精度	参数	精度	参数	精度	参数	精度
2	22	0.639	46	0.929	86	0.953	166	0.962	406	0.962
5	28	0.870	52	0.947	92	0.946	172	0.970	412	0.974
10	38	0.860	62	0.928	102	0.951	182	0.976	422	0.968
20	58	0.888	82	0.963	122	0.954	202	0.971	442	0.974
50	118	0.863	142	0.955	182	0.958	262	0.966	502	0.965

3. 分类模型对比与评价

通过调试分类器模型参数,三种机器学习算法均可在验证集上给出较高的预测精度。为进一步验证机器学习模型的泛化能力,一般需要在实际的应用场景中进行验证。

通过大量的精细化模型仿真,复杂挤压工况下电池单体失效的物理过程得到清晰呈现,可以明确认识入侵物参数对电池单体失效的影响趋势。具体规律总结如下。

(1) 入侵物质量越大,冲击速度越大,单体越易失效;

(2) 入侵物尺寸越小,形状越尖锐,单体越易失效;

(3) 入侵角度在30°~90°范围内,电池单体更易失效;

(4) 相比柱面冲击挤压,相同半径的球头冲击挤压下单体更易失效(见图5-29)。

通过指定入侵物几何特征(ϕ12.7 mm 圆柱和 ϕ12.7 mm 球头),比较任意加载条件(冲击质量、冲击速度和角度)下的电池单体碰撞变形容限,比较不同机器学习算法对单体失效状态的预测结果,并基于上述四个电池失效规律,评价各个分类模型的泛化能力。

图5-29展示了两种碰撞挤压工况下电池失效数据的测试集。两种工况下的失效包络面将作为模型预测能力的评价基准。可以看到,沿90°方向的球头冲击造成电池单体出现了高比例的失效,这是符合预期碰撞失效规律的。由于柱面冲击加载横跨电池单体宽度(42.0 mm),球头冲击加载则位于单体中心区域(直径小于12.7 mm的圆形区域),因而柱面冲击下单体吸收能量更大,单体失效所需的冲击能量也更大,这一定程度上降低了电池失效风险。

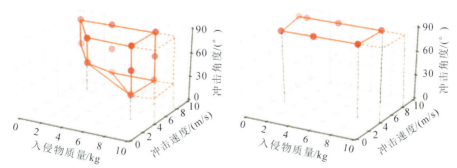

(a) 圆柱挤压:ϕ12.7 mm圆柱入侵物冲击　　(b) 球头挤压:ϕ12.7 mm球形入侵物冲击

图5-29　电池单体碰撞挤压失效数据测试集

图5-30展示了分别采用决策树算法和Sigmoid核函数支持向量机算法的情况下,两种挤压工况的预测结果。两种挤压工况下,单体失效区域均集中在

入侵物质量和入侵速度较大的区域。由于决策树算法的线性特征,模型预测的失效区域呈现为立方体,不能反映失效状态随加载工况的非线性变化特征,可见决策树算法不适用于本研究。Sigmoid 核函数支持向量机算法对于两种挤压工况的预测精度较低。因此,采用决策树算法和 Sigmoid 核函数支持向量机算法的预测模型并不具备较好的泛化能力。

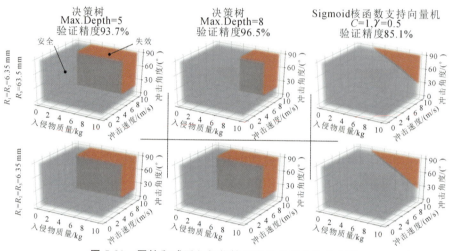

图 5-30 圆柱和球形入侵物挤压电池单体的失效曲面
(采用决策树和 Sigmoid 核函数支持向量机算法的模型预测结果)

相比于采用决策树算法的预测模型,采用 Sigmoid 核函数支持向量机算法的预测模型能够成功预测冲击质量、冲击速度和冲击角度影响下单体失效的非线性演变趋势。比较固定质量($M=10$ kg)下,入侵物沿不同冲击角度和冲击速度下的电池单体失效状态,基于 Sigmoid 核函数支持向量机算法,可预测柱面冲击的最危险冲击角度在 60°左右,但不能判断球头冲击的最危险冲击角度。

图 5-31 展示了分别采用高斯核支持向量机算法和神经网络算法的情况下,两种冲击挤压工况的预测结果。采用高斯核支持向量机算法,模型能够预测出柱面和球头冲击的最危险冲击角度都在 60°左右。然而该模型的泛化能力受参数选择的影响。C 值较小($C=0.01$)时预测精度较低;C 值较大($C=100$)时虽然预测精度较高,但球头冲击失效面预测结果出现异常,存在过拟合的可能性。采用单隐层神经网络或双隐层神经网络算法,模型同样能较好预测最危险冲击角度,且结果表明,持续增加结点数量并不显著改善模型预测能力。

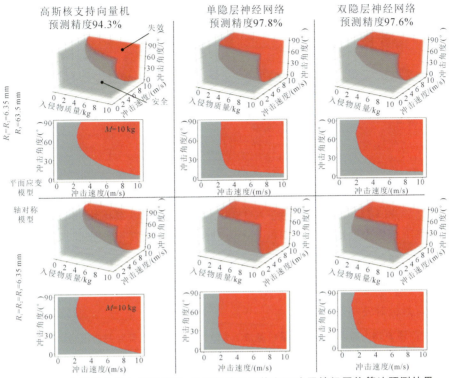

图 5-31 高斯核支持向量机算法、单隐层神经网络和双隐层神经网络算法预测结果

综上所述，在所考察的几种机器学习算法及其不同参数组合中，高斯核支持向量机（参数 $C=1$、$\gamma=0.5$）、单隐层或双隐层神经网络（结点数大于 20）都可以给出较好预测结果。考虑到尽量提高预测精度并避免过拟合，我们选取结点数为 20 的单隐层神经网络模型作为判断单体碰撞挤压载荷下失效状态的分类模型。图 5-32 展示了在给定加载条件（冲击质量、冲击速度和角度）下，入侵物形状和大小对电池单体失效状态的影响。可以看出失效区域（红色区域）集中在右下方，即 R_1 较大而 R_2 较小的区域，对应的入侵物形状较为尖锐。R_1/R_2 越大，入侵物越尖锐，单体越容易失效。还可以看出，随着冲击速度增大，失效区域面积显著增大。

5.5.5 基于仿真大数据的电池单体碰撞挤压失效回归模型

不同于分类模型，回归模型侧重预测电池单体的失效位移和失效载荷，这可以为电池包碰撞安全设计提供量化判据。回归模型的训练样本是前述仿真

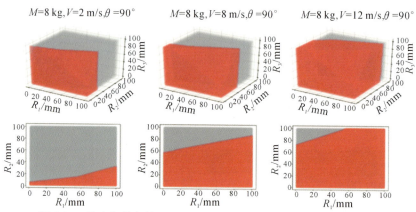

图 5-32 给定加载条件下入侵物形状和大小对单体失效状态的影响

数据集中单体失效的部分。根据上述针对模型算法的适用性分析,回归模型采用基于高斯核的支持向量机算法。表 5-18 列出了不同参数组合下的模型预测误差,当 $C=1000$、$\gamma=0.5$ 和 $C=1000$、$\gamma=2.0$ 时,失效位移和失效载荷的模型预测误差相对较小。

表 5-18 高斯核支持向量机算法下失效位移和失效载荷回归的相对误差

序号	C	γ	失效位移误差	失效载荷误差
1	0.001	2.0	0.4236	5.0793
2	0.001	0.5	0.4395	5.0409
3	0.001	0.1	0.4556	5.0884
4	1	2.0	0.2248	0.8099
5	1	0.5	0.2401	1.0888
6	1	0.1	0.2295	1.5949
7	1000	2.0	0.2156	0.4717
8	1000	0.5	0.1970	1.6653
9	1000	0.1	0.2260	2.2433

图 5-33 出了几组回归模型参数下失效位移和失效载荷的预测结果,其中样本按照初始冲击动能由小到大、尺寸由小到大排序。可以看出高斯核支持向量机算法的 C 值提高能显著改善回归模型对数据离散分布的捕捉能力。现有的

预测（主要是失效位移预测）与实际值仍有偏差，但是能够描述实际值的趋势和分布规律。

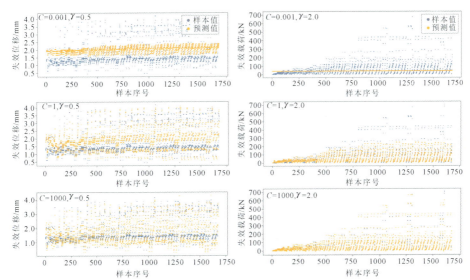

图 5-33　高斯核支持向量机算法对失效位移和失效载荷的预测结果

融合分类模型和回归模型的电池单体失效预测可以依据入侵物的基本特征快速判断电池失效状态，并预报电池单体的失效位移和失效载荷。如图 5-34 所示，模型给出了 ϕ12.7 mm 球头和柱面冲击下的电池失效状态分布，以及相应的失效位移和失效载荷预测结果。图中灰色区域为电池安全区域，其余为电池失效区域。柱面冲击下，失效位移在 0.5~1.75 mm，峰值载荷可达到 35 kN；球头冲击下，失效位移在 0.5~2.5 mm 范围内，峰值载荷仅为 9 kN。这与基于精细化模型仿真结果分析总结得到的电池失效特征相符。

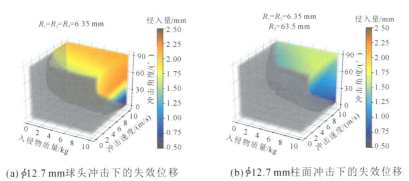

(a) ϕ12.7 mm 球头冲击下的失效位移　　(b) ϕ12.7 mm 柱面冲击下的失效位移

图 5-34　电池单体碰撞挤压失效预测

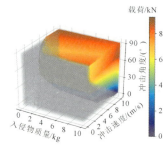
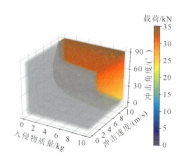

(c) φ12.7 mm球头冲击下的失效载荷　　(d) φ12.7 mm柱面冲击下的失效载荷

续图 5-34

5.6　本章小结

本章介绍了电池单体机械挤压工况的建模方法和仿真应用案例。电池单体的卷芯均质化建模是解决从模组到电池包层级结构分析效率问题的有效手段。分别以蜂窝结构等效材料模型和 Deshpande-Fleck 泡沫材料模型为基础，拓展了模型对于损伤失效行为、应变率强化效应以及各向异性力学行为的描述功能，使卷芯均质化模型具备更为全面的表征和预测能力。精细化建模仿真则是研究电池变形损伤机理、开展组分参数敏感性分析的重要手段。精细化模型的精度与组分材料模型选择和参数识别准确性密不可分。基于加载模式特征，对精细化模型进行适当的降维处理或非均质简化，能在一定程度上提高计算效率，并保证较高的计算精度和足够的细节信息。利用高精度的仿真模型可以计算获得大量的电池单体机械加载响应数据，以此为基础，结合机器学习算法，建立了电池单体机械加载失效的快速预测模型，可以针对不同形状入侵物、不同入侵角度及不同冲击速度下的电池单体失效情况和变形容限给出合理的判断。

本章参考文献

[1] LUO H, XIA Y, ZHOU Q. Mechanical damage in a lithium-ion pouch cell under indentation loads[J]. Journal of Power Sources, 2017, 357: 61-70.

[2] SAHRAEI E, MEIER J, WIERZBICKI T. Characterizing and modeling

mechanical properties and onset of short circuit for three types of lithium-ion pouch cells[J]. Journal of Power Sources,2014,247:503-516.

[3] ZHANG X,WIERZBICKI T. Characterization of plasticity and fracture of shell casing of lithium-ion cylindrical battery[J]. Journal of Power Sources,2015,280:47-56.

[4] XIA Y,WIERZBICKI T,SAHRAEI E,et al. Damage of cells and battery packs due to ground impact[J]. Journal of Power Sources. 2014;267:78-97.

[5] SAHRAEI E,CAMPBELL J,WIERZBICKI T. Modeling and short circuit detection of 18650 Li-ion cells under mechanical abuse conditions [J]. Journal of Power Sources,2012,220:360-372.

[6] WIERZBICKI T,SAHRAEI E. Homogenized mechanical properties for the jellyroll of cylindrical lithium-ion cells[J]. Journal of Power Sources,2013,241:467-476.

[7] LI W,ZHU J. A large deformation and fracture model of lithium-ion battery cells treated as a homogenized medium[J]. Journal of the Electrochemical Society,2020,167:120504.

[8] BONATTI C,MOHR D. Anisotropic viscoplasticity and fracture of fine grained metallic aluminum foil used in Li-ion batteries[J]. Materials Science and Engineering:A,2016,654:329-343.

[9] ZHANG C,XU J,CAO L,et al. Constitutive behavior and progressive mechanical failure of electrodes in lithium-ion batteries[J]. Journal of Power Sources,2017,357:126-137.

[10] LIAN J,WIERZBICKI T,ZHU J,et al. Prediction of shear crack formation of lithium-ion batteries under rod indentation:comparison of seven failure criteria[J]. Engineering Fracture Mechanics,2019,217:106520.

[11] 周志华,机器学习[M],北京,清华大学出版社,2016.

[12] QUINLAN J R,C4.5:Programs for Machine Learning[M],Burlington:Morgan Kaufmann,1993.

[13] BREIMAN L,FRIEDMAN J H,OLSHEN R A,et al. Classification and regression trees[M]. Boca Raton:Routledge,2017.

[14] CHANG C-C,LIN C-J. LIBSVM:A library for support vector machines [J]. ACM Transactions on Intelligent Systems and Technology,2011,2 (3):1-27.

[15] GURNEY K. An introduction to neural networks[M]. London:CRC Press,1997.

第6章
挤压工况电池单体的力-电-热响应

在第4章中我们侧重介绍了电池单体机械加载工况下的结构变形和失效特征,本章我们将进一步对电池单体挤压工况下的力-电-热响应进行完整分析,提取变形失效导致的电池电压和温度变化特征。考虑到动力电池排布方向的多种可能性和电动汽车电池包碰撞边界的复杂性,我们对比分析了采用多种形状压头和不同加载方向的电池单体挤压结果,并结合挤压后电池的内部探伤分析,揭示了变形损伤模式对电池内短路后电-热响应的影响机理,最后介绍了受机械载荷的电池力-电-热多场仿真框架。

6.1 不同压头挤压工况的电池单体力-电-热响应

6.1.1 电池单体机械响应与电-热响应的关联性

这里我们在电池挤压试验中采用了五种形状的压头(ϕ24.0 mm 球头、ϕ12.7 mm 球头、ϕ24.0 mm 圆柱平头、ϕ6.0 mm 球头和90°锥形头),考察了电池单体的力-电-热响应。压头及载荷、电压变化如图6-1所示。采用第2章介绍的连续加载和中断加载两种加载模式研究了电池单体的开路电压变化规律。在中断加载模式中,电池单体被加载到发生内短路时终止加载,压头保持在该位置不动;在连续加载模式中,电池单体被持续加载至位移为10 mm,电池被完全压实。

这里我们使用力学指标(位移和峰值载荷)与内短路指标(开路电压和局部温度),进一步辨别软包电池机械响应与内短路触发的关联性。提取多种加载工况下软包电池的刚度拐点、峰值载荷、电压下降和表面温度升高时刻对应的压头侵入位移,换算为不同时刻的平均名义应变,如图6-2所示。平均名义应变

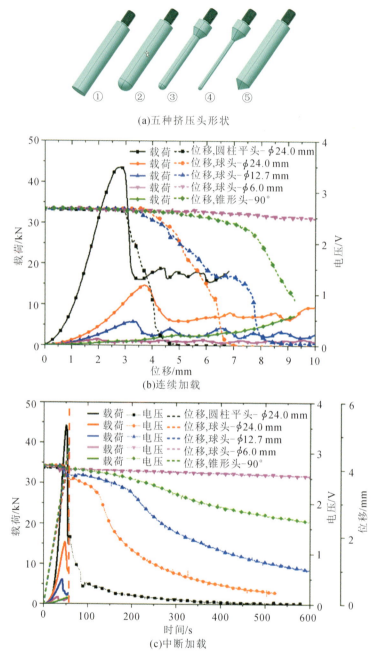

(a) 五种挤压头形状

(b) 连续加载

(c) 中断加载

图6-1 采用多种形状压头、两种加载模式下软包电池的载荷和电压变化

实际为相对侵入量

$$\varepsilon_a = \delta / H \tag{6-1}$$

式中：δ 为侵入位移；H 为加载方向的电池单体特征长度，如面外挤压工况下软包电池厚度。

从图 6-2 中我们可以总结出如下规律：

（1）内短路触发（对应电压下降）时的平均名义应变从大到小顺序为：ϕ24.0 mm 球头，ϕ12.7 mm 球头，ϕ24.0 mm 圆柱平头，ϕ6.0 mm 球头，90°锥形头。总体趋势是尖锐压头比钝形压头更易触发内短路。

（2）球头挤压工况下的电压下降和温升时刻比较一致，且电压下降和温升时刻（对应内短路触发）发生在刚度拐点和峰值载荷时刻之间（刚度拐点到峰值载荷的变形过程对应软包电池内部损伤累积）。

（3）平头挤压和锥形头挤压造成的电池宏观结构失效（对应峰值载荷时刻）早于电压下降时刻，与温升时刻关联性更强。

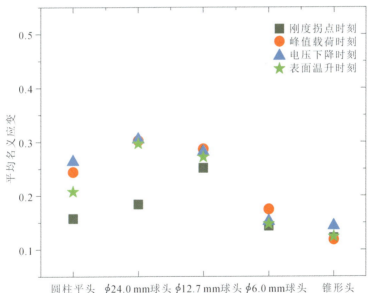

图 6-2　在不同加载工况下软包电池刚度拐点、峰值载荷、电压下降和表面温度升高发生时刻的平均名义应变

6.1.2　内短路后电池单体的电-热响应

机械载荷导致内短路后电池的电-热稳定性可通过电池的开路电压和表面温度变化来评估（见图 6-3）。在两种加载模式中，ϕ24.0 mm 圆柱平头挤压下的

单体开路电压下降速度均最快,从 φ24.0 mm 球头、φ12.7 mm 球头到 90°锥形头,电压下降逐渐趋缓。而 φ6.0 mm 球头挤压下的电池单体在两种挤压模式下内短路发生后开路电压下降极为缓慢,尤其是在中断加载工况下开路电压在 600 s 的静置时间内仅下降 0.2 V。

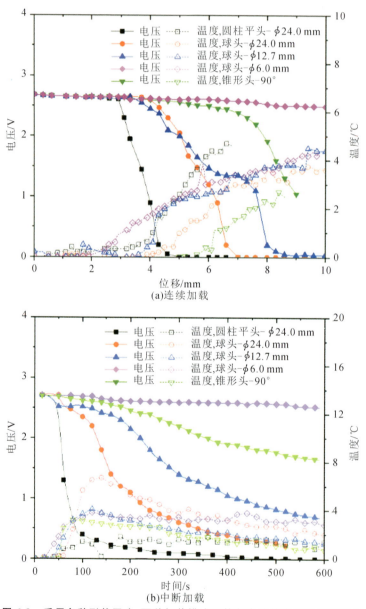

图 6-3 采用多种形状压头、两种加载模式下软包电池的电压和温度变化

图 6-3 同时展示了电池单体在两种加载模式下的表面温度变化规律,比较了电池内短路发生后的热稳定性。这些温度变化数据是从距离压头中心轴 30 mm 处的电池单体表面提取得到的。可以看到,两种加载模式下电池单体宏观失效触发内短路,随后引起的温升情况差异显著。在连续加载模式下,电池结构挤压至严重破坏程度的过程中,热像仪观测区域内的表面温度随挤压侵入位移的增加呈上升趋势,这意味着持续加载使得内短路产热保持稳定。在中断加载模式下,机械加载造成电池单体内短路后立即暂停,电池单体的表面温度呈现先上升后下降的趋势,这意味着电池单体的内短路产热逐渐趋于缓和。

比较图 6-3(a)中同一压头挤压下电池电压和表面温度的变化快慢,难以发现很强的关联性,例如 $\phi6.0$ mm 球头挤压,电池单体结构失效引起内短路后,电压下降慢,但单体表面温升快。为了更好地梳理内短路过程的热响应特征及其影响因素,我们提取了中断试验结束时刻、同一侵入位移(4.5 mm)下的电池表面温度场图像。图 6-4 展示了不同挤压工况下通过热成像仪获取到的表面温度分布。

中断试验时刻略微落后于电池单体的内短路时刻,电池的表面温度变化的根源在于内短路产热。$\phi24.0$ mm 圆柱平头和 $\phi24.0$ mm 球头挤压工况下电压的急剧变化表明,这两种挤压条件造成的内短路行为都非常剧烈,且 $\phi24.0$ mm 圆柱平头挤压下的内短路更为剧烈,由此推断这两种挤压工况的内短路产热量都很大。然而这两种挤压条件下的表面温升结果与电压急剧下降的现象反差很大,如图 6-4(a)和图 6-4(d)所示。表面温升图像显示这两种挤压条件下电池表面温升并不显著,且 $\phi24.0$ mm 圆柱平头挤压的电池表面温升更小。类似反差在尖锐压头挤压工况中也存在,如前所述,小直径球头挤压下电池内短路对应的电压下降较为缓和,但电池单体表面温升却更加集中和剧烈,如图 6-4(c)所示。诸如此类的反差说明,挤压载荷下电池表面温升不仅与内短路产热有关,与热传导路径也密切相关,而热传导路径会因不同工况下断裂模式、断裂区域及金属压头相对位置有差异而不同。

6.1.3　变形和断裂模式

机械挤压造成电池单体内部损伤累积,并最终导致宏观断裂,从而引起内

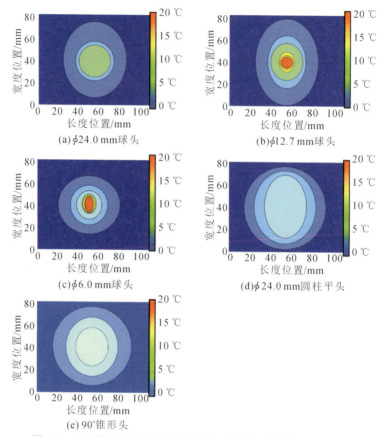

图 6-4　不同挤压工况下软包电池内短路发生时的表面温度分布

短路,短路产热在电池单体内部传导造成温升。为了分析变形和断裂模式对电池单体电、热稳定性的影响,基于中断模式试验和试验后样品拆解切割,获得了多种形状压头挤压下的内短路卷芯,并对卷芯截面进行了观察分析,如图 6-5 所示。

不同工况下软包电池的变形断裂特征可以归纳如下:

(1) 图 6-5(b) 至图 6-5(d) 显示的是不同直径球头挤压结果。可以看到压头正下方的卷芯区域均出现压缩变形和局部断裂,压缩变形区域随球头直径减小变得更为集中。大直径球头挤压下主裂纹在层间传播,与厚度方向呈一定夹角向卷芯深处扩展,形成剪切断裂带。小直径球头挤压下则基本不出现层间断裂带,主要表现为层内局部扩展,损伤断裂未向卷芯深处发展。

(2) 图 6-5(e) 显示的是圆柱平头挤压结果。可以看到这种挤压工况的主裂

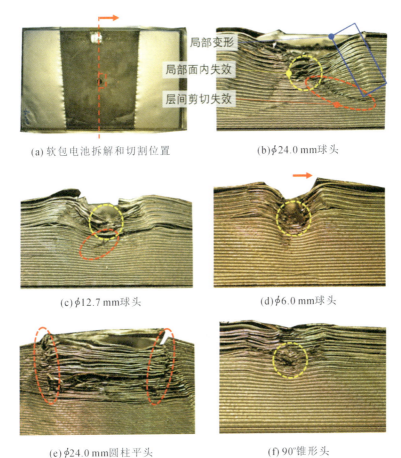

(a) 软包电池拆解和切割位置　　(b) ϕ24.0 mm球头

(c) ϕ12.7 mm球头　　(d) ϕ6.0 mm球头

(e) ϕ24.0 mm圆柱平头　　(f) 90°锥形头

图 6-5　不同形状压头挤压下软包电池在相同侵入位移(4.5 mm)下的断裂形貌

纹产生于圆柱平头边缘区域,并沿厚度方向朝卷芯深处生长扩展,形成的断裂带几乎平行于挤压方向。

(3)图 6-5(f)显示的是锥形头挤压结果。可以看到这种挤压工况中,锥形头直接穿透加载路径上的卷芯层,裂纹主要在层内局部扩展,没有层间断裂带形成,损伤断裂未向卷芯深处发展。

(4)小尺寸球头(ϕ6.0 mm)和锥形头挤压下电池卷芯结构主要发生层内双轴拉伸断裂,圆柱平头挤压下电池卷芯结构主要发生层间剪切断裂,对于较大尺寸球头(ϕ24.0 mm 和 ϕ12.7 mm)挤压,电池卷芯结构内部表现为混合断裂模式。球头直径越大,卷芯断裂中的层间剪切断裂模式比例越大。

(5)图 6-6展示了 ϕ12.7 mm 球头挤压工况中靠近加载端位置的隔膜层和负

极涂层的层内变形和破裂形貌。在压头正下方的中心区域,隔膜层和负极涂层都出现断裂开孔,由于隔膜具有良好的延展性,它的断裂开孔面积明显小于负极,这使得层内断裂形式引起的短接区域十分有限。在隔膜和负极开孔边缘处,可以观察到有多条放射状裂纹沿面内径向扩展,并且裂纹从表层向内部沿厚度方向贯穿发展。这些裂纹形态同时体现了层内双向拉伸和层间剪切断裂特征。

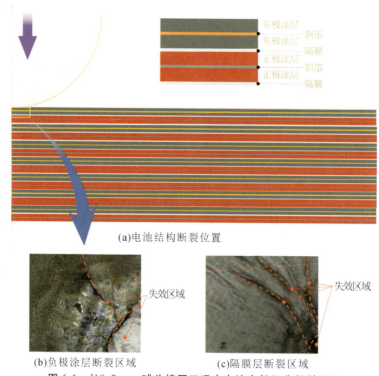

图 6-6　ϕ12.7 mm 球头挤压工况中电池内部组分断裂形貌

6.1.4　断裂模式对电池电压和温度变化的影响

将上述不同形状压头挤压工况的主要断裂模式和电压下降情况加以联系,可以认为圆柱平头和较大的球头(ϕ24.0 mm)挤压引起的层间断裂触发的内短路更为剧烈,从而引起更为急剧的电压下降。层间断裂模式下,裂纹沿厚度方向向卷芯深度扩展,增大了正极极片和负极极片相互接触的风险。这种情况下内短路产热沿厚度方向分布,电池表面温度变化只能反映总产热的一小部分,因此短时间内表面温升幅度较小并引起表面温升的迟滞现象。层内断裂模式下,隔膜的高延展性使正负极极片短接区域主要由隔膜断裂开孔面积决定,因此面内断裂很难引起剧烈的内短路。如 ϕ6.0 mm 的小尺寸球头在挤压到 4.5 mm 时引起的电压下降较为缓和。另一方面,层内断裂更靠近电池表面位置,局部产热更容易被热成像仪捕捉到。锥形头挤压工况下电池单体的断裂模式、内短路行为和产热过程相对复杂,需要单独分析。尽管电池内部未形成明显的层间断裂,但是试验中的温度上升和电压下降比小尺寸球头挤压要剧烈一些,主要原因是隔膜被锥形头刺破,导致正负极通过金属锥形头间接导通,引起短路,这类似于电池单体穿孔试验的短路机制。

6.2 不同挤压方向下的电池单体力-电-热响应

现有动力电池包设计中电池朝向各异,加上整车碰撞方向的多样化,电池单体受不同方向载荷作用的可能性都应考虑。电池单体在不同挤压方向下的力-电-热响应与电池单体的构型、变形模式和断裂特征密切相关。这里以方壳电池为例,考察不同挤压方向下电池单体的力-电-热响应变化规律,重点讨论沿厚度方向(Z 方向)的面外挤压和沿长度方向(X 方向)带有侧面约束的面内挤压,如图 6-7 所示。

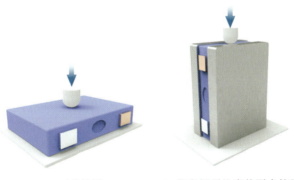

(a) 面外挤压　　(b) 带有侧面约束的面内挤压

图 6-7　沿方壳电池不同方向的 ϕ24.7 mm 球头挤压

6.2.1 不同挤压方向下的电池单体机械响应特征

方壳电池机械挤压力学响应的加载速率敏感性、荷电状态敏感性及内短路触发演变规律均体现出了方向相关性,如图 6-8 和图 6-9 所示。其中准静态试验的加载速度为 2 mm/min,动态试验的加载速度为 2 m/s。准静态和动态机械加载试验均需要控制压头的侵入量,在电池单体刚发生内短路或形成软短路时立即停止加载。这样做的目的是保证电池内部出现显性损伤且不至于破坏严重甚至熔融烧毁,获得的电池样品可用于后续内部损伤形貌的观测表征。

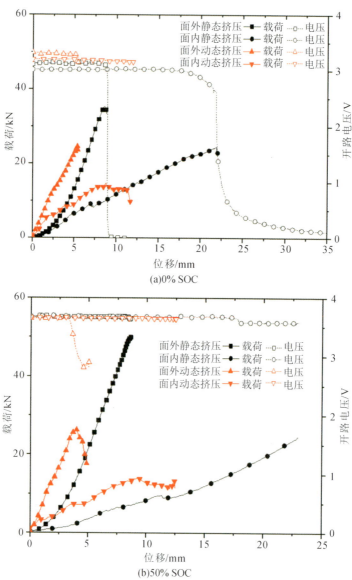

图 6-8 不同荷电状态的方壳电池的面内、面外 $\phi 24.7$ mm 球头挤压响应

沿方壳电池不同方向挤压的力学响应和电学响应的主要特征梳理如下。

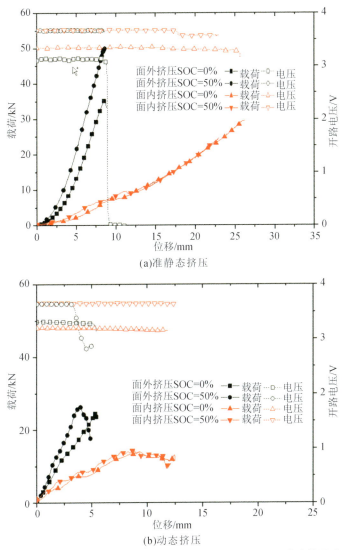

图6-9 不同加载速率的方壳电池的面内、面外 $\phi24.7$ mm 球头挤压响应

（1）与面外挤压工况相比，电池单体在外部约束下的面内挤压加载得到的载荷-位移曲线上升较为平缓，失效前位移量较大，载荷-位移曲线的斜率较小。面内挤压的载荷-位移曲线存在波动，与面外挤压工况失效前的平滑力学响应区别显著。

（2）面内和面外方向动态挤压均展现出电池单体的动态强化效应，动态结构刚度更大，动态失效发生更早。

（3）方壳电池面内挤压力学响应的荷电状态敏感性可以忽略不计，而面外挤压的力学响应有较强的荷电状态相关性，表现为高荷电状态下的结构刚度提高和断裂失效提前。

（4）面外挤压到一定变形，造成方壳电池电压出现微小下降，随后迅速进入电压骤降阶段，对应宏观断裂失效。面内挤压变形在方壳电池内部触发软短路后，电池结构仍能保持一定的承载能力，直到更为极端的变形下，电池结构发生严重断裂失效，才伴随有电压迅速下降，此时方壳电池完全丧失承载能力。

本书第 4.1 节已经详述了方壳电池不同方向的变形失效模式差异，这与电池卷芯和壳体结构的几何构型密切相关，也因此决定了方壳电池整体力学性能的各向异性。电池单体力学性能的荷电状态敏感性将在本书第 7 章专门分析，电池单体力学性能的动态效应则在本书第 8 章重点分析。

6.2.2　不同方向挤压下电池单体内短路和产热特性

这里以放电至截止电压、名义 SOC 为 0% 的方壳电池单体为例，结合开路电压和表面温度变化描述不同方向机械挤压下方壳电池内短路电压降和产热的特征。如图 6-10(a) 所示，准静态加载工况下，面内方向机械载荷使得方壳电池出现了明显的软短路到硬短路的转变，而受到面外方向挤压的方壳电池的软短路到硬短路转变则迅速得多；两个方向加载下电池单体的表面温升较好地对应了各自的内短路压降。动态挤压中电池单体表面温升响应滞后于内短路压降，难以直接获得温度和电压之间的对应关系，因而在动态工况下重点考察挤压后的温升特征，如图 6-10(b) 所示。

面外挤压下，方壳电池的开路电压和表面温度在出现硬短路前几乎保持不变，当电池出现明显的内部结构断裂、形成内短路后，开路电压快速下降到 0 V，电池单体表面温度在内短路触发约 10 s 后快速上升了 70 ℃ 左右，达到温度峰值，如图 6-10(a) 所示。从图 6-11(a) 中可看出内短路时刻电池单体表面的温度分布特征。从内短路触发到停止加载的过程中，相比起负极极柱一侧，正极极柱一侧与压头附近区域升温程度更加明显，如图 6-11(b) 所示。

面内挤压过程中，电池单体经历大变形后发生内部损伤、触发软短路，电池表面温度开始呈现缓慢上升趋势，当进一步变形损伤触发硬短路后，表面温度

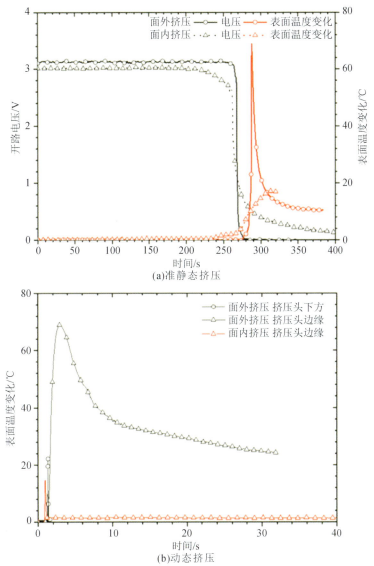

图 6-10 不同加载速率下的方壳电池的面内、面外挤压内短路和产热特性

上升 20 ℃ 左右,如图 6-11(c) 和图 6-11(d) 所示。电池表面温度上升主要集中于压头附近区域,沿电池单体长度方向的侧壁并未观察到明显温升。

电池单体受上述两个方向挤压时的电、热响应所对应的演变机理有显著差异,面外挤压使得电池单体更容易出现局部剧烈温升,而面内方向挤压引起的电池单体电压和温度变化相对缓和,这意味着对于面内挤压这样的工况,人为

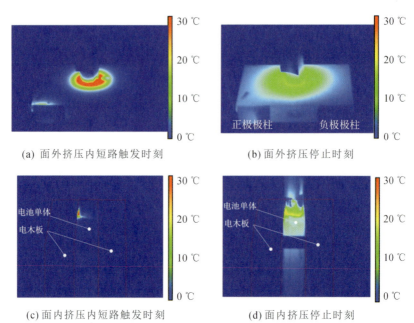

(a) 面外挤压内短路触发时刻　　(b) 面外挤压停止时刻

(c) 面内挤压内短路触发时刻　　(d) 面内挤压停止时刻

图 6-11　准静态挤压工况的方壳电池表面温升

干预电池内短路和抑制短路产热具有潜在的可行性。

无论是面外方向还是面内方向,动态挤压同样造成了电池单体的内短路压降和温升。压头撞击挤压电池单体的表面并反弹时,位于压头下方的区域出现了约 24 ℃ 的温升,如图 6-12(a)所示。撞击结束约 1 s 后,压头边缘区域达到峰值温度,如图 6-12(b)所示。随着电池内部传热和表面对流,电池单体表面温度峰值区域的温度开始下降,更大面积上的温度开始上升。由于正极极柱区域接触电阻更高,整体上正极极柱附近区域比负极极柱附近区域温度更高,如图 6-12(c)所示,这与准静态挤压工况的温度分布基本一致。方壳电池受到面内撞击的 1 s 内局部表面温度升高了约 15 ℃,撞击结束后较难观察到电池单体表面温度变化,如图 6-12(d)所示。

在面内和面外挤压工况下,分别比较动态和准静态加载的电池单体表面温升特征。面内挤压工况中,准静态或低速挤压使电池单体的表面温度分布变化更大;相对来说,动态挤压下的电池结构断裂引起的内短路在空间和时间上更加局部化和集中化。在碰撞挤压下,电池单体表面温升更加集中在挤压区域,后续在电池长度方向上的温升不如准静态挤压引起的温升显著。面外挤压工况中,准静态和动态挤压导致的电池单体温升差异主要体现在温度峰值出现时刻上,受动态撞击时,电池表面温度在 1 s 内迅速攀升至峰值,随后逐渐下降;而准静态加载时,电池单体表面温升较为缓慢,这与上一节大尺寸球头挤压软包电池的情况基本一致。

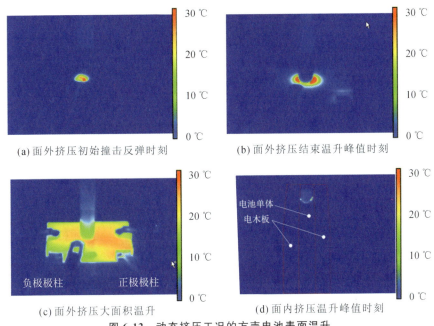

图 6-12　动态挤压工况的方壳电池表面温升

6.2.3　不同挤压方向下的电池单体内部失效特征

电池单体在不同挤压方向和加载速率下展现出不同的电、热响应,主要原因在于方壳电池在面内和面外挤压方向下的变形模式和失效区域存在较大区别。如第 4 章的图 4-14(a)和图 6-13 所示,方壳电池受到面外方向的准静态和动态挤压后的电池卷芯结构变形、组分材料和金属外壳的断裂失效均通过无损 XCT 技术得到了表征。面外方向准静态和动态加载均造成了压头下方区域的电池卷芯结构受到压缩载荷,使其经历了充分的密实化。电池结构断裂失效在压头下方区域和边缘区域均可以观察到,与上一节软包电池的断裂模式较为一致。方壳电池受到动态挤压时内部损伤发展相对集中,仅造成了裂纹沿层间方向扩展、组分材料沿滑移带短接,并未观察到准静态挤压中观察到的严重结构失效。

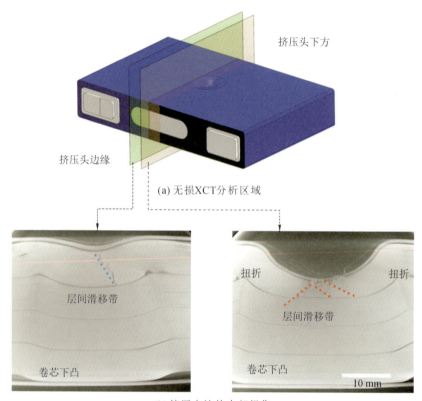

图 6-13 方壳电池沿面外动态挤压工况下的变形失效特性

如第 4 章的图 4-14(b)和图 6-14 所示,面内方向的准静态挤压和动态挤压都造成金属壳体破裂和卷芯屈曲变形,直至方壳电池出现宏观结构失效。壳体破损形式由准静态挤压的月牙状裂纹变成了动态挤压的一字形裂纹。壳体破损形式的变化也影响了卷芯的变形模式和失效位置。动态挤压中,压头中心区域两侧出现了组分材料的层间断裂,因此引起的失效区域比准静态挤压的失效区域更加集中。

6.2.4 断裂模式对开路电压和温度场的影响

不同方向挤压引起的方壳电池变形和失效模式差异决定了内短路和产热行为的差异。非均匀挤压使组分材料发生局部拉伸失效、形成剪切滑移带,造成了局部短接,进而触发内短路。面外方向挤压下,剪切滑移带容易沿厚度方

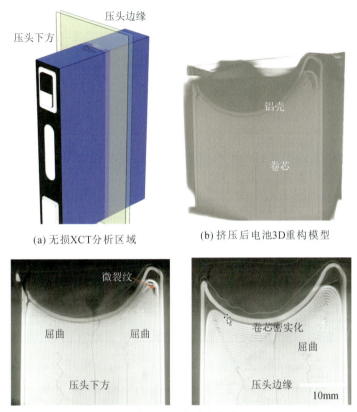

(a) 无损XCT分析区域　　(b) 挤压后电池3D重构模型

(c) 挤压电池的内部损伤

图 6-14　方壳电池沿面内动态挤压工况下的变形失效特性

向朝电池内部扩展,而面内方向挤压下,剪切滑移带一般局限在电池角落区域。电池单体的短路电阻一般以接触电阻形式定义,短路电阻取值与实际短路区域面积呈反比。Feng 等[1]针对方壳电池预置不同短路电阻、分析电池的内短路行为,发现较小的短路电阻(对应的实际内短路区域面积较大)造成电池的开路电压下降较为迅速。这与我们观察到的不同方向挤压下电池内部损伤特征与内短路行为的关联性是基本一致的。

内短路引起的焦耳产热作为电池单体功能失效初期的主要热源之一,是电池挤压失效时表面温升速率的主要影响因素,剧烈的内短路会明显加快产热速率和温升速率。电池单体温升速率同时受到电池内部传热和电池表面对流传热的影响。面外方向挤压工况中,电池内部形成的层间剪切滑移带是内短路产热的主要位置,热量从电池内部传递至电池表面需要穿过多层界面,界面区域的热阻造成了电池表面温升的迟滞,也造成内部温度与表面温度的差异。面内方向挤压工况中,结构断裂失效位置主要位于方壳电池角落,因此内短路产热区域比较接近电池表面。尽管面内挤压导致的内短路产热有限,但通过表面粘贴热电偶或者红外热成像仪等方式,仍然能够监测到电池内短路造成的温升。

6.3　机械载荷下电池单体的力-电-热多场仿真框架

锂离子电池热失控的诱发方式包括机械滥用、电滥用和热滥用[2]。本书主要关注机械滥用,机械滥用引起的电池热失控过程中,另外两种诱发方式实际也会相继启动和介入。具体来说,机械滥用造成电池变形及隔膜破损,导致内短路发生,触发电池的电滥用;电滥用导致电池内部产生焦耳热和化学副反应产热,触发电池的热滥用;热滥用造成电池局部温度激增,引发热失控链式反应,最终导致热失控发生。在电池机械变形分析中,需要掌握机械变形与内短路之间的对应关系和演变规律,为建立力-电耦合的电池内短路模型提供依据。内短路发生时,电池内部的正负极片接触,由于存在电势差而放电,并伴随产热。内短路不一定都会引发热失控,从内短路出现到热失控发生,根据隔膜破坏程度及能量释放速率,时间可以很短,也可以很长。剧烈的内短路会迅速直接引发热失控,而有些情况下,只是在电池内部形成放电回路,造成电池放电及温度升高。锂离子电池的热失控表现主要为冒烟、燃烧以及爆炸[3]。热失控发生时,电池内部化学反应产生大量气体,气体冲出电池安全阀或者冲破壳体,随之带出内部活性物质,表现为电池冒烟。电池的起火燃烧一般由内部电解液及其分解产物被点燃造成。爆炸则是高压气体瞬间释放造成的冲击。电池内部具有高压气体积聚的条件,安全阀是及时释放高压积聚气体的关键设计。

电池单体经历机械滥用形成内部损伤和断裂,导致组分材料短接,引发内短路、热失控甚至爆炸的完整历程,是一个力-电-热的多物理场耦合过程。影响这一过程的主要因素包括:决定变形容限和失效行为的电池结构力学特性,决定电池电压变化情况的电化学特性和短路行为,以及决定电池温度变化的传热特性。多物理场仿真框架可以描述电池单体在机械载荷下的电池单体塑性变形响应和断裂行为、内短路行为、电池产热和传热过程及热失控风险[4-8]。整体仿真模型框架如图 6-15 所示:首先,基于电池力学模型和关键组分的失效判据预测电池结构在机械载荷作用下的失效行为,并将失效区域作为后续短路产热区域,通过力学模型计算将电池变形结果传递至传热模型,电池局部变形失效预测准确与否直接影响电池产热和传热过程的仿真计算准确度。其次,选取合适的内短路模型实现短路电流、短路产热和端电压在电池模型、传热模型和内短路模型之间的传递。在快速放电过程中电池单体的不可逆产热和可逆产热通过电池模型计算,并作为热源输入传热模型;当电池内部温度超过稳定温度范围后,组分材料反应或分解产热进一步改变电池单体的热源输入;综合考虑电化学可逆产热和不可逆产热、内短路焦耳产热和热失控反应,通过传热模型计算电池温升,并在力学模型、热失控产热模型和电池模型中更新温度。

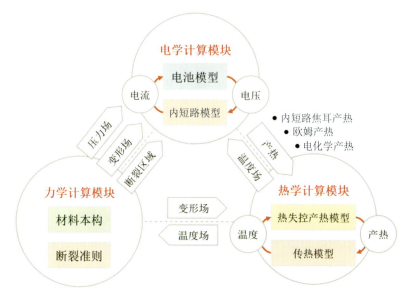

图 6-15 电池单体在机械挤压作用下的多物理场仿真框架

在针对电池机械滥用工况的多物理场建模仿真方面,国内外已经有一些研究团队取得了进展,针对电池力学模型、电化学模型、内短路模型和传热模型等重要组成部分都开展了细致分析和讨论。本书第 5 章已经重点介绍了电池单体的几种结构力学仿真模型,如图 6-16 所示。其中的精细化或非均质化模型可以复现电池单体在多种挤压工况下的总体载荷-位移响应和局部变形演化,而均质化模型具有计算效率高、标定流程简单等优势,这几种结构仿真模型都可以用于多物理场仿真计算。在断裂准则设定方面,精细化或非均质化模型要求给出关键组分或代表组分的断裂特性,例如隔膜、集流体及活性涂层的断裂应变,以此作为电池内短路失效判据[9-12];均质化模型可以结合电池单体试验观测的断裂时刻、位置和形貌,选择合适的断裂准则并确定参数。Lian 等[13]在均质化模型中采用 Johnson-Cook 断裂准则和 Cockcroft-Latham 断裂准则,较为准确地复现了面外方向球头挤压和柱面挤压诱导的电池结构失效,这些工作有助于在多物理场仿真中更好地应用均质化模型。由于传热模型和电化学模型对电池结构完整性和网格完整性有较高的要求,多物理场仿真中的机械变形模拟通常不采用单元删除技术,需要结合断裂准则辨识结构失效区域。

根据模型复杂程度和使用场景,电池模型可分为等效电路模型(ECM)和电化学机理 P2D 模型[14-17],如图 6-17 所示。等效电路模型是一种常用于描述电池电化学过程和物理过程的唯象模型,通常由一个电压源、一个欧姆电阻和多个 RC 电路组件构成,其中纯电阻组件对应了锂离子在液相和固相的扩散过程,RC 组件中电容组件对应着双电层效应,而与电容并联的阻抗组件代表着固液界面反应。模型参数可能受 SOC、环境温度和老化程度等因素影响。电池快速放电中的产热可以借助等效电路模型进行计算。在电池单体尺度上,通过构建多个等效电路模型与极耳接触电阻的并联网络,可实现电池单体充放电工况的电流密度和非均匀产热的表征。部分公开发表的机械加载工况电池多物理场仿真研究将等效电路模型网络与力学模型耦合,根据组分材料的变形阈值判定电池失效区域,将失效区域内的等效电路模型替换为短路电阻或内短路模型,可实现内短路焦耳产热的预测[16,17]。

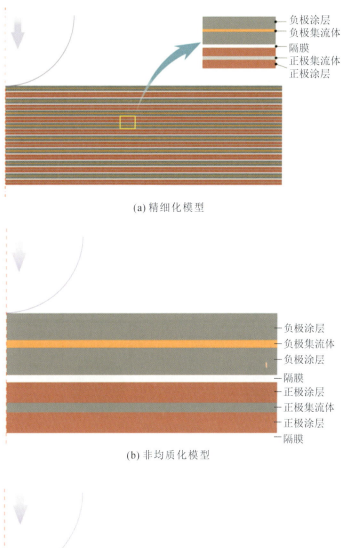

图 6-16 可用于多物理场仿真的电池结构力学仿真模型

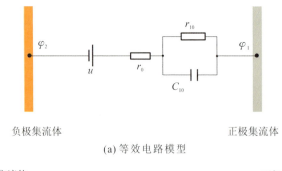

(a) 等效电路模型

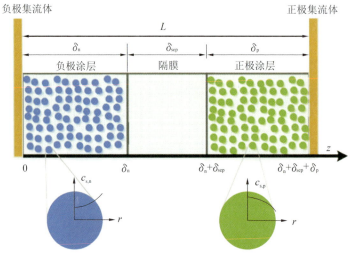

(b) P2D模型

图6-17 多物理场仿真框架中的电池模型

基于电化学机理的P2D模型是一种准确反映电池内多个物理化学过程的第一性原理模型。P2D模型的基本构建涉及液相和固相中的锂离子扩散过程、液相和固相的欧姆定律、Butler-Volmer动力学方程以及电荷守恒方程。P2D模型的标定和验证方法,本书不做赘述,感兴趣的读者可参考一些公开发表的研究工作成果[18-21]。值得注意的是,P2D模型参数较多,根据参数特性可分为结构性参数、动力学参数和热力学参数,有很多关键参数的识别可以借助遗传算法等工具或采用参数集总化方法[22,23]。比起等效电路模型,近期的多物理场仿真研究(不局限于机械加载工况)更多选择了P2D模型作为电池模型。其原因不仅是P2D模型作为第一性原理模型具备更好的模型解析性,输入模型参数具备物理意义,能够有效服务于电极材料和电解液设计,还在于描述老化电池的电、热稳定性时，可以通过 P2D 模型的拓展，合理地引入额外的电化学反应（包括固态电解质界面（solid electrolyte interphase，SEI）增厚、锂枝晶生长等），以及考虑电化学反应的温度相关性和应力相关性。

电池单体在机械载荷作用下产生内短路的机理和表现均较为复杂。Santhanagopalan 等[24]分析了锂离子电池单体存在的四种内短路形式，分别是铝箔与负极活性涂层短接、铝箔与铜箔短接、铜箔与正极活性涂层短接，以及正负极活性涂层短接。受界面接触电导率和材料导热系数影响，不同短接组合的内短路严苛程度不同，其中铝箔与负极活性涂层短接造成的内短路最为严苛。

根据内短路模型与力学模型的耦合形式，可将内短路模型分为等效电路短路模型和电化学-短路耦合模型，如图 6-18 所示。在等效电路模型中引入短路电阻，通过短路电池的开路电压变化标定短路电阻值，实现电池内短路触发后放电及产热的估算[25,26]。在大变形挤压过程中，失效区域可能扩展，短路电阻自身可能发生变化，对此可以建立以时间为变量或以隔膜变形量为变量的短路电阻函数，来描述电池损伤演化引起的内短路行为[10,27]。为了标定短路电阻，需要事先获得电池单体组分材料机械变形和结构失效情况下的开路电压变化。等效电路短路模型一般不考虑不同形式机械载荷诱导的内短路差异，也忽略断裂形貌和局部应力场对短路电阻的影响。

电化学-短路耦合模型可以反映成对电极短路区域的几何特征，通过调整短路区域电解液的电导率，复现内短路过程，并获得电解液中的锂离子浓度、锂离子传导行为随压降的变化过程[7,9,11]。电化学-短路耦合模型还可以引入应力水平对短路电阻的影响。电池在外界载荷作用下，内部组分多层结构变形，形成剪切滑移带，可能导致内短路模式的变化或共存。在四种内短路模式下，标定接触压力相关的接触电阻率变化规律，可用于预测内短路模式变化带来的软-硬短路转变。文献[28]预测了正负涂层短接到铝-铜短接的模式转变对应的短路过程，如图 6-19 所示。这种耦合力学机制的内短路模型引入了单元应力水平与接触电阻率之间的量化关系，使软短路到硬短路转变的预测具备了物理意义，可以更合理地描述电池损伤对内短路的影响。

基于应力状态的断裂准则可以更加准确地预测电池内部变形断裂行为，从而有效捕捉内短路热源位置，对于复杂加载工况下内短路失效区域的应力分布也可以更好地复现。基于此可以做到更为有效的力学模型到内短路模型的数据信息传递。实际机械加载工况中,电池内短路行为与载荷状态(压头形状、挤压速度)、电池状态(荷电状态、老化程度)和环境温度都有密切联系,要更为全面可靠地预测短路行为,需要更多测试和表征工作。

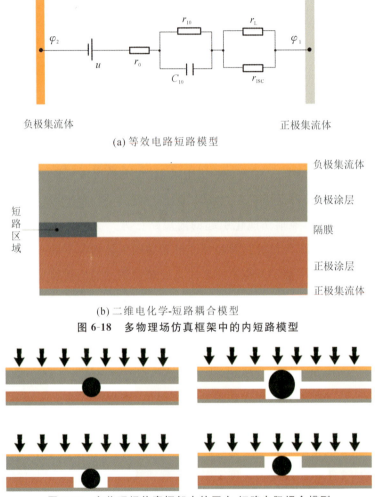

(a) 等效电路短路模型

(b) 二维电化学-短路耦合模型

图 6-18　多物理场仿真框架中的内短路模型

图 6-19　多物理场仿真框架中的压力-短路电阻耦合模型

电池单体传热模型考虑的传热过程主要为固体热传导,热对流和热辐射所占的比例较小。在机械挤压作用下,非均匀变形和局部损伤断裂会改变电池单体的局部传热行为,反过来,温度变化又会改变组分材料的力学性能,并且足够的温升会造成内短路区域的材料熔化,加剧内短路。在多物理场仿真框架中,传热模型与力学模型的模型尺度和几何形态在形式上通常保持一致,如图 6-20 所示。力学计算部分采用均质化模型时,传热模型往往也采用简化电池结构,即均质化卷芯而非真实的缠绕或者堆叠结构,并在电池壳体和卷芯之间建立多个传热热阻,如图 6-20(a)所示。均质化卷芯的热物性参数往往较难获得,可考虑在电池内部布置热电偶,并对电池进行绝热充放电测试,采用仿真与试验相结合的迭代优化方法,来确定卷芯热物性参数,以及卷芯与外壳之间的等效传热热阻参数[29,30]。若力学计算部分采取精细化模型,传热模型也应选择精细化模型,这样不仅充分考虑了组分材料的导热系数、比热容等热物性差异,还充分考虑了组分材料层间的等效热阻对计算结果的影响,如图 6-20(b)所示[31,32]。介于均质化和精细化传热模型之间,多物理场仿真也经常使用非均质化等效传热模型[33,34]。该类传热模型由金属集流体和等效电极对构成,如图 6-20(c)所示,其中等效电极对的参数由负极涂层-隔膜-正极涂层的热物性参数均质化处理得到。现有的传热模型与内短路模型、电池模型、力学模型耦合时,通常需要定义合适的结构失效和内短路判据,以计算确定内短路产热的热源区域。

相比面向针刺工况或外加热触发工况的传热模型,一般的机械挤压大变形都会引起电池结构的剧烈变形和大梯度的应力分布。面向挤压工况的传热模型需要考量变形场在多个物理场计算模块之间的传递、各向异性热物性参数对应力场和变形梯度的影响等。

当机械滥用诱发电池产热,使电池异常升温超过组分材料的稳定温度时,多物理场仿真需要激活热失控模型。热失控模型是准确描述热失控产热的第一性原理模型,使用化学反应动力学模型描述热失控产热过程中的能量守恒和物质守恒。电池组材料的分解产热顺序为:SEI 膜分解产热、隔膜分解产热、负极与电解液反应分解产热、正极材料与电解液反应分解产热,以及电解液分解产热。动力电池的热失控反应产热量通常利用加速量热仪(ARC)或差示扫描量热仪(DSC)测量,并在相关试验中标定化学反应动力学参数。在 ARC 的绝热环境中将电池加热到不同的反应温度,测量反应起始温升率,获得分解反应动力学参数;或者在不同升温倍率下,利用 DSC 测试单一组分材料或者组分材料组合的化学产热特性,借助 Kissinger 公式求解反应动力学参数。更为详细的热失控模型构建和标定方法,读者可参考一些公开发表的研究工作成果[35-37]。

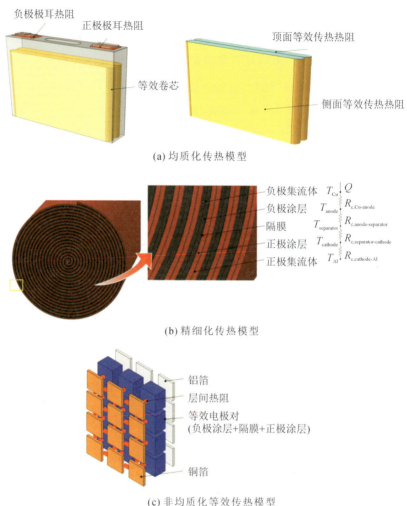

图 6-20　多场仿真中的传热模型

6.4　本章小结

本章详细分析了多种形状压头挤压下和不同方向挤压下的电池单体力-电-热响应,结合挤压后电池内部的变形损伤表征,考察了电池结构的变形失效模式,分析了不同变形失效模式主导的电池内短路行为和产热效应,得到了以下结论。

(1) 机械加载工况下电池的内短路触发与结构变形损伤高度相关,较大尺寸的球形和柱面压头造成层间断裂模式,而较小尺寸的球形压头和锥形头引起层内断裂模式,总体来说层间断裂模式的区域跨度大会引起更剧烈的电池压降,而层内断裂模式的短接区域相对局限,实际压降趋势相对缓和。

(2) 层间剪切滑移带的主裂纹位置和扩展方向对温度场变化影响很大,可能引起电池表面温升的迟滞效应,层内断裂模式集中在压头下方区域,电池表面温升响应迅速。

(3) 缠绕式卷芯面外挤压和沿长度方向的面内挤压失效模式在初期变形模式不同,面内挤压更容易引起卷芯屈曲,随着变形程度加剧,两个挤压方向下变形失效模式逐渐出现一定共同点,表现为压头下方的局部材料密实化和压头边缘区拉伸失效,但失效位置差异和区域大小存在显著差异,相比起沿卷芯深度充分扩展的面外挤压工况,面内挤压造成的层间断裂主要集中在电池角落区域。

(4) 面内挤压往往在载荷峰值出现之前发生软短路,并随着电池角落区域出现卷芯断裂失效而转变为硬短路,整体软短路—硬短路转变过程引起的电池表面温升响应迅速。

本章还概述了机械挤压工况下电池力-电-热多物理场仿真的模型构成及关键电热物性参数获取的方法。

本章参考文献

[1] FENG X,WENG C,OUYANG M,et al. Online internal short circuit detection for a large format lithium ion battery[J]. Applied Energy,2016, 161:168-180.

[2] FENG X,REN D,HE X,et al. Mitigating thermal runaway of lithium-ion batteries[J]. Joule,2020,4(4):743-770.

[3] WANG Q,MAO B,STOLIAROV S I,et al. A review of lithium ion battery failure mechanisms and fire prevention strategies[J]. Progress in Energy and Combustion Science,2019,73:95-131.

[4] ZHANG C,SANTHANAGOPALAN S,SPRAGUE M A,et al. A repre-

sentative-sandwich model for simultaneously coupled mechanical-electrical-thermal simulation of a lithium-ion cell under quasi-static indentation tests[J]. Journal of Power Sources,2015,298:309-321.

[5] ZHANG C,SANTHANAGOPALAN S,SPRAGUE M A,et al. Coupled mechanical-electrical-thermal modeling for short-circuit prediction in a lithium-ion cell under mechanical abuse[J]. Journal of Power Sources,2015,290:102-113.

[6] LIU B,YIN S,XU J. Integrated computation model of lithium-ion battery subject to nail penetration[J]. Applied Energy,2016,183:278-289.

[7] LIU B,ZHAO H,YU H,et al. Multiphysics computational framework for cylindrical lithium-ion batteries under mechanical abusive loading[J]. Electrochimica Acta,2017,256:172-184.

[8] YUAN C,GAO X,WONG H K,et al. A multiphysics computational framework for cylindrical battery behavior upon mechanical loading based on LS-DYNA[J]. Journal of the Electrochemical Society,2019,166(6):A1160-A1169.

[9] KIM J,MALLARAPU A,SANTHANAGOPALAN S. Transport processes in a Li-ion cell during an internal short circuit[J]. Journal of the Electrochemical Society,2020,167(9):090554.

[10] LI H,LIU B,ZHOU D,et al. Coupled mechanical – electrochemical – thermal study on the short-circuit mechanism of lithium-ion batteries under mechanical abuse[J]. Journal of the Electrochemical Society,2020,167(12):120501.

[11] MALLARAPU A,KIM J,CARNEY K,et al. Modeling extreme deformations in lithium ion batteries[J]. eTransportation,2020:100065.

[12] YUAN C,WANG L,YIN S,et al. Generalized separator failure criteria for internal short circuit of lithium-ion battery[J]. Journal of Power Sources,2020,467:228360.

[13] LIAN J,WIERZBICKI T,ZHU J,et al. Prediction of shear crack forma-

tion of lithium-ion batteries under rod indentation:comparison of seven failure criteria[J]. Engineering Fracture Mechanics,2019,217:106520.

[14] DOYLE M,FULLER T F,NEWMAN J. Modeling of galvanostatic charge and discharge of the lithium/polymer/insertion Cell[J]. Journal of the Electrochemical Society,1993,140(6):1526-1533.

[15] PLETT G L. Sigma-point Kalman filtering for battery management systems of LiPB-based HEV battery packs:Part 1:Introduction and state estimation[J]. Journal of Power Sources,2006,161(2):1356-1368.

[16] DENG J,BAE C,MILLER T,et al. Accelerate battery safety simulations using composite tshell elements[J]. Journal of the Electrochemical Society,2018,165(13):A3067-A3076.

[17] DENG J,SMITH I,BAE C,et al. Impact modeling and testing of pouch and prismatic cells[J]. Journal of the Electrochemical Society,2020,167(9):090550.

[18] GUO M,KIM G-H,WHITE R E. A three-dimensional multi-physics model for a Li-ion battery[J]. Journal of Power Sources,2013,240:80-94.

[19] HAN X,OUYANG M,LU L,et al. A comparative study of commercial lithium ion battery cycle life in electric vehicle:Capacity loss estimation [J]. Journal of Power Sources,2014,268:658-669.

[20] HAN X,OUYANG M,LU L,et al. A comparative study of commercial lithium ion battery cycle life in electrical vehicle:Aging mechanism identification[J]. Journal of Power Sources,2014,251:38-54.

[21] KEMPER P,LI S E,KUM D. Simplification of pseudo two dimensional battery model using dynamic profile of lithium concentration[J]. Journal of Power Sources,2015,286:510-525.

[22] CHU Z,PLETT G L,TRIMBOLI M S,et al. A control-oriented electrochemical model for lithium-ion battery,Part Ⅰ:Lumped-parameter reduced-order model with constant phase element[J]. Journal of Energy

Storage,2019,25:100828.

[23] CHU Z,JOBMAN R,RODRiGUEZ A,et al. A control-oriented electrochemical model for lithium-ion battery. Part Ⅱ:Parameter identification based on reference electrode[J]. Journal of Energy Storage,2020,27:101101.

[24] SANTHANAGOPALAN S,RAMADASS P,ZHANG J Z. Analysis of internal short-circuit in a lithium ion cell[J]. Journal of Power Sources,2009,194(1):550-557.

[25] LIU L,FENG X,ZHANG M,et al. Comparative study on substitute triggering approaches for internal short circuit in lithium-ion batteries[J]. Applied Energy,2020,259:114143.

[26] LIU L,FENG X,RAHE C,et al. Internal short circuit evaluation and corresponding failure mode analysis for lithium-ion batteries[J]. Journal of Energy Chemistry,2021,61:269-280.

[27] LI H,ZHOU D,DU C,et al. Parametric study on the safety behavior of mechanically induced short circuit for lithium-ion pouch batteries[J]. Journal of Electrochemical Energy Conversion and Storage,2020,18(2):020904.

[28] LIU B,JIA Y,LI J,et al. Safety issues caused by internal short circuits in lithium-ion batteries[J]. Journal of Materials Chemistry,A,2018,6(43):21475-21484.

[29] LI Z,ZHANG J,WU B,et al. Examining temporal and spatial variations of internal temperature in large-format laminated battery with embedded thermocouples[J]. Journal of Power Sources,2013,241:536-553.

[30] ZHANG J,WU B,LI Z,et al. Simultaneous estimation of thermal parameters for large-format laminated lithium-ion batteries[J]. Journal of Power Sources,2014,259:106-116.

[31] LIU B,DUAN X,YUAN C,et al. Quantifying and modeling of stress-driven short-circuits in lithium-ion batteries in electrified vehicles[J].

Journal of Materials Chemistry,A,2021,9(11):7102-7113.

[32] DUAN X,WANG H,JIA Y,et al. A multiphysics understanding of internal short circuit mechanisms in lithium-ion batteries upon mechanical stress abuse[J]. Energy Storage Materials,2022,45:667-679.

[33] DONDELEWSKI O,O'CONNOR T S,ZHAO Y,et al. The role of cell geometry when selecting tab or surface cooling to minimise cell degradation[J]. eTransportation,2020,5:100073.

[34] HUA X,HECKEL C,MODROW N,et al. The prismatic surface cell cooling coefficient:A novel cell design optimisation tool & thermal parameterization method for a 3D discretised electro-thermal equivalent-circuit model[J]. eTransportation,2021,7:100099.

[35] REN D,FENG X,LU L,et al. An electrochemical-thermal coupled overcharge-to-thermal-runaway model for lithium ion battery[J]. Journal of Power Sources,2017,364:328-340.

[36] REN D,SMITH K,GUO D,et al. Investigation of lithium plating-stripping process in Li-ion batteries at low temperature using an electrochemical model[J]. Journal of the Electrochemical Society,2018,165(10):A2167-A2178.

[37] REN D,HSU H,LI R,et al. A comparative investigation of aging effects on thermal runaway behavior of lithium-ion batteries[J]. eTransportation,2019,2:100034.

第 7 章
电池挤压力学响应的荷电状态敏感性

锂离子电池通常在较高的荷电状态(state of charge,SOC)下工作,厘清荷电状态对电池挤压力学响应的影响,梳理不同电池构型的荷电状态敏感性,揭示荷电状态影响的机理,有助于建立考虑电池实际服役状态的机械完整性评价方法和预测手段。本章首先通过试验对比了不同荷电状态下圆柱和软包电池单体的机械加载响应和内短路行为,在组分材料层级确认了负极拉伸性能的荷电状态敏感性和空气暴露影响的显著性。随后,通过试验验证确认了单体的荷电状态相关性主要来自内应力影响。通过测量循环充放电工况下无约束软包电池的体积膨胀和受约束软包电池的约束反力,进一步分析了电池充电膨胀造成的内应力特征。最后,借助解析模型、微观模型和有限元模型,进一步阐述了荷电状态对涂层颗粒、电极和单体力学行为的影响。

7.1 电池单体力学响应的荷电状态敏感性测试

分别开展了不同荷电状态下的圆柱电池单体和软包电池单体的机械挤压试验,对比分析了单体结构的宏观力学响应和内短路行为差异。针对 198650 圆柱电池单体,在 4 种不同荷电状态下进行了侧向挤压试验,挤压冲击头为直径为 20.0 mm 的金属柱面,加载速度为 6 mm/min,挤压试验结果如图 7-1 所示。可以看到,0%SOC 单体在挤压变形下,电压的下降稍早于峰值载荷的出现。考虑到载荷-位移曲线上升阶段的拐点(曲线斜率峰值位置)对应了电池内部损伤起始时刻,选择拐点作为此工况的内短路起始判据。图 7-1(b)至图 7-1(d)分别给出 10%、30%和 50% SOC 的圆柱电池单体挤压试验结果。在 0%和 10%SOC 下单体未发生热失控;在 30%SOC 下 3 个样品中有 2 个出现热失控并起火;在50%SOC下样品全部都出现了热失控并发生爆燃(见图7-2)。通过这组试验,可以大致认为30%SOC是一个临界点,超过该临界点,圆柱电池挤压导致热失控的风险显著增大。在未发生热失控的试验中,单体电压在峰值载荷前的拐点附近开始下降;而发生热失控及爆燃的试验中,电压与载荷几乎同时下降。图中部分试验的电压信号在单体出现明显损伤(载荷-位移曲线拐点或载荷峰值点)之前就出现明显下降,其原因是电池外壳因绝缘层受到挤压损坏、与试验机金属部件接触形成新的电流回路,干扰了电压采集。

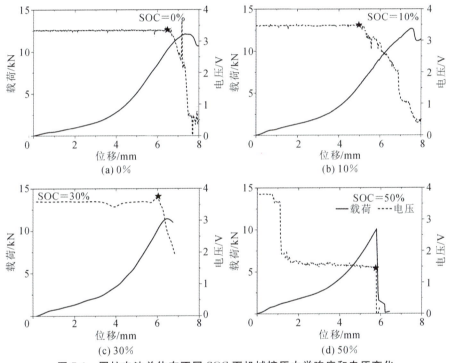

图7-1 圆柱电池单体在不同SOC下机械挤压力学响应和电压变化

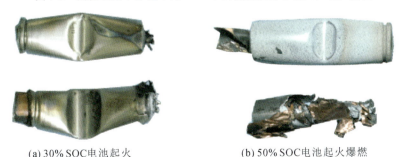

(a) 30%SOC电池起火　　　　(b) 50%SOC电池起火爆燃

图7-2 高荷电状态下圆柱电池单体挤压后形貌

图 7-3(a)比较了不同荷电状态下圆柱电池的挤压载荷-位移响应,可以观察到显著的荷电状态相关性,即随着荷电状态增加,电池结构刚度增大,即相同挤压位移下,荷电状态高的,载荷更大。与 0%SOC 相比,在 50%SOC 下侵入量(位移)为 5 mm 时的载荷增大 20%左右。图 7-3(b)比较了电压开始下降时的侵入量(失效位移),可以看出随着荷电状态的增加,失效位移有减小的趋势,即内短路更易发生。

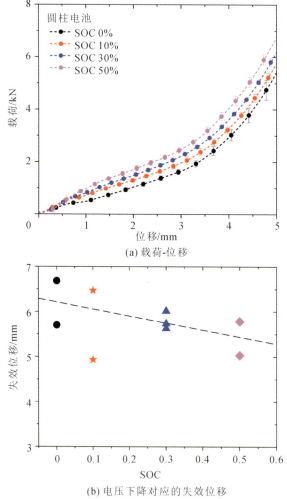

(a) 载荷-位移

(b) 电压下降对应的失效位移

图 7-3 圆柱电池单体挤压力学响应的荷电状态相关性

针对软包电池单体,分别开展了直径 12.7 mm 的球头和直径 24.0 mm 的圆柱平头的挤压试验,如图 7-4 所示。可以看出,与圆柱电池单体不同,软包电池单体力学响应及内短路行为的荷电状态相关性并不显著。在两种挤压工况下,不同荷电状态的软包电池单体的载荷-位移响应差异较小,尤其是在拐点出现之前。软包电池电压在载荷峰值附近出现下降,显著滞后于拐点,这与圆柱电池单体挤压有所不同。分析推断,软包电池机械挤压引起的内部损伤在拐点处开始累积,但并不足以触发内短路,直到峰值载荷出现才发生明显断裂并诱发内短路。

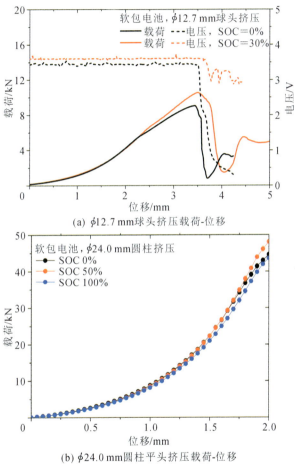

(a) φ12.7mm球头挤压载荷-位移

(b) φ24.0mm圆柱平头挤压载荷-位移

图 7-4 软包电池单体挤压力学响应的荷电状态相关性

7.2 组分材料力学性能的荷电状态相关性

7.2.1 高荷电状态的组分材料样品制备和拉伸测试方法

根据前述测试结果,电池单体的力学性能存在一定程度的荷电状态敏感性。这种荷电状态敏感性有两个可能的来源：①锂离子的嵌入和脱嵌导致的涂层材料力学性能变化；②卷芯体积膨胀受约束引起的内应力。首先我们通过设计组分材料试验，来分析并确认不同组分力学性能的荷电状态相关性。这里以某款软包电池为例，研究不同荷电状态下的电极极片力学性能演变规律。

在提取组分材料用于力学性能测试前，需要准确标定和控制电池单体的荷电状态。标定过程中应严格控制放电电荷量，对满电状态的电池，以 0.1C 恒定电流放电，每下降 5％SOC 后静置 30 分钟，在电池内部化学平衡过程带来的电压反弹现象稳定后继续放电。重复上述操作，直到电池达到目标荷电状态。以这种方式，制备 4 种不同荷电状态（0％、30％、60％ 和 100％ SOC）的电池，用于定量研究荷电状态对电极组分力学性能的影响。

为保证拆解过程中带电电池的组分材料与空气隔离，以防发生强烈的氧化还原反应，不同荷电状态下的组分材料的提取和样品制备可以在手套箱内的氩气氛围下进行（见图 7-5(a)）。图 7-5(b) 比较了分别处在氩气氛围和空气中的 60％SOC 电池负极极片的外观。在氩气氛围中，负极活性涂层表面呈红棕色；暴露于空气中，负极活性涂层在几秒钟内迅速变成黑色，并释放出大量热。在氩气氛围中，不同荷电状态（0％、30％、60％ 和 100％ SOC）电池负极极片的表面颜色随着 SOC 升高从黑色变为亮黄色，如图 7-5(c) 所示。

拆解得到高 SOC 电池的电极样品后，在从手套箱中转移出来到拉伸测试完成的过程中，都应将样品一直保存于充有氩气的密封袋中，以避免测试中极片样品因接触空气而发生氧化。经验证，静置在充有氩气的密封袋中，高 SOC 电池的负极极片在长达 1 周时间内都可以有效避免氧化，如图 7-6(a) 所示。拉伸测试中，试验机夹头需同时夹持待测样品端部和密封袋端部（见图 7-6(b)）。在选择密封袋尺寸和装夹设置时，要求密封袋中段部分留出可展开余量，以便在拉伸过程中密封袋自由展开，仅有待测样品受力变形。

图 7-7 比较了对荷电状态不敏感的正极极片的拉伸力学响应，以考证密封袋使用与否对材料拉伸测试结果并无影响。对比图中的试验结果，可确认该方法的可靠性。

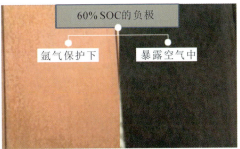

(a) 手套箱内电池组分的拆解环境　　(b) 带电池负极极片在氩气和空气中的外观对比

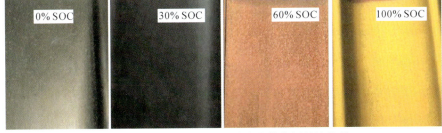

(c) 氩气氛围中不同荷电状态电池的负极极片外观

图 7-5　高荷电状态电池组分材料的拆解及形貌

(a) 使用充满氩气的密封袋存放样品　　　　　(b) 极片拉伸测试

图 7-6　高 SOC 电池的极片样品存取和测试

7.2.2　不同 SOC 电池的组分材料拉伸性能变化和空气暴露效应

图 7-8 给出了氩气氛围中电极极片的拉伸力学性能，展示了电池荷电状态对正负极力学性能的影响程度。可以看到，荷电状态对正极极片的拉伸行为和断裂特性几乎没有影响，而负极极片力学行为的荷电状态相关性则十分显著。负极极片的应力应变响应呈现非单调的变化趋势：随 SOC 从 0%上升到 60%，负极极片刚度增大，抗拉强度上升；当 SOC 升高到 100%时，应力应变曲线出现

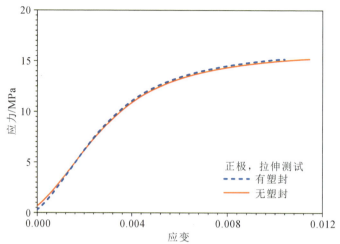

图 7-7 使用密封袋的组分拉伸测试方法的可靠性验证

回落,与 0%SOC 的结果非常接近。极片的断裂行为则呈现单调下降趋势:随 SOC 从 0%上升到 100%,拉伸断裂应变从 0.013 降低至 0.007。

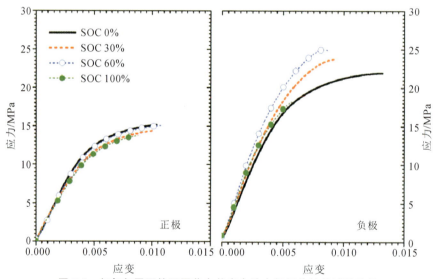

图 7-8 氩气氛围下的不同荷电状态电池电极极片拉伸试验结果

我们在带电电池的拆解过程中,对空气暴露造成的极片氧化现象(主要为负极极片的氧化)已有定性的认识。这里进一步通过拉伸试验,对空气暴露造成的带电电池极片力学行为的变化情况进行分析。试验仍然考察了不同 SOC 电池(包括 0%、30%、60% 和 100% SOC)的极片样品。极片样品都在氩气氛围内制备和保存,然后取出样品在同一空气环境中暴露不同时间(包括 0 min、5 min、10 min、30 min、60 min 和 180 min)后,再进行拉伸测试;负极极片还增加了更大的空气暴露时长(24 h)。

图 7-9 展示了正极极片的拉伸测试结果,可以看出,任一 SOC 水平下,正极极片的力学性能都未随空气暴露时长发生改变。

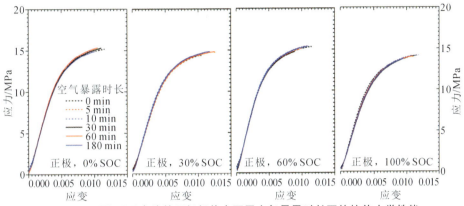

图 7-9　不同 SOC 电池的正极极片在不同空气暴露时长下的拉伸力学性能

图 7-10 展示了负极极片的测试结果,可以看出负极力学行为与空气暴露时长有显著相关性。0%SOC 负极极片的杨氏模量和屈服应力都随暴露时长增大而降低;充分暴露(24 h)后,负极的抗拉强度变为 16 MPa,约为氩气氛围中负极极片抗拉强度的 73%。该试验结果充分证明了 0%SOC 的负极性能也受空气暴露的影响。这意味着,即便将电池放电至截止电压(达到名义上的 0%SOC)并拆解获取负极极片,然后在未隔绝空气的情况下进行极片力学性能测试,仍会因空气暴露而低估其力学性能。从测试结果还能看出,随着空气暴露时长增大,0%SOC 负极的失效应变在一定范围内有一定程度的增大趋势,推测这一现象和负极活性材料与氧气、水蒸气的接触有关。

空气暴露时长对 30%SOC 电池的负极极片力学行为的影响较为复杂。暴露于空气 10 min 内,30%SOC 负极极片的刚度和强度都呈现上升趋势。而在空气中暴露超过 10 min 后,负极的应力应变响应回落。负极充分暴露在空气中 180 min 后,极限强度甚至比未曾暴露于空气的负极(以下简称未暴露负极)略低。由此可见,这种非单调的变化趋势分为两个阶段:短期增强和长期减弱。当负极在空气中充分暴露(24 h)后,应力-应变曲线特征发生明显改变,在 0.005

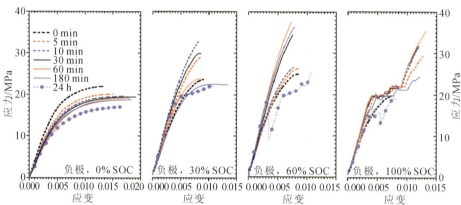

图 7-10 不同 SOC 电池的负极极片在不同空气暴露时长下的拉伸力学性能

应变附近出现明显转折点,随后进入缓慢上升阶段,直到最终失效。推断这种应力-应变曲线转折特征并非金属集流体的力学性能变化所致,而是活性涂层拉伸断裂失效所致。

对于 60% SOC 电池的负极极片,空气暴露时长对极片拉伸力学行为的影响规律与 30% SOC 情况下的变化趋势基本一致。短期增强效应的时间区间有所扩大,空气暴露时长在 60 min 内的负极都表现为刚度和抗拉强度增大,峰值达到 38 MPa,相比未暴露负极的抗拉强度增加 52%。较高 SOC 下,负极极片在初期空气暴露中展现的强化效应更加显著,长期空气暴露下展现的力学性能减弱则不如低 SOC 下剧烈。

100% SOC 电池的负极在短暂暴露于空气后,就已表现出应力-应变曲线的转折特征。在负极最终破坏前的整个变形过程中,试样表面均未出现裂纹。与 60% SOC 情况类似,空气暴露 24 h 后的 100% SOC 负极在应力-应变曲线的转折点后会出现应力振荡。

出于厘清荷电状态影响机理的目的,我们还开展了不同 SOC 电池的负极集流体拉伸试验。待测集流体样品是在手套箱氩气氛围下刮除负极活性涂层获得的。非常有趣的是,集流体拉伸测试结果得到的载荷-位移响应随 SOC 的变化趋势与负极极片整体拉伸的变化趋势高度一致;同时,由负极极片整体测试结果和集流体测试结果,间接获取的活性涂层拉伸性能却基本不随 SOC 发生改变。此处试验分析结果与研究者的预期并不一致。试验前预期随 SOC 改变发生性能变化的是活性涂层,而不是集流体。为保证试验结果可靠性、获得确凿的机理解释，后续还需对刮除涂层的集流体进行细致的分析检测。通过试验还发现，空气暴露对不同 SOC 负极集流体（提取自不同 SOC 下的电池）力学行为的影响几乎可以忽略不计，如图 7-11 所示。

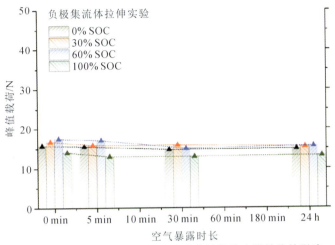

图 7-11　空气暴露时长对负极集流体的拉伸力学性能的影响

7.2.3　高荷电状态的组分材料微观结构特征

通过 SEM（扫描电子显微镜）对不同荷电状态下的正极活性涂层和负极活性涂层的微观形貌进行了观察，如图 7-12 所示。不同 SOC 下，正极微观形貌较为接近，形成了团状的颗粒结构，在颗粒间填充有纳米尺度的小球状的粘接剂和导电剂。由石墨制成的负极涂层颗粒具有不规则片状结构，互相重叠交错。SOC 为 0% 时，石墨表面较为光滑；随着 SOC 增加，锂离子嵌入导致石墨颗粒体积增加，初级粒子膨胀后在大块的石墨颗粒表面凸现出来；SOC 升高至 60% 时，小的晶体簇出现在石墨颗粒边界，氧化副反应极有可能发生在锂化石墨上，从而在颗粒表面形成树枝状副反应产物；100% SOC 下，树枝状产物在大多数石墨颗粒表面上生长。该树枝状产物作为锂金属枝晶，本身力学强度就高于原有的石墨负极。暴露于空气后，氧化反应导致的树枝状产物生长是带电负极极片拉伸强度显著增强的主要原因。

不同空气暴露时长、不同 SOC 下的负极极片微观结构观察结果表明，锂化石墨的氧化反应是导致活性涂层性能变化的主要原因之一。Malmgren 等指

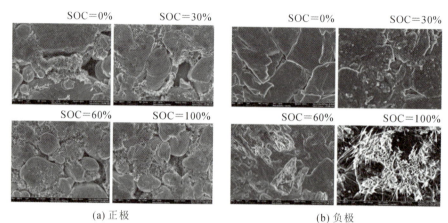

(a) 正极   (b) 负极

图 7-12 不同荷电状态的正极活性涂层和负极活性涂层形貌观察(5000 倍放大倍率)

出,挥发性电解质溶剂和锂化石墨与空气的反应会对负极化学特性产生极大的影响,这在一定程度上可作为本研究的佐证[1]。

可以推断,负极暴露于空气期间,存在两种不同的机制相互竞争。一方面是和锂化石墨氧化相关的极片力学性能强化机制;另一方面则是长时间暴露吸收水蒸气引起的弱化机制,这种机制下涂层中的反应产物(如氢氧化锂和氧化锂)会发生潮解。这两种机制相互竞争的结果导致不同荷电状态下负极极片的力学性能随空气暴露时长变化的情况有所区别。对于完全放电电池(0%SOC)的负极,活性涂层中仅存在非常少量的锂化石墨,氧化反应的强化机制只占次要地位。0%SOC 负极暴露于空气后,石墨涂层几乎不产生显著的热量变化,但表面逐渐变湿。0%SOC 负极极片吸收空气中的水蒸气,造成了极片力学强度随空气暴露时长逐渐下降。高 SOC 负极暴露于空气中时,锂化石墨会与氧气反应并释放大量热量。副反应的产物在石墨颗粒表面上生长,随着空气暴露时长增大,大多数锂化石墨材料被氧化,强化机制逐渐达到顶点。另一边,空气中的水蒸气不断与负极涂层反应,并软化微观结构,增加其延展性,造成较长的暴露时间后负极极片力学性能逐步变弱。这两种机制的竞争导致了暴露于空气中的带电负极力学响应发生非单调变化。

100%SOC 的负极极片暴露于空气中长于 5 min 或其他荷电状态的负极经过充分暴露(24 h)后,它们的应力-应变曲线都呈现三个显著的变形阶段。此过程中,负极极片的活性涂层在空气中逐渐被氧化,涂层材料强度提高,延展性降低,负极涂层的氧化程度从表面向内部递减。对于暴露在空气中足够长时间的负极极片,氧化后活性物质在涂层中的占比较大,在小变形阶段就会引发局部损坏(例如微裂纹)。这种内部损伤的起始点对应了应力-应变曲线的转折点。未损坏的涂层材料和负极铜箔继续承受总体应变,形成应力平台段。应力平台段的应力振荡或局部力降反映了局部破坏的发展。最后,负极铜箔和未破坏的活性涂层进一步塑性硬化直到整体断裂。

7.3　荷电状态相关性的机理分析

第7.1节已经指出,圆柱电池和软包电池在挤压载荷作用下的力学响应表现出明显不同的荷电状态相关性或者敏感性。圆柱电池力学响应表现出显著的荷电状态相关性,而软包电池并未表现明显的荷电状态相关性。

充放电引起的材料特性变化,如第7.2节介绍的负极材料力学性能随SOC的变化特征,常被文献用于解释电池力学响应的荷电状态相关性,这里称之为材料性能机制。然而,这一机制可用于解释圆柱电池力学响应的SOC强相关性,但难以解释软包电池力学响应的SOC弱相关性。否则从软包电池的载荷-位移响应曲线上应该也能观察到明显差异。因此在电池单体层级上应该考虑其他主导影响机制。

考虑到卷芯在充电过程中有体积膨胀的趋势(主要由负极膨胀引起),一个合理的推测是在受到较强约束时,高荷电状态下卷芯的内应力要比低荷电状态下大得多;而边界约束较弱时,卷芯得以较为自由地膨胀,不同荷电状态下卷芯的内应力水平较低且较为接近。这里称之为内应力机制,它应该是不同电池构型力学响应荷电状态相关性的主导机制。如图7-13所示,对于圆柱电池来说,刚性较大的金属外壳和卷芯自身的缠绕结构构成了卷芯的强约束条件,在充电过程中极大限制了极片的体积膨胀,造成卷芯内应力累积;对于软包电池而言,相对柔性的铝塑膜封装和卷芯自身的堆叠结构形成的约束较弱,在充电过程中较大限度地允许极片体积膨胀。为了进一步验证关于内应力机制的猜想,我们设计了两组验证试验,以确认内应力主导的电池力学响应荷电状态相关性。

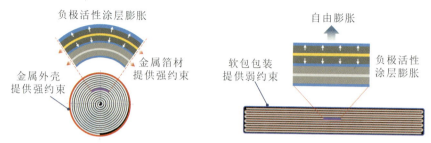

图 7-13 圆柱电池和软包电池之间的结构差异以及对体积膨胀的不同约束效应示意图

7.3.1 两种电池的卷芯挤压试验

通过将电池单体拆解获取卷芯并开展挤压试验,可以单独分析卷芯结构力学性能的荷电状态影响。为了实施充电操作,圆柱电池拆解时去除了外壳主体,保留了两端端盖,而软包电池拆解时去除了绝大部分铝塑膜,保留了极耳部分。上述拆解和充电操作需极为小心,避免操作不慎引起短路。从图 7-14 可以看出,软包电池卷芯的挤压响应几乎与荷电状态无关,圆柱电池卷芯的挤压响应则存在明显的荷电状态相关性。这组对照试验表明,组分材料性能的变化对卷芯整体机械响应的影响并非关键。相比之下,由于紧密缠绕结构和堆叠结构的差异,即使金属外壳已去除,圆柱电池卷芯充电时仍然难以自由膨胀,内应力仍保持较高水平;而软包电池卷芯在厚度方向上基本可以自由膨胀,内应力得以有效释放。在圆柱电池卷芯挤压试验中观察到,较高荷电状态(30%)下卷芯发生爆炸。未发生爆炸的低荷电状态(0%)卷芯断口整齐,发生爆炸的卷芯断裂区域扩大且断口形态复杂(见图 7-15)。这间接说明,在较高荷电状态下,紧密缠绕卷芯结构的内部积累了较高的内应力水平。

由此可见,相比于软包电池卷芯的层叠结构,圆柱电池卷芯的缠绕结构对体积膨胀构成强约束,因而产生较强的内应力场,使得卷芯结构力学响应具有显著的荷电状态相关性。观察试验结果还可发现,圆柱电池卷芯力学响应的荷电状态相关性表现与圆柱电池整体并不完全一致,这应该归因于电池刚性外壳约束的额外贡献。

7.3.2 外部约束下软包电池的挤压试验

第二组对照试验旨在研究施加不同程度的外部初始约束时,原本荷电状态

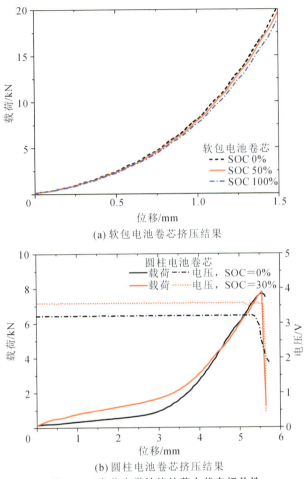

(a) 软包电池卷芯挤压结果

(b) 圆柱电池卷芯挤压结果

图 7-14 卷芯力学性能的荷电状态相关性

图 7-15 不同荷电状态下圆柱电池卷芯挤压的断裂形貌

不敏感的软包电池的力学表现。试验设置上,用刚性厚板将软包电池上下表面夹住,并施加不同的初始压力,如图 7-16 所示。这样通过刚性板的夹持来等效圆柱电池金属壳体的作用,可以约束软包电池卷芯充电膨胀,从而产生内应力。

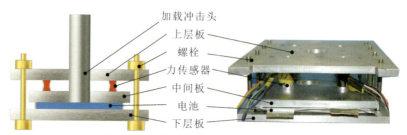

图 7-16 受约束软包电池挤压试验夹具

在图 7-16 所示的装置中有三块刚性板,电池单体置于下层板和中间板之间,而中间板和上层板之间放置力传感器。使用若干螺栓连接上层板和下层板,起到固定夹具和施加约束的作用。中间板和上层板夹紧的几个力传感器用于监测螺栓预紧力或电池充电膨胀受限产生的膨胀力。在上层板和中间板中心都留有与加载压头直径相近的通孔,以便于实施受约束软包电池的平头挤压试验。

如图 7-17 所示,通过试验比较了四种不同约束条件下的软包电池挤压力学响应。工况 A 和工况 B,将 0%SOC 的电池在未加任何外部约束时充电至 100%SOC;随后,工况 A 在不加装夹具情况下对电池挤压加载,工况 B 则将电池置于夹具中、不施加预紧并挤压加载。工况 C 和工况 D,先将 0%SOC 的电池置于夹具中并分别施加 0 kN 和 5 kN 预紧,再充电至 100%SOC,随后挤压加载。注意在工况 D 中,为了尽可能均匀施加预紧,需要保证紧固螺栓和试验机压头同步施压,调控螺栓和压头预紧力比值,使得单体面积压力(即压强)相等。

从图 7-17 给出的试验曲线可以看出,工况 B 与工况 A 下电池挤压响应基本一致,这说明只要未对电池卷芯施加预紧,是否使用夹具装配并不影响电池挤压结果,而对于不加预紧的、自由状态的软包电池,不同 SOC 下挤压响应是一致的,因此,这时无论是 100%SOC 还是 0%SOC,软包电池的挤压响应都是一致的。这也从侧面验证了此套夹具设计的合理性。从工况 B 到工况 C 及工况 D,由载荷-位移曲线可知,相同位移下挤压载荷显著增加。工况 C 下电池充电过程中,刚性约束限制了电池厚度方向的膨胀,使电池内部积累了一定水平

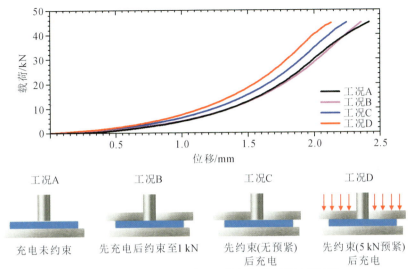

图 7-17 软包电池在四种不同约束条件下的挤压试验

的初始应力,而工况 D 在刚性约束存在的前提下还施加了额外的预紧力,则充电过程中电池内部积累的初始应力水平更高。这说明当软包电池体积膨胀受到强约束时,其挤压力学响应同样会显现出高度的荷电状态敏感性。

7.4 软包电池自由膨胀和约束反力

本节关注在正常充放电条件下,与荷电状态相关的电池物理状态变化过程:①无约束软包电池单体的体积膨胀变化;②受约束软包电池单体的反作用力变化。首先开展充放电过程的实测分析,然后通过简化的力学解析模型,建立充电过程中电池单体内应力与外部约束的关系。

7.4.1 无约束软包电池单体的体积膨胀

目前已有多种仪器和方法可测量电池充放电期间的厚度变化,例如高精度接触式位移计和 3D-DIC 方法等[2,3]。3D-DIC 方法是一种非接触变形测量手段,更适用于软包电池充放电过程厚度变化的全场测量。待测电池单体放置于刚性水平面之上,通过夹具固定软包电池两侧边缘,避免不均匀变形引起的刚性移动(见图 7-18(a))。3D-DIC 方法采用同步双相机系统,两个相机的镜头以一定夹角拍摄软包电池单体上表面。利用恒流恒压法(恒定电流至一定电压,然后恒定电压至一定电流)对电池进行充电至满电状态,静置后,以恒定电流放电,再保持一定时间(见图7-18(b))。进行5~6次充放电循环,测量充放电引起的软包电池单体大面区域位移场。

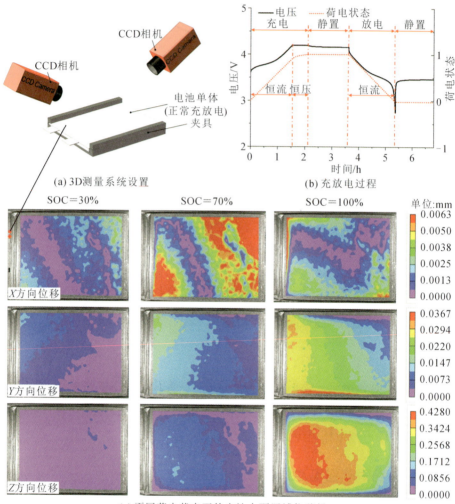

(a) 3D测量系统设置　　(b) 充放电过程

(c) 不同荷电状态下的电池大面区域位移场

图7-18　软包电池单体充放电体积膨胀

图7-18(c)给出了不同荷电状态下的软包电池单体大面区域位移场,其中X、Y和Z方向分别为软包电池的长度、宽度和厚度方向。Z轴正值对应于厚度方向的膨胀。观察完整充放电周期内,软包电池单体的膨胀变形存在三个主要特征,即方向上、时间上和分布上的不均匀性。从图7-18(c)可以看出,Z方向位移最显著,而沿面内方向(X和Y方向)的位移可以忽略;Z方向位移场不均

匀,靠近极耳区域膨胀变形更为显著;在 70% SOC 之前,Z 方向位移增加不显著,充电后期厚度方向位移则快速上升到峰值。

图 7-19(a)给出了 Z 方向位移随时间的变化历程,包括整个位移场的平均值和最大值(提取位移集中区域 10 mm×10 mm 范围内的平均值);图 7-19(b)给出了每个循环充电阶段的位移峰谷差值,包括位移场平均值的峰谷差值和位移场最大值的峰谷差值。可以看出,电池单体在首次循环期间经历的膨胀最为显著,而厚度方向位移峰值随着循环次数增加逐渐增加,并在 4~5 次循环后达到较为稳定的状态。每次充放电循环后的残余变形与电极涂层粘接剂的不可逆变形有关,位移峰值随充放电循环的增加与电池单体内部产气有关[2,4]。假设软包电池上下表面的位移场对称,可以估算得到首次充电循环期间的最大体积膨胀率和 4~5 次循环后接近稳定值的体积膨胀率。观察第 4 次循环充电阶段电池单体 Z 方向位移平均值的变化(见图 7-20),可知体积膨胀与荷电状态呈非线性关系,在达到 60% SOC 之后,电池单体的厚度才开始显著增大。

7.4.2 约束单体反作用力的测量

为了测量充放电循环下受约束电池的反作用力,采用了图 7-16 所示的夹具,分别施加不同水平的预紧力(例如 0 kN,1 kN 和 5 kN),以获得不同的外部约束条件。根据图 7-18 描述的充放电流程,对软包电池进行若干次循环充放电,记录试验过程中的约束反力。以图 7-21(a)为例展示 1 kN 预紧力下的试验结果,可以看到电池在充电期间约束反力明显增大,峰值随着循环次数增加趋于减小,并在 4~5 个循环后达到稳定。同时也观察到静置阶段约束反力出现了逐渐减小的现象,表明电池内部应力发生了缓慢释放,反映了电池卷芯的黏性特征。

图 7-21(b)给出了三种不同约束水平下电池充放电过程中约束反力的变化情况。不施加外界初始约束力时(即 0 kN 工况),约束反力变化的周期性不够显著,但仍可分辨出它随充放电周期的涨落特征。分析其原因,主要是厚度的不均匀使起始状态的电池单体表面与约束平板表面未充分贴合,充放电过程中随着电池膨胀收缩,二者的贴合接触面积也发生变化。与上一小节研究的无约束软包电池的厚度(Z 方向)变化趋势(见图 7-20)相似,这里受约束软包电池的约束反力也表现为随荷电状态的非线性变化,只是两者的具体变化特征有一定

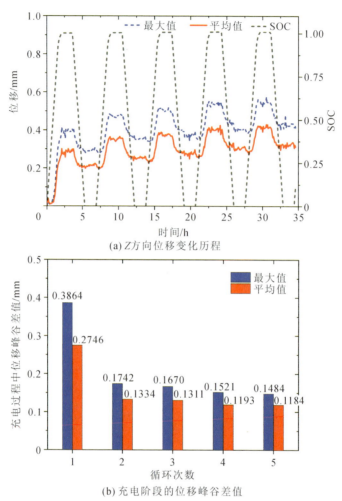

图 7-19　软包电池单体充放电循环的体积变化历程

差异。图 7-21(c)提取了不同约束水平下软包电池充电过程约束反力的峰谷差值。总体来说，5 kN 初始约束水平的约束反力峰谷差值明显大于 1 kN 和 0 kN 初始约束水平的结果。

7.4.3　电池膨胀内应力的解析模型

充电引起的电池单体膨胀会导致电池活性材料的孔隙率降低和单体的整体厚度增大（见图 7-22(a)）。假设一个中间状态，认为电池单体首先随充电过程自由膨胀，然后由于外加约束而压缩到最终状态。自由膨胀带来的厚度变化 Δl_{exp}，减去压缩变形 Δl_{por}（带来孔隙率的降低），剩下的就是电池单体最终的厚

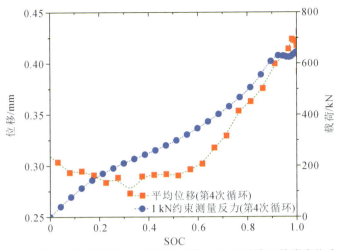

图 7-20 软包电池单体第 4 次循环的充电阶段：无约束下的膨胀位移和强约束下的膨胀反力

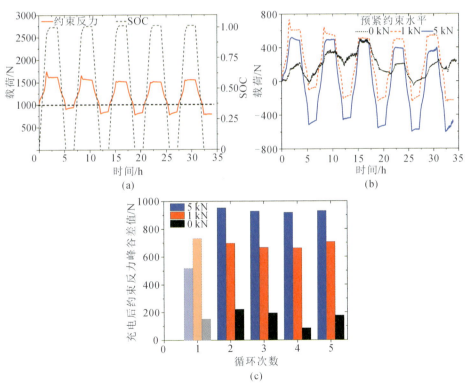

图 7-21 不同初始预紧力水平下的受约束软包电池单体的膨胀力变化历程

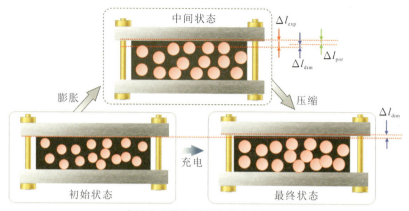

(a) 电池充电膨胀过程的状态分解

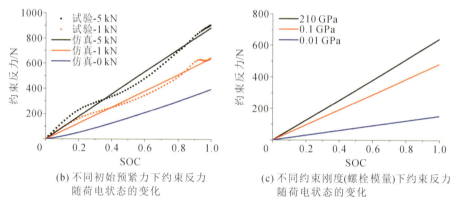

(b) 不同初始预紧力下约束反力
随荷电状态的变化

(c) 不同约束刚度(螺栓模量)下约束反力
随荷电状态的变化

图 7-22 受约束软包电池的充电膨胀解析模型

度增加量(等同于约束螺杆的伸长量 $\Delta l_{\dim}$)。三者关系如下:

$$\Delta l_{\mathrm{por}} + \Delta l_{\dim} = \Delta l_{\exp} \tag{7-1}$$

式中:

$$\Delta l_{\mathrm{por}} = (T + \Delta l_{\exp}) \cdot \varepsilon_{\mathrm{por}} \tag{7-2}$$

$$\Delta l_{\dim} = L \cdot \varepsilon_{\dim} \tag{7-3}$$

式中:T 为电池初始厚度;$\varepsilon_{\mathrm{por}}$ 为压缩应变;L 为紧固螺栓初始有效长度;$\varepsilon_{\dim}$ 为螺栓名义应变。

由于电池受螺栓约束,$\varepsilon_{\dim}$ 实际上等于电池厚度方向名义应变。同时,作用于电池和所有紧固螺栓上的约束反力 F_r 相等,即

$$F_r = \sigma_c A_c = E_b \varepsilon_{\dim} A_b \tag{7-4}$$

式中:σ_c 为电池厚度方向平均内应力;A_c 为电池表面积;E_b 为螺栓弹性模量;A_b

为所有紧固螺栓的截面总面积。

根据孔隙材料力学性能特征，假设内应力与压缩应变满足幂函数硬化特征：

$$\sigma_c = B \cdot \varepsilon_{\text{por}}{}^n \quad n > 1 \tag{7-5}$$

则软包电池单体的刚度为

$$d\sigma_c/d\varepsilon_{\text{por}} = B \cdot n \cdot \varepsilon_{\text{por}}{}^{n-1} \tag{7-6}$$

式中：B 和 n 为待标定参数。

可见电池单体的刚度随应变增加而增加。

假设电池体积的自由膨胀与荷电状态之间满足线性关系：

$$\Delta l_{\text{exp}} = T \cdot \varepsilon_{\text{exp}} \cdot \tau \tag{7-7}$$

式中：ε_{exp} 为自由状态的电池单体充至满电状态时的厚度方向名义应变；τ 为荷电状态。

式(7-1)可改写为

$$(1 + \varepsilon_{\text{exp}} \cdot \tau)(\sigma_c/B)^{1/n} + \sigma_c A_c/(E_b A_b) \cdot L/T = \varepsilon_{\text{exp}} \cdot \tau \tag{7-8}$$

假设预紧应变为 ε_0，预紧力的作用可以通过改写 ε_{por} 加以体现：

$$\varepsilon_{\text{por}} = (\sigma_c/B)^{1/n} - \varepsilon_0 \tag{7-9}$$

其中，预紧应变 ε_0 与预紧应力 σ_0 满足：

$$\sigma_0 = B \cdot (\varepsilon_0)^n \tag{7-10}$$

单体内应力增量为

$$\sigma_{\text{inc}} = \sigma_c - \sigma_0 \tag{7-11}$$

确定式(7-8)中的 3 个未知数 B、n 和 ε_{exp} 后，可以通过数值方法求解得到内应力 σ_c。再利用式(7-4)，可以计算获得约束反力 F_r。这里以图 7-19 和图 7-21 展示的试验结果为基础，实现本模型的参数识别，并用于估算不同约束水平下、达到稳定状态时电池单体的充电约束反力和厚度变化，并将结果与图 7-21 展示的试验结果进行比较。ε_{exp} 由图 7-19(b) 给出的变形测量结果加以确定（即 0.1184×2/8.4＝2.8%）。B 和 n 则通过 1 kN 和 5 kN 预紧力下的测试结果与模型计算结果匹配优化获得。所使用的模型参数如表 7-1 所示。

图 7-22(b)所示结果表明，本模型可以描述随着初始预紧水平提升，电池单体约束反力增长加剧的趋势，这与试验观察结果较为一致。模型的预测偏差主

要来自厚度膨胀随荷电状态线性变化的假设。进一步分析约束刚度的影响,考虑另外两种较低的紧固螺栓模量(0.01 GPa 和 0.1 GPa),对应着约束较弱的情况。图 7-22(c)所示结果表明外部约束刚度越弱,约束反力增长越慢。

表 7-1 解析模型的输入参数

L	T	A_c	A_b	E_b	$\varepsilon_{\exp}$	B	n
20 mm	8 mm	130×210 mm²	8×π×3² mm²	210 GPa	2.8%	1.5 MPa	1.2834

7.5 电池大变形力学行为的荷电状态影响机理

如前文所述,尽管电池的正负极涂层材料力学性能会随荷电状态变化而发生变化(充电过程负极涂层刚度增加,正极涂层刚度不变或略有减小),但无约束情况下软包电池的整体大变形压缩力学行为与荷电状态无关。为进一步解释此现象,我们利用解析方法分析了涂层材料刚度变化对单体整体大变形压缩特性的影响,由此可以明确在常见的涂层刚度变化范围内,无约束电池单体的大变形压缩特性不发生明显改变。进一步借助离散元模型,考虑颗粒的刚度变化,分析了涂层宏观刚度的可能变化范围。最后,建立了考虑荷电状态影响的体积膨胀代表体元模型和精细化有限元模型,以预测荷电状态对电池单体大变形力学行为的影响。

7.5.1 用于估算组分材料影响的解析模型

电池单体的整体压缩力学行为可看作各组分力学行为的串并联,有如下关系:

$$F = \sigma_n^{\text{cell}} \cdot A = \sigma_n^a \cdot A = \sigma_n^c \cdot A = \sigma_n^s \cdot A \tag{7-12}$$

$$D = \varepsilon_n^{\text{cell}} \cdot T_{\text{cell}} = \varepsilon_n^a \cdot T_a + \varepsilon_n^c \cdot T_c + \varepsilon_n^s \cdot T_s \tag{7-13}$$

式中:F 为压缩力载荷;σ_n^i 为单体和各组分的名义压缩应力(上角标 i 具体为 cell、a、c 和 s,分别代表单体、负极涂层、正极涂层和隔膜);ε_n^i 为单体和各组分的名义压缩应变;T_i 为单体和各组分的厚度(下角标 i 具体为 cell、a、c 和 s,分别代表单体、负极涂层、正极涂层和隔膜);A 为压缩面积;D 为单体的总压缩量。

式(7-13)未计及集流体金属箔的贡献,这是由于金属箔塑性屈服之前的弹性变形非常小,且厚度也很小,它们对总体压缩量的贡献可以忽略。

活性涂层以及隔膜材料的压缩硬化特性在拐点前都可以用幂函数($\sigma = A\varepsilon^n$)描述,结合式(7-12)和式(7-13),可以得到单体的整体压缩特性为

$$\varepsilon_n^{cell} = \left(\frac{\sigma_n^{cell}}{A_a}\right)^{\frac{1}{n_a}} T_a + \left(\frac{\sigma_n^{cell}}{A_c}\right)^{\frac{1}{n_c}} T_c + \left(\frac{\sigma_n^{cell}}{A_s}\right)^{\frac{1}{n_s}} T_s \qquad (7-14)$$

式中:A_i 和 n_i 都是与组分相关的待定参数(下角标 i 具体为 a、c 和 s,分别代表负极涂层、正极涂层和隔膜)。

图 7-23(a)中展示了正负极涂层和隔膜各组分的层叠压缩试验结果,也展示了正极-隔膜-负极组合结构的层叠压缩的试验结果和模型计算结果。可以看出,利用各组分试验结果拟合得到 A_i 和 n_i 参数,通过式(7-14)计算获得的整体压缩力学行为曲线与试验吻合很好。

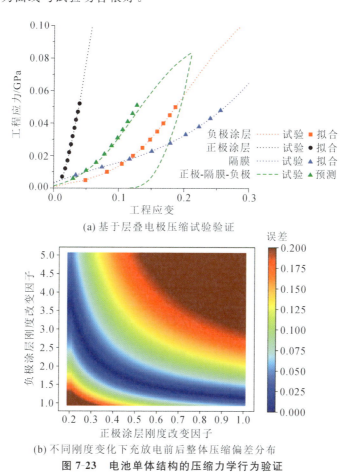

(a) 基于层叠电极压缩试验验证

(b) 不同刚度变化下充放电前后整体压缩偏差分布

图 7-23 电池单体结构的压缩力学行为验证

设定式(7-14)计算得到的是完全放电状态下的单体压缩力学特性。当单体充电后,正负极涂层压缩力学特性和厚度均会发生变化,假设压缩性能变化为

$$\sigma_n^a = k_a A_a (\varepsilon_n^a)^{n_a}, \quad \sigma_n^c = k_c A_c (\varepsilon_n^c)^{n_c} \tag{7-15}$$

式中:k_a 和 k_c 分别是负极和正极压缩刚度随荷电状态变化的改变因子。

带电状态下电池单体的压缩特性为

$$\varepsilon_n^{cell}(SOC) = \left(\frac{\sigma_n^{cell}}{k_a A_a}\right)^{\frac{1}{n_a}} T_a (1+\varepsilon_{exp}^a) + \left(\frac{\sigma_n^{cell}}{k_c A_c}\right)^{\frac{1}{n_c}} T_c (1-\varepsilon_{exp}^c) + \left(\frac{\sigma_n^{cell}}{A_s}\right)^{\frac{1}{n_s}} T_s \tag{7-16}$$

式中:ε_{exp}^a 和 ε_{exp}^c 分别是负极和正极随荷电状态变化的名义应变(通过厚度变化测量计算)。

根据文献测试结果,满电状态时 ε_{exp}^a 约为 10%,ε_{exp}^c 约为 1.2%。由式(7-16)可估算满电状态下的单体压缩特性。

由此可以衡量满电状态与完全放电状态下电池单体整体压缩力学行为的差异:

$$E_\varepsilon = \sum_{i=1}^{N} \left| \frac{\varepsilon_n^{cell}(\sigma_n^i, SOC=1) - \varepsilon_n^{cell}(\sigma_n^i)}{\varepsilon_n^{cell}(\sigma_n^i)} \right| \quad 0 \leqslant \sigma_n^i \leqslant 50 \text{ MPa} \tag{7-17}$$

式中:σ_n^i 为名义应力的数据集合。

图 7-23(b)展示了正负极涂层刚度改变因子 k_c 和 k_a 的不同组合下,电池单体充放电前后整体压缩特性偏差的分布情况。一般情况下,正负极涂层刚度改变因子处于图中右下角区域(详细分析见下一小节),因而对于电池单体整体压缩特性带来的影响很小。

7.5.2 用于活性涂层压缩性能分析的离散元模型

高荷电状态下拆解电池单体、切割活性材料组分试件,以及存储和加载过程都存在一定安全风险,且负极活性涂层容易与潮湿空气发生化学反应,因此通过宏观试验直接获得高荷电状态下活性涂层的压缩特性有一定困难。

我们尝试使用基于离散元法(DEM)的仿真手段来预测高荷电状态下活性涂层的压缩特性。离散元法常用于分析粉末或颗粒材料的运动和变形行为,可以采用刚性小球代表涂层颗粒,通过刚性球体之间的接触表征颗粒相互作用:

一方面,当颗粒互相接近并挤压时,会出现穿透并产生法向接触力;另一方面,考虑真实涂层颗粒中粘接剂的界面效应,颗粒分离时存在一定的粘接拉力。综合上述特征,选取了基于赫兹接触模型并引入粘接效应的 Johnson-Kendall-Roberts 法向接触模型(JKR 模型),JKR 模型的接触力 F 与接触面积 A 之间满足如下关系:

$$F = \frac{4E^* A^3}{3R^*} - \sqrt{8\pi \Gamma E^* A^3} \tag{7-18}$$

其中,等效杨氏模量 E^* 和等效半径 R^* 分别由下式确定:

$$\frac{1}{E^*} = \frac{1-\nu_1^2}{E_1} + \frac{1-\nu_2^2}{E_2} \tag{7-19}$$

$$R^* = \frac{R_1 R_2}{R_1 + R_2} \tag{7-20}$$

式中:E_i 为两个接触球体的杨氏模量;R_i 为两个接触球体的半径;v_i 为两个接触球体的泊松比;Γ 为单位接触面积的界面能量。

两个接触球体的穿透量 δ 与接触面积 A 满足关系:

$$\delta = \frac{A^2}{R^*} - \sqrt{\frac{2\pi \Gamma A}{E^*}} \tag{7-21}$$

通过式(7-18)和式(7-21)可以获得法向接触力和穿透量之间的关系。图 7-24 展示了三组不同 E_i 和 Γ 下的接触力-穿透量曲线,穿透量为零时接触力也为零。正穿透量反映的是颗粒变形,在接触面上产生压缩力;负穿透量反映的是两球体相互远离、产生拉伸力,且随着负穿透量绝对值的增加,拉伸力不断增加并达到峰值,随后拉伸力下降,并在负穿透量达到特定值时降为零。

这里以负极石墨涂层为例建立 DEM 模型。电极涂层为紧密堆积的颗粒复合材料,颗粒大小满足一定的统计分布,为体现这两个特征,DEM 几何建模过程如下:首先在较大空间内按给定的分布和体积分数随机生成球体,保证球体互相没有初始穿透;然后对生成的稀疏分布球体集合进行预压缩仿真,获得紧密堆积的球体分布。具体地,我们通过几何建模,生成总体尺寸为 100 μm×100 μm×100 μm、符合指定的颗粒尺寸分布和孔隙率(0.65)的代表体元(RVE)模型。首先是在 200 μm×200 μm×200 μm 的立方体空间内,按照测试得到的石墨尺寸分布(见图 7-25(a))和体积分数(0.0438)[5],确定模型中的球

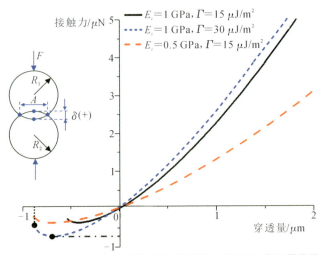

图 7-24　不同参数组合下的 JKR 模型法向接触力-穿透量曲线

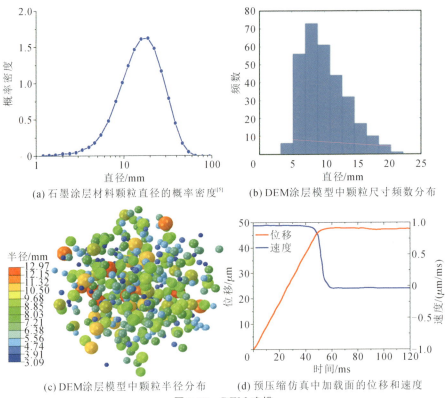

(a) 石墨涂层材料颗粒直径的概率密度[5]　　(b) DEM 涂层模型中颗粒尺寸频数分布

(c) DEM 涂层模型中颗粒半径分布　　(d) 预压缩仿真中加载面的位移和速度

图 7-25　DEM 建模

体半径分布和球体总体积,随机生成互相不接触的球体集合,如图7-25(b)和图7-25(c)所示。然后通过预压缩仿真,沿立方体六个面的法向,采用刚性面,以相同速度向立方体中心压缩。为得到紧密堆积的球体分布,设置较大的球体刚度(100 GPa),减少球体之间的穿透,同时摩擦系数取为0,使球体在接触面上自由滑动。加载速度采用了比例控制的形式:

$$v = v_0 \frac{P_{\text{target}} - P}{P_{\text{target}}} \tag{7-22}$$

式中:P为加载面的平均压力;P_{target}为目标加载压力;v_0是初始加载速度。

在加载过程中,加载压力逐渐增加,加载速度开始减小;加载压力接近目标时,加载速度接近零。也就是说,加载初期速度较快,加载后期加载状态接近准静态加载(图7-25(d))。这样在保证球体最终达到平衡的前提下极大减少了计算时间。为保证有效接触、避免较大的穿透量,目标加载压力取为0.1 MPa,且在加载结束后进行了卸载。预压缩仿真得到的颗粒密排分布如图7-26(a)所示。

模型参数E^*和Γ难以通过试验直接得到。对比涂层层叠压缩试验的名义应力-应变曲线,通过刚度逆向调整,使DEM模型压缩仿真的结果与试验结果趋于一致,如图7-26(b)所示。由此确定得到正极涂层的E^*为100 GPa,负极涂层的E^*为10 GPa。另一方面,利用涂层的纳米划痕试验标定Γ,如图7-27所示,从而能使DEM模型得到的结果和划痕试验之间取得较好的一致性[6]。最终得到的DEM模型能较好地表征涂层压缩力学特性及涂层颗粒之间的粘接特征。

上述构建的DEM模型可用于分析荷电状态对活性涂层压缩特性的影响。Qi等通过DFT(密度泛函理论)模拟方法分析了锂离子嵌入脱出时正负极材料晶体结构力学属性的变化,结果表明石墨和NMC材料在充放电过程中弹性模量变化较大,完全充电后石墨弹性模量增加到原始模量的3.5倍,NMC材料弹性模量减少至原始模量的1/4.5[7]。利用DEM模型进行约束压缩仿真,通过改变颗粒模量可获得涂层压缩性能的变化。完全充电后,负极石墨涂层压缩刚度增加至原始值的1.33倍,NMC涂层刚度减小为原始值的0.88。如图7-23(b)所示,对应的软包电池单体整体压缩特性变化仅为2%,可以认为完全充电后单体整体压缩特性没有发生明显变化。

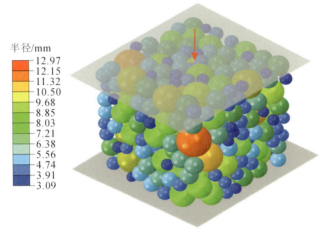

(a) 预压缩得到的涂层颗粒密排分布

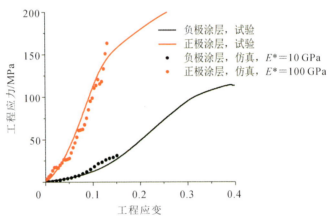

(b) 活性涂层的层叠压缩试验与DEM仿真结果

图 7-26 DEM 模型仿真

DEM 模型可以建立活性颗粒尺度与活性涂层组分尺度力学行为的联系，然而 DEM 模型通常适用于小变形情形，并且目前模型中尚未考虑次级颗粒（secondary particle）的影响。

7.5.3 考虑膨胀内应力的代表体元模型

相比于解析模型和 DEM 模型，有限元模型可以复现仿真颗粒的体积膨胀及大变形过程。Sauerteig 等人测量了负极石墨和正极三元材料晶体结构伴随荷电状态的体积变化，如图 7-28(a) 和图 7-28(b) 所示[8]。以石墨为例，考虑其

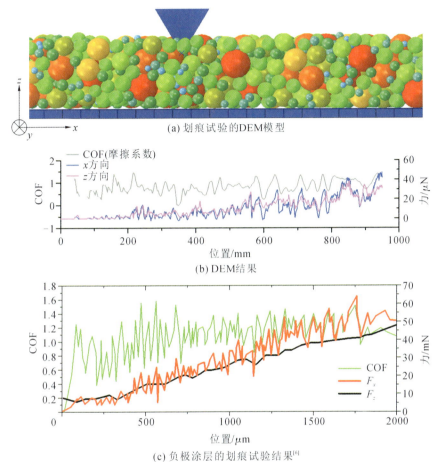

图 7-27　纳米划痕 DEM 仿真

晶体取向的随机性,假设石墨颗粒各向同性膨胀,可通过体积变化 δV 获得任意方向的膨胀系数 α:

$$\alpha = (1+\delta V)^{1/3} - 1 \tag{7-23}$$

有限元 RVE 模型建模与 DEM 建模类似,通过读取图 7-26(a)中的球体位置和半径信息,重建球体的实体模型并进行网格划分。负极石墨涂层颗粒的杨氏模量取为 10 GPa,泊松比取为 0.33[7]。颗粒之间摩擦系数设为 2.0,并利用内聚力界面模型定义了粘接属性(粘接强度为 0.1 MPa)。图 7-28(c)展示了所建立的负极涂层 RVE 模型。

将单颗粒膨胀系数随荷电状态的变化曲线输入 RVE 模型,进行体积膨胀仿真,可获得代表体元在三个方向上的膨胀系数。仿真结果如图 7-28(d)所示,

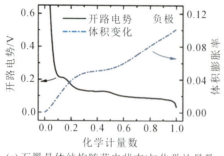
(a) 石墨晶体结构随荷电状态(与化学计量数相关)的体积变化趋势(图中蓝线)[8]

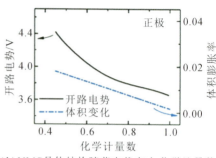
(b) NMC晶体结构随荷电状态(与化学计量数相关)的体积变化趋势(图中蓝线)[8]

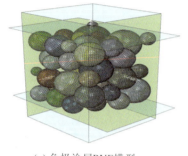
(c) 负极涂层RVE模型

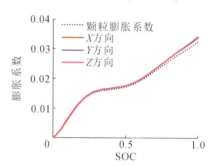
(d) 涂层颗粒和代表体元在三个方向上的膨胀系数

图 7-28　石墨涂层的代表体元建立

RVE 模型展现出各向同性膨胀,与单个颗粒的膨胀行为也非常接近。荷电状态相关的颗粒体积膨胀弹性材料模型如下:

$$\dot{\sigma} = E : (\dot{\varepsilon} - \dot{\varepsilon}^{\exp}) \tag{7-24}$$

$$\dot{\varepsilon}^{\exp} = \frac{d\varepsilon^{\exp}}{dSOC} \cdot \frac{dSOC}{dt} \tag{7-25}$$

式中:$\dot{\varepsilon}^{\exp}$ 为膨胀应变率;$d\varepsilon^{\exp}/dSOC$ 为颗粒膨胀系数随荷电状态的变化率;$dSOC/dt$ 为恒流充放电倍率。

7.5.4　考虑膨胀内应力的连续介质涂层模型

因研究尺度较小,涂层 RVE 模型在电极和单体层面上不再适用,需要建立连续介质涂层模型,在更大尺度下考察荷电状态对涂层力学行为的影响。

连续介质涂层模型忽略颗粒的几何特征、对涂层进行均质化处理,如图 7-29(a)所示。在真实负极材料中,涂层紧密粘接在金属集流体上,可认为涂层底面固定、顶面自由，首先尝试直接给涂层赋予RVE模型的颗粒材料参数进行膨胀仿真。如图7-29(a)所示，由于底部完全约束，除边缘区域，涂层沿宽度和长度方向的应变均接近零，只有沿厚度方向的变形。

在相同边界条件下进行RVE模型的体积膨胀仿真。对于RVE模型来说，其四周和底部均受刚性约束，顶面为自由移动。基于仿真获得的厚度方向膨胀系数如图7-29(b)所示，可以看出连续介质涂层模型和颗粒模型的计算结果并不一致，表明连续介质涂层模型的弹性材料参数与单颗粒材料参数应有所区别。为标定连续介质涂层模型参数，进行了膨胀过程的弹性力学分析。考虑体积膨胀的弹性本构关系的分量形式为

$$\sigma_{ij} = \frac{E}{1+\nu}\varepsilon'_{ij} + \frac{\nu E}{(1+\nu)(1-2\nu)}\varepsilon'_{kk}\delta_{ij}, \quad \varepsilon'_{ij} = \varepsilon_{ij} - \varepsilon^{exp}_{ij} \quad (7-26)$$

上述侧面受刚性约束的膨胀工况中，应变 $\boldsymbol{\varepsilon}$ 满足

$$\boldsymbol{\varepsilon} = \begin{bmatrix} 0 & 0 & 0 \\ 0 & 0 & 0 \\ 0 & 0 & \varepsilon_{33} \end{bmatrix} \quad (7-27)$$

可以得到

$$\boldsymbol{\varepsilon}' = \begin{bmatrix} -\varepsilon^{exp}_{11} & 0 & 0 \\ 0 & -\varepsilon^{exp}_{22} & 0 \\ 0 & 0 & \varepsilon_{33} - \varepsilon^{exp}_{33} \end{bmatrix}, \quad \varepsilon^{exp}_{11} = \varepsilon^{exp}_{22} = \varepsilon^{exp}_{33} = \varepsilon^{exp} \quad (7-28)$$

将式(7-28)代入式(7-26)，考虑顶面为自由边界（自由边界的厚度方向应力为零），可以得到

$$\sigma_{11} = \sigma_{22} = -\frac{E}{1+\nu}\varepsilon^{exp} + \frac{\nu E}{(1+\nu)(1-2\nu)}(\varepsilon_{33} - 3\varepsilon^{exp}) \quad (7-29)$$

$$\sigma_{33} = \frac{E}{1+\nu}(\varepsilon_{33} - \varepsilon^{exp}) + \frac{\nu E}{(1+\nu)(1-2\nu)}(\varepsilon_{33} - 3\varepsilon^{exp}) = 0 \quad (7-30)$$

由式(7-30)得到此工况下厚度方向膨胀与输入膨胀系数之间的关系：

$$\varepsilon_{33} = \frac{1+\nu}{1-\nu}\varepsilon^{exp} \quad (7-31)$$

代入式(7-29)可以得到：

$$\sigma_{11} = \sigma_{22} = -\frac{E}{(1+\nu)(1-\nu)}\varepsilon^{exp} \quad (7-32)$$

基于 RVE 模型的仿真结果和式(7-31),可以标定得到连续介质涂层的泊松比,再结合式(7-32),可以确定其弹性模量。完全充电后,自由膨胀系数 $\varepsilon^{\exp}$ 为 0.032(见图 7-28(d)),侧面约束下厚度方向膨胀系数 ε_{33} 为 0.056(见图 7-29(b)),根据式(7-31)计算得到连续介质涂层的泊松比为 0.27。

图 7-29(b)还给出颗粒弹性模量为 10 GPa 时 RVE 侧向约束面上的平均应力,可以看出应力与膨胀系数之间并未呈现严格的线性关系。目前对颗粒本身力学性能的表征还需要进一步探究,包括测试方法、数据提取及模型选择。因此在连续介质涂层模型层面表征涂层的应力响应,可能还需要借助相对复杂的材料模型(例如 DPC 模型及其塑性硬化规律)。通过上述分析可以确定泊松比,使连续介质涂层模型的体积膨胀与 RVE 模型结果相符。

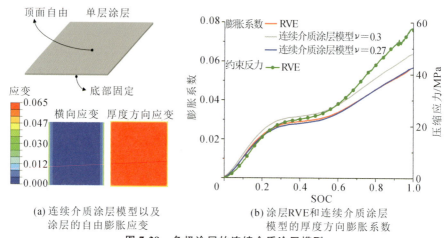

(a) 连续介质涂层模型以及涂层的自由膨胀应变

(b) 涂层 RVE 和连续介质涂层模型的厚度方向膨胀系数

图 7-29 负极涂层的连续介质涂层模型

7.5.5 荷电状态相关的 DPC 模型

上一小节主要在弹性力学框架下考虑荷电状态影响,这在分析电池常规充放电过程时是合适的。充电引起体积膨胀,在强约束下产生内应力,还会对压缩或挤压载荷下的塑性变形阶段力学响应产生影响。对描述活性涂层力学行为的 DPC(Drucker-Prager/Cap)模型(详见第 3 章和第 5 章)进行修正,可以表征荷电状态对其塑性力学行为的影响。与式(7-24)相类似,在 DPC 弹塑性模型框架的弹性部分引入体积膨胀应变,当材料进入 DPC 模型的密实化屈服面时,膨胀受限产生的约束应力由密实化屈服硬化规律控制。

为了在宏观连续介质层面上验证荷电状态的影响,建立了如图 7-30(a) 所示的圆柱电池平板挤压模型。模型中卷芯组分的几何信息与材料属性和第 5 章中的软包电池保持一致,金属外壳的几何信息与材料属性参考文献[9]。分别开展完全放电状态和满电状态下圆柱电池的平板挤压仿真,其中满电状态电池的挤压仿真分两步进行:首先进行充电过程体积膨胀仿真,然后进行满电状态电池的机械加载仿真。这里忽略了不同 SOC 下材料塑性硬化行为的差异,在仿真中仅考虑体积膨胀的影响。图 7-30(b) 为满电状态电池内部负极涂层的径向应力场,可以看出由于体积膨胀受到约束,负极涂层产生了显著的压缩应力。图 7-30(c) 展示了平板挤压下圆柱电池内部的变形和断裂形貌,中心区域两侧电极由于压缩发生弯折失效,同时在层间出现了剪切断裂带。充电前后电池的平板挤压力学响应如图 7-30(d) 所示,可以看出内应力对圆柱电池的结构刚度有显著影响,与试验观察到的现象一致。

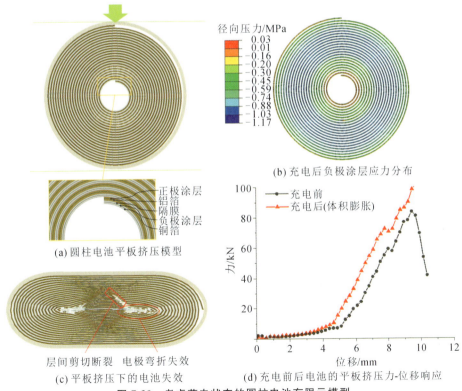

图 7-30 考虑荷电状态的圆柱电池有限元模型

7.6 本章小结

本章重点研究了荷电状态对电池单体机械加载响应和内短路行为的影响。分析发现，电池单体机械响应的荷电状态敏感性与卷芯膨胀受到约束产生内应力这一机制是强相关的，而与组分材料本身的力学性能变化没有显著的相关性。为验证这一主导机制，我们开展了一系列充电前后电池挤压响应的对比试验，包括：① 圆柱电池和软包电池的比较；② 拆解电池得到的圆柱电池缠绕式卷芯和软包电池堆叠式卷芯的比较；③ 施加和未施加约束的带电软包电池的比较。借助解析评估、微观建模和宏观模拟等手段，进一步阐释了荷电状态对颗粒涂层代表体元、电极层级和单体层级力学响应的影响机制。本章研究的主要结论如下：

（1）圆柱电池的机械加载响应具有显著荷电状态相关性，软包电池加载响应的荷电状态相关性相对很弱；

（2）圆柱电池的卷芯缠绕和刚性外壳均对充电膨胀形成较强约束，从而产生内应力；

（3）对软包电池施加外部约束时，其膨胀受限，电池机械刚度也随带电量上升而增大，约束越强刚度越大。

本章参考文献

[1] MALMGREN S, CIOSEK K, LINDBLAD R, et al. Consequences of air exposure on the lithiated graphite SEI[J]. Electrochimica Acta, 2013, 105:83-91.

[2] LEUNG P K, MORENO C, MASTERS I, et al. Real-time displacement and strain mappings of lithium-ion batteries using three-dimensional digital image correlation[J]. Journal of Power Sources, 2014, 271:82-86.

[3] RIEGER B, ERHARD S V, RUMPF K, et al. A new method to model the thickness change of a commercial pouch cell during discharge[J].

Journal of the Electrochemical Society, 2016, 163(8): A1566-A1575.

[4] MICHALAK B, SOMMER H, MANNES D, et al. Gas evolution in operating lithium-ion batteries studied in situ by neutron imaging[J]. Scientific Reports, 2015, 5(1): 15627.

[5] EBNER M, CHUNG D-W, GARCÍA R E, et al. Tortuosity anisotropy in lithium-ion battery electrodes[J]. Advanced Energy Materials, 2014, 4(5): 1301278.

[6] CHEN J, LIU J, QI Y, et al. Unveiling the roles of binder in the mechanical integrity of electrodes for lithium-ion batteries[J]. Journal of the Electrochemical Society, 2013, 160(9): A1502-A1509.

[7] QI Y, HECTOR L G, JAMES C, et al. Lithium concentration dependent elastic properties of battery electrode materials from first principles calculations[J]. Journal of the Electrochemical Society, 2014, 161(11): F3010-F3018.

[8] SAUERTEIG D, HANSELMANN N, ARZBERGER A, et al. Electrochemical-mechanical coupled modeling and parameterization of swelling and ionic transport in lithium-ion batteries[J]. Journal of Power Sources, 2018, 378: 235-247.

[9] ZHANG X, WIERZBICKI T. Characterization of plasticity and fracture of shell casing of lithium-ion cylindrical battery[J]. Journal of Power Sources, 2015, 280: 47-56.

第8章
电池碰撞挤压响应的动态效应

电动汽车碰撞事故中动力电池往往承受一定强度的碰撞冲击载荷,为了更好地开展动力电池的碰撞防护设计,有必要探明电池在不同加载速率下的力学响应、失效特征及相应的影响机理。以准静态挤压工况研究结果为出发点,本章开展了不同加载速率下的软包电池单体挤压试验,总结了电池结构刚度与断裂极限随加载速率的变化规律。通过制备对照样品、开展多级速率压缩试验,确定了电解液浸润是电池结构动态强化效应的主要影响因素。基于多层孔隙结构中的电解液渗流特征建立了解析模型,分析了电解液黏性耗散主导的结构刚度变化机理。建立了基于光滑粒子流体动力学(SPH)和基于孔隙力学的参数化流固耦合模型,识别和验证了电池结构刚度动态强化效应的影响因素。最后,结合仿真对比解释了电池单体动态挤压中失效提前的现象。

8.1 电池单体的动态挤压试验

考察了软包电池在不同速率等级(0.5 mm/min、200 mm/min 和 6.0×10^4 mm/min)下的挤压力学响应。三个加载速率下,电池单体的电压下降时刻始终与载荷下降时刻一致,且电压下降时刻之前未出现明显微短路,证实了结构失效与内短路之间始终存在强关联性。如图 8-1 所示,从载荷-位移曲线可以看到电池单体力学响应具有明显的动态效应。在 0.5 mm/min 与 200 mm/min 两个速率下,载荷-位移曲线几乎一致。当加载速率提高到 6.0×10^4 mm/min 时,电池单体结构刚度明显增大;电池单体失效时的载荷峰值与挤压量(位移)相比低速加载有大幅度降低。从图 8-2 给出的统计结果可以看到,在最大加载速率下,电池承受的载荷峰值相比准静态降低约 55%,位移减小约 32%。这里观察得到的软包电池动态加载损伤容限(包括临界载荷与断裂极限)下降的趋势与 Kisters 等[1]的试验结论一致。

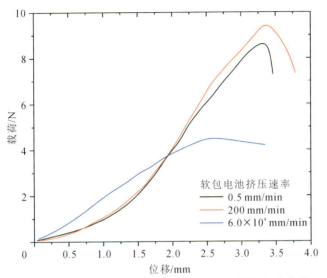

图 8-1　软包电池在不同速率等级下的挤压载荷-位移曲线

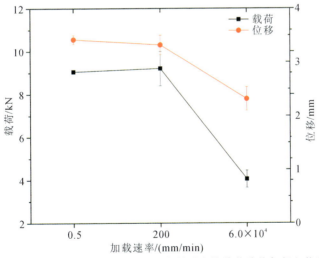

图 8-2　不同加载速率下电池单体失效对应的载荷峰值与侵入位移

8.2　电池结构刚度的动态增强效应

软包电池结构刚度的动态增强效应可能来自两方面:一方面,电池组分材料所具有的应变率效应,可能会影响电池整体的压缩特性;另一方面,电池内部充满电解液,电解液在孔隙结构中的黏性流动可能造成一定的能量耗散。本书设计制备了电解液浸润和贫液两种形式的电池样品,并开展多级速率的压缩试验,以识别电池动态响应的关键影响因素。

8.2.1 样品制备与层叠压缩试验

对 0% SOC 的商用软包电池单体切割取样,分别制备充分浸润电解液和极度贫液的层叠压缩样品(以下简称湿态电池样品和干态电池样品)。为保持湿态电池样品的电解液浸润状态,将切割后的层叠压缩样品保存于塑封袋中。干态电池样品则放置于手套箱氩气氛围内,确保电解液充分挥发后再进行测试。图 8-3 为用于干、湿态电池样品层叠压缩试验的装置示意图,其中压缩电池样品的上下刚性平板面积均大于电池样品,力传感器布置于静端刚性平板下方。

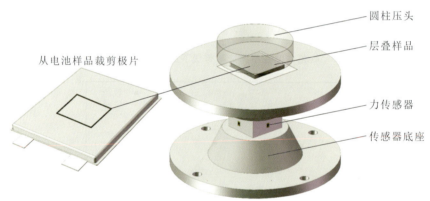

图 8-3 干、湿态电池样品的层叠压缩试验装置

8.2.2 干、湿态电池样品层叠压缩试验结果

干、湿态电池样品在不同加载速率下压缩力学响应的变化规律存在显著差异,如图 8-4 所示。干态电池样品不同加载速率下的应力-应变曲线基本重合,表现为应变率不敏感的压缩力学响应。湿态电池样品的加载结果则表现出了显著的应变率强化特征。在 0.5 mm/min 的准静态加载速率下,干、湿态电池样品的层叠压缩力学响应基本一致。加载速率增大后,湿态电池样品的应力-应变曲线呈现左移趋势,结构刚度显著增大;当加载速率提高到 100 mm/min 或更高时,湿态电池样品结构刚度的增强趋势逐渐减弱。

由此可见,电解液的存在是软包电池结构刚度动态增强效应的主要产生原因,而组分材料的应变率效应对电池卷芯动态压缩响应的影响基本可以忽略。电解液浸润对电池结构压缩刚度的影响与加载速率范围有关,在低速加载条件下,电解液在孔隙结构内流动造成的额外能量耗散带来的影响并不显著,随着加载速率升高,电池结构刚度逐渐上升并趋近于某一限值。

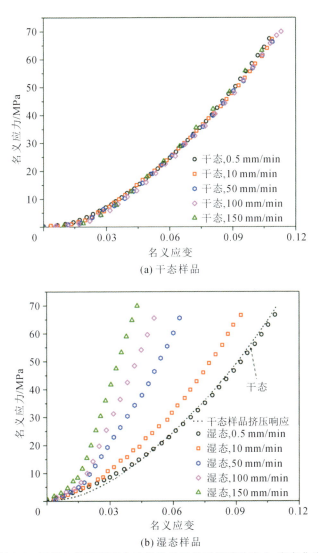

图 8-4 不同加载速率下电池样品的层叠压缩试验应力-应变曲线

8.3 电池刚度动态增强的解析模型

上文表明电解液浸润是软包电池动态效应的主导因素。由于黏性电解液的存在,电池单体的压缩过程属于典型的流固耦合问题:结构变形驱动黏性液体流动,引起额外的能量耗散。在平板压缩过程中,电池体积以恒定速率被压缩,内部孔隙率减小驱使电解液向外溢出(见图 8-5)。电池内部体积占比较大的活性涂层和隔膜都是典型多孔结构,当黏性液体流过这些微孔时,黏性耗散需要消耗一定的外力功,从而引起宏观结构响应中压缩应力的增大。基于液体黏性耗散机理,我们建立了电池刚度动态增强效应的解析模型。整体力学响应由孔隙结构骨架与电解液的贡献组成,孔隙结构任意一点的应力可描述为[2,3]

$$\sigma_{ij} = \sigma_{ij}^* - bp_f\delta_{ij} \tag{8-1}$$

式中:σ_{ij} 为总体应力张量的分量;σ_{ij}^* 为固体骨架应力;b 为毕渥数;p_f 为液体的孔隙压力;δ_{ij} 为克罗内克函数。

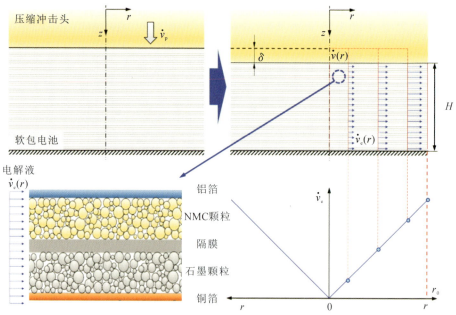

图 8-5 平板压缩状态下电池结构响应和电解液流动示意

其中:毕渥数 b 通过下式估算[4]:

$$b = 1 - K/K_s \tag{8-2}$$

式中：K 和 K_s 分别为多孔骨架结构和颗粒自身的体积模量。

一般认为颗粒刚性远大于孔隙材料骨架结构刚性（$K_s \gg K$），因此毕渥数 b 接近于 1。

压缩前，电池卷芯结构初始平均孔隙率 $\bar{\phi}_0$ 按体积平均估算获得

$$\bar{\phi}_0 = \frac{2\phi_{\text{NMC}} h_{\text{NMC}} + 2\phi_G h_G + 2\phi_S h_S}{2h_{\text{NMC}} + 2h_G + 2h_S + h_{\text{Cu}} + h_{\text{Al}}} \tag{8-3}$$

式中：h_i 和 ϕ_i 对应不同组分材料的厚度和孔隙率。

固体骨架的有效应力张量分量 σ_{ij}^* 可以采用孔隙材料本构模型描述。假设活性涂层材料和隔膜材料均为各向同性。通过杨氏模量和弹性泊松比描述涂层和隔膜的弹性力学行为，选择 DPC 模型描述涂层和隔膜的塑性力学行为。相应的材料本构模型和标定方法已在第 3 章详细说明。

流体的稳态孔隙压力满足 Darcy 定律，建立如下压力梯度与电解液流速的关系[5]：

$$\phi \cdot v_f = -\frac{\kappa}{\mu} \nabla p_f \tag{8-4}$$

式中：∇p_f 为流场内压力梯度；μ 为电解液的黏性系数；κ 为孔隙介质的渗透率；v_f 为电解液流速。

电解液压力场边界条件为

$$p_f(r,z)\big|_{r=r_0} = 0 \tag{8-5}$$

考虑到极片的活性涂层与金属集流体是黏合在一起的，较难通过试验直接测量活性涂层的孔隙介质渗透率。因此选择使用 Kozeny 和 Carman 建立的流体渗透率与多孔结构孔隙率的经验公式估算活性涂层渗透率[6]：

$$\kappa = \frac{\Phi_s^2 D_p^2}{150} \frac{\bar{\phi}^3}{(1-\bar{\phi})^2} \tag{8-6}$$

式中：Φ_s 为孔隙介质中颗粒的平均球度；D_p 是颗粒的平均直径。

基于物质守恒假设，将固体骨架变形和电解液流动耦合在一起，分别给出流体和固体骨架的欧拉连续性方程描述[2]：

$$\frac{\partial(\rho_f \phi)}{\partial t} + \text{div}(\rho_f \phi v_f) = 0 \tag{8-7}$$

$$\frac{\partial[\rho_s(1-\phi)]}{\partial t} + \text{div}(\rho_s(1-\phi)v_s) = 0 \tag{8-8}$$

式中：ρ_f 和 ρ_s 分别为电解液和固体骨架的密度；v_s 为固体骨架的速率。沿压缩方向 $z=H$ 处的固体骨架速率为 $v_{s,z}=-v_p$，周向和径向速率则通过固体骨架塑性材料模型确定。

以上建立的解析模型虽然包含较复杂的非线性关系，但基于一些假定，仍可以针对特定加载状态（比如单向压缩）进行直接求解，具体如下。

（1）试验观察发现，电池卷芯或者层叠样品在厚度方向均匀压缩载荷下的横向变形极小，塑性泊松比接近于 0。由此假设单向压缩状态下孔隙结构固体骨架具有一维变形特征，其上端面速度向量 $\boldsymbol{v}_s$ 和任意位置位移向量 $\boldsymbol{u}_s$ 分别为 $[0,0,-v_p]^T$ 和 $[0,0,u_z]^T$，可以直接确定压缩方向上的骨架材料变形。DPC 模型中 Cap 屈服面相关的硬化率可简化为

$$q = A(\varepsilon_v)^n \tag{8-9}$$

假设压缩方向 u_z 是线性变化的，则

$$u_z = (\delta/H_0)z \tag{8-10}$$

式中：δ 为压头位移；H_0 为卷芯原始厚度。

孔隙材料的体积应变为

$$\varepsilon_v = \frac{\partial u_z}{\partial z} = \frac{\delta}{H_0}, \quad \frac{d\delta}{dt} = v_p \tag{8-11}$$

（2）考虑到电解液无法穿过正负极集流体、仅沿孔隙材料组分的径向流动，基于电解液不可压缩假设，$\partial \rho_f/\partial t = 0$，式（8-7）可以简化为两个方向流速的关系：

$$v_{f,r}(r) = \left(\frac{r}{2H_0\phi}\right)v_p \tag{8-12}$$

（3）考虑到孔隙材料固体骨架的强度远弱于单颗粒的强度，假设单颗粒不可压缩，$\partial \rho_s/\partial t = 0$，代入式（8-8），积分得到

$$\varepsilon_v = \Delta\phi = \phi_0 - \phi \tag{8-13}$$

式（8-13）表示，在一维压缩问题中，固体骨架的欧拉连续方程可以化简为体积应变，并以其孔隙率的变化加以确定。由此，活性涂层渗透率的 Kozeny-Carman 经验公式则可以表述为与体积应变相关的形式：

$$\kappa = \frac{\Phi_s^2 D_p^2}{150} \frac{(\phi_0 - \varepsilon_v)^3}{(1-\phi_0+\varepsilon_v)^2} \tag{8-14}$$

（4）假设电解液的物理属性（密度、体积模量及黏度等）在所考察的加载速

率范围内不发生变化，同时也假设孔隙材料固体骨架的力学属性也不会因电解液浸润而改变。

(5) 在一维压缩问题中，压缩应力的表述(式(8-1))可以简化为

$$\sigma_{zz} = q - p_\mathrm{f} \tag{8-15}$$

由于流体孔隙压强随半径而变，对压缩方向的载荷取总体平衡关系如下：

$$P(\delta) = \int_0^{r_0} 2\pi r \sigma_{zz}(r) \mathrm{d}r \tag{8-16}$$

平均压缩应力为

$$\sigma_{\mathrm{avg}}(\varepsilon_\mathrm{v}) = \frac{1}{\pi r_0^2} P(\delta) = A\varepsilon_\mathrm{v}^n + \frac{\pi r_0^2 \mu \omega_\mathrm{p}}{8H_0(1-\varepsilon_\mathrm{v})} \frac{150}{\Phi_\mathrm{s}^2 D_\mathrm{p}^2} \frac{(1-\phi_0+\varepsilon_\mathrm{v})^2}{(\phi_0-\varepsilon_\mathrm{v})^3} \tag{8-17}$$

用于计算平均压缩应力的材料参数收录在表 8-1 到表 8-3 中。

表 8-1 孔隙材料固体骨架材料参数

	负极涂层	正极涂层	隔膜	体积加权平均
孔隙率	0.30[7]	0.30[8,9]	0.35[10]	0.30
毕渥数	0.83	0.96	0.96	0.90
体积模量/GPa	1.70	5.70	0.17	3.39
渗透率/m^2	基于 Kozeny-Carman 经验公式估算			

表 8-2 孔隙材料固体骨架的颗粒材料参数

	负极涂层	正极涂层	隔膜	体积加权平均
颗粒体积模量/GPa	10	150	4	72.3
球粒度	0.95	0.95	0.87	0.94
初级颗粒平均直径/μm	0.5	1	—	—
次级颗粒平均直径/μm	5	10	1	7.0

表 8-3 电解液材料参数

体积模量/GPa	1
黏性系数/(mPa·s)	4.2
密度/(kg/m^3)	1260

式(8-17)对五个加载速率下的力学响应均给出了较为合理的预测(见图8-6)，有效验证了上述解析模型及液体黏性耗散机理。由解析模型可知，电解液导致的额外压缩载荷与压缩速率成正比。因此，当压缩速率较小(0.5 mm/min)时，电解

液耗散导致的额外压缩载荷几乎可以忽略,湿态样品与干态样品的压缩响应基本一致,而当压缩速率增大时,干湿态样品的结构刚度差异就会凸现出来。

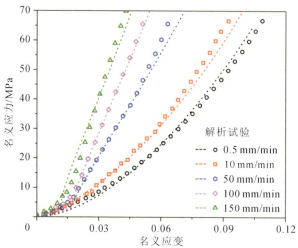

图 8-6　不同加载速率的电池平板压缩应力应变响应:试验结果与解析结果

8.4　电池结构刚度动态增强效应的仿真研究

8.4.1　基于光滑粒子流体动力学(SPH)的模型

为分析电池结构刚度动态增强效应的电解液影响机制,利用 Abaqus/Explicit 建立了电极涂层多孔结构在单向压缩状态下的代表体元(RVE)模型,对流固耦合问题进行了仿真分析。

1. 电极涂层代表体元模型

活性涂层是电池卷芯结构中体积占比最大的组分,涂层中随机分布不同半径的活性颗粒。简化起见,选择相同半径的实心球体代表活性颗粒,建立图 8-7 所示的代表体元(RVE)模型。活性颗粒的半径通常在微米量级[11],在 RVE 模型中将颗粒半径设为 4.0 μm。同层两个相邻颗粒的球心间距为 8.00 μm,相邻两层的颗粒按照体心立方结构进行排布,底层和顶层中对应颗粒的球心间距为 11.31 μm,底层和顶层颗粒均只保留半球体。活性颗粒采用线弹性材料模型表征,模量设为 10.0 GPa,泊松比设为 0.35。

球体阵列的孔隙填充电解液,构成颗粒-电解液复合结构。采用光滑粒子流

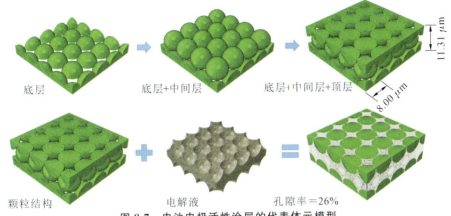

图 8-7 电池电极活性涂层的代表体元模型

体动力学(SPH)方法建立电解液模型,电解液的 Mie-Grüneisen 状态方程采用线性 U_s-U_p Hugoniot 关系的简化形式[12]:

$$P = \rho_0 c_0^2 (1 - \rho_0/\rho) = K\eta \tag{8-18}$$

式中:P 为液体压力;c_0 为液体中的声速;$K = \rho_0 c_0^2$ 是液体等效体积模量;$\eta = 1 - \rho_0/\rho$ 是名义体积应变。

在模型中,将电解液声速设为 1.48×10^3 m/s,密度设为 1.0×10^3 kg/m³,电解液等效体积模量设为 2.19 GPa,黏性系数设为 4.2 mPa·s。颗粒-电解液复合结构的顶面和底面由刚性墙约束,其中底部刚性墙固定,顶部刚性墙以固定加载速率下压。四个侧面的颗粒剖面设置了周期性边界条件,而电解液粒子四周设置为自由边界,即压缩过程中电解液可以从代表体元四周溢出。

2. 基准算例

应用代表体元模型开展模拟,考察了不同加载速率下干、湿态电池结构的压缩力学行为。模型中活性颗粒的材料模型并未考虑应变率效应,因此干态电池结构的代表体元模型未呈现任何应变率效应。而代表湿态电池结构的、充分浸润电解液的颗粒-电解液复合结构的代表体元模型给出的压缩响应则体现出显著的动态增强效应,如图 8-8 所示。此外,代表体元的动态压缩模拟结果呈现 SPH 粒子溢出的特征,这和动态挤压试验中电解液溢出的现象十分类似。

3. 电解液黏性系数的影响

调整模型中的电解液黏性系数至不同水平,以考察电解液黏性对颗粒-电解

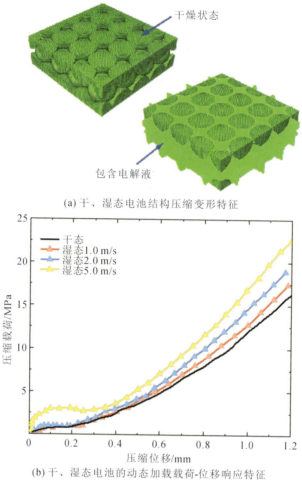

(a) 干、湿态电池结构压缩变形特征

(b) 干、湿态电池的动态加载载荷-位移响应特征

图 8-8 基于 SPH 的活性涂层 RVE 模型仿真

液复合结构整体动态压缩力学响应的影响规律。仿真中的压缩速率为 2.5 m/s。仿真结果如图 8-9 所示,当电解液黏性系数增大,相同压缩位移下复合结构的载荷水平增大,说明电解液黏性的提高会放大活性涂层的电解液动态增强效应,这与前述解析模型的预测结果是一致的。

4. 颗粒尺寸的影响

在保持颗粒排布方式与孔隙率不变的前提下,改变代表体元模型中的球体半径,以分析活性颗粒尺寸对涂层动态压缩力学响应的影响(见图 8-10(a))。半径减小为 2.0 μm 时,相同体积内的颗粒数量相应增加了 7 倍。图 8-10(b) 给出仿真得到的一系列载荷-位移曲线,可以看到不含电解液的代表体元的结果未发生改

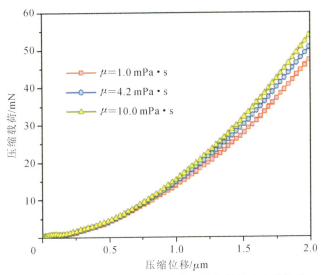

图 8-9　电解液黏性对电池活性涂层结构压缩响应的影响

变,这说明颗粒尺寸和数量变化对孔隙结构的动态力学响应几乎没有影响;而对充分浸润电解液的代表体元,较小的颗粒尺寸会使得颗粒-电解液复合结构的动态效应更加显著。电解液黏性耗散能量所贡献的附加载荷与颗粒特征尺寸的平方根倒数呈正比,这和式(8-17)反映的规律是基本一致的。由此也可预见,活性颗粒平均尺寸较小的电池卷芯在动态加载下的结构刚度增强的趋势更为明显。

5. 孔隙率和涂层厚度的影响

为分析涂层孔隙结构的初始孔隙率对结构动态强化效应的影响,先调整相邻颗粒间距至 9.24 μm,再将 RVE 模型厚度从 11.31 μm 减小到 9.24 μm,使 RVE 模型的初始孔隙率从 26% 增大到 32%(图 8-11(a))。图 8-11(b)对比了基准模型与增大孔隙率模型的压缩载荷-位移曲线。孔隙率升高造成 RVE 模型的整体刚度下降,而调大孔隙率、减小厚度后,电解液浸润引起的附加压缩应力比起基准模型总体上呈现轻微增大的趋势。通过式(8-17)也可以看出,附加应力随初始孔隙率增大而减小,随样品厚度减小而增大,两者引起的变化趋势是相反的。

8.4.2　基于孔隙力学的有限元模型

借助 Abaqus/Soils 建立了符合孔隙力学原理的有限元模型(FEM),用于表征宏观尺度下电池单体动态加载的结构刚度强化效应。模型包含 20 层负极-隔膜-正极-隔膜的基本结构,分别将正、负极涂层和隔膜均质化处理。允许电解

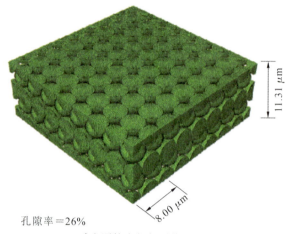

(a) 减小颗粒半径得到的RVE模型

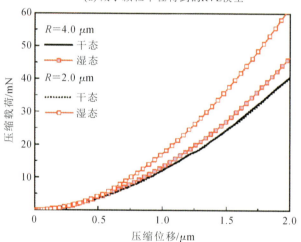

(b) 不同颗粒尺寸下的干、湿态涂层动态加载刚度变化

图 8-10　颗粒尺寸对电极涂层结构刚度动态增强效应的影响

液在集流体之间(即活性涂层和隔膜区域)流动,而不能穿过集流体边界。所有材料模型输入均来自表 8-1 和表 8-2,电解液参数来自表 8-3。为描述流固耦合,模型使用了 CAX8RP 单元类型,该单元类型除了三个方向的位移自由度以外,额外引入了描述流体压力和速度场的自由度。

孔隙力学 FEM 的仿真准确性很大程度上取决于孔隙介质的渗透率 κ,而渗透率主要由颗粒直径 D_p 决定[13]。正极涂层的次级颗粒尺寸一般在 10 μm,初级颗粒尺寸一般在 1 μm;负极涂层主要是由 0.5 μm 的初级颗粒组成。图 8-12 给出了不同颗粒尺寸组合的孔隙力学 FEM 的静、动态压缩仿真结果。当使用初级颗粒

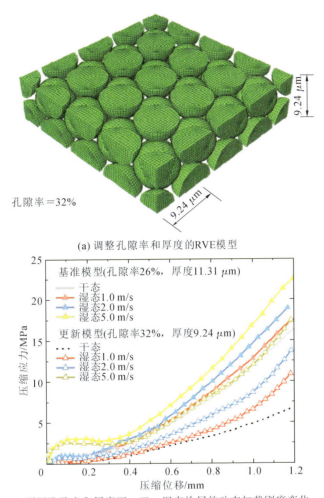

(a) 调整孔隙率和厚度的RVE模型

(b) 不同孔隙率和厚度下，干、湿态涂层的动态加载刚度变化

图 8-11　孔隙率和样品厚度对涂层结构刚度动态增强效应的影响

尺寸时,孔隙力学 FEM 可以获得较好的预测效果。使用次级颗粒尺寸时,动态加载中电解液的黏性能量耗散相对有限,带来的电池结构动态效应并不十分明显。这是解析模型和仿真模型的最显著区别。此差异主要在于解析模型简化了各组分孔隙结构内的电解液流速分布,而仿真模型中的涂层、隔膜之间电解液流动导致压缩方向上实际存在孔隙压力梯度。如图 8-13 所示,不同加载速率下孔隙介质内部的电解液压强存在较大差异。相比低速加载,高速加载使电池内部产生了更为明显的压强梯度。考虑到模型本身的复杂度更高,可以认为使用初级颗粒尺寸的 FEM 较为合理地捕捉到了动态加载刚度增强效应。

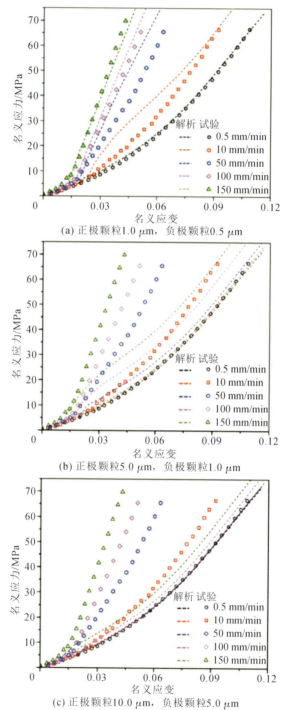

(a) 正极颗粒1.0 μm，负极颗粒0.5 μm

(b) 正极颗粒5.0 μm，负极颗粒1.0 μm

(c) 正极颗粒10.0 μm，负极颗粒5.0 μm

图 8-12 不同颗粒尺寸组合的孔隙力学 FEM 压缩仿真结果

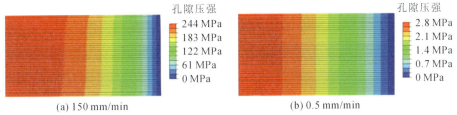

(a) 150 mm/min   (b) 0.5 mm/min

图 8-13 孔隙介质中电解液压强分布随加载速率的变化

8.5 电池挤压断裂的动态特征分析

结合试验和模型分析，已经对挤压工况下软包电池结构刚度的动态增强效应进行了机理辨识，认识到了电解液的黏性耗散给孔隙结构动态力学响应带来的显著影响。软包电池动态挤压响应的另一个显著特征是：电池结构失效时的临界载荷与变形极限都随加载速率的提高而降低。Kisters 等认为，动态加载下电池失效提前主要源自组分材料的应变率效应[1]。蒋旭乾通过不同速率穿孔试验证实，正负电极断裂特性的率敏感性并不显著；隔膜穿孔则具有明显的率效应，高速加载下隔膜断裂时刻的穿孔位移减小，载荷峰值增大[14]。依靠现有的组分材料力学性能测试结果，尚难以解释软包电池动态挤压载荷峰值下降的现象。

电池卷芯的基本结构单位类似于三明治夹芯结构，金属集流体与活性涂层对应三明治夹芯结构的面板与芯材（见图 8-14）。挤压过程中活性涂层内部容易出现微裂纹，但这类微裂纹的产生与扩展并未直接导致电池整体结构坍塌失效（对应宏观载荷突降），电池结构的整体失效往往对应着金属集流体的断裂。已有研究表明，平头挤压下三明治夹芯结构的面板断裂和整体吸能都受到芯材结构刚度的影响[15]。恰好前述章节已经阐明了动态加载条件下电池孔隙结构刚度显著增大的规律。由此可以重点分析孔隙结构刚度增大对电池加载失效的影响。

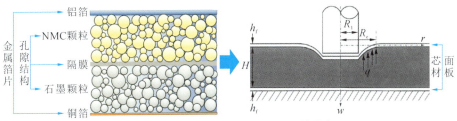

图 8-14 电池单体的三明治夹芯结构等效表示

8.5.1 基于等效模型的结构失效仿真分析

分析孔隙结构刚度变化对集流体挤压变形的影响,首先建立包含金属集流体与活性涂层的等效模型。模型由一层活性涂层孔隙材料与一层金属集流体组成(见图8-15)。对于这里考察的挤压工况,模型底层金属集流体的贡献可以忽略,因此建模仅包含顶层集流体。参考实际结构的厚度比例,模型的涂层与集流体厚度比为12:1,两层材料之间采用共结点连接。采用线弹塑性本构表征金属集流体,采用可压缩泡沫材料本构表征活性涂层,分别使用干、湿态涂层的动态压缩应力-应变曲线作为材料硬化特性输入,如图8-16所示。

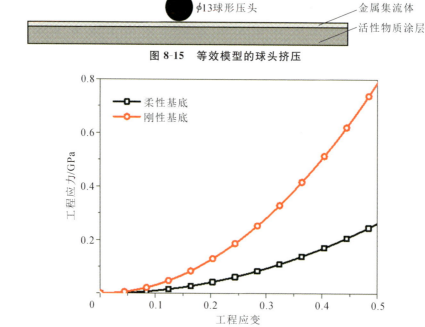

图8-15 等效模型的球头挤压

图8-16 对应干、湿态涂层动态压缩响应的等效材料硬化特性曲线

如图8-17(a)所示,电池结构受球头挤压至一定深度时,集流体的最大变形区域位于球头下方中心位置。当孔隙结构等效材料的刚度增大时,在相同挤压位移量下,集流体的等效塑性应变增大(见图8-17(b))。由此可知,活性涂层刚度会显著影响金属集流体的变形程度。在同等挤压位移量下,活性涂层刚度越大,集流体的应变极值也越大。另一方面,由组分穿孔试验可知,集流体断裂应

变的率相关性很弱。由此可以总结软包电池动态挤压断裂行为特征的力学机理:挤压速率提高时,电解液黏性耗散机制增大了内部孔隙结构等效刚度,刚度增大则导致集流体局部变形加剧,进而造成宏观挤压位移较小时集流体发生断裂(达到应变阈值),电池发生整体失效。

(a) 球头挤压的等效塑性应变分布

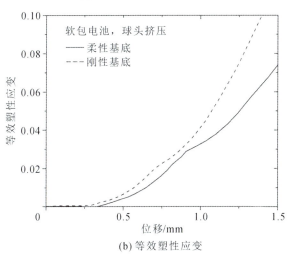

(b) 等效塑性应变

图 8-17　电池等效模型仿真

8.5.2　动态失效机理的试验验证

前述模型分析表明电解液的黏性耗散既带来软包电池的结构刚度动态增强,也间接导致软包电池的动态断裂失效提前。降低孔隙结构中的电解液浸润程度应当能够有效减弱这两方面的变化幅度。这里我们设法除去软包电池内的大部分电解液,即试制"贫液"状态电池样品(见图8-18),并开展动静态挤压测试,通过试验观察进一步确认电解液浸润的影响。

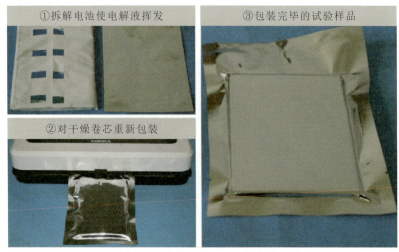

图8-18 贫液状态软包电池样品的制作

图8-19给出电解液浸润充分的电池样品(富液样品)和贫液样品的静动态挤压测试结果,可以看到,孔隙结构电解液浸润状态的改变使得电池静动态挤压响应呈现明显的差异,既体现在断裂之前的结构刚度,也体现在断裂失效的时刻。富液样品的动态挤压响应与静态相比差异显著,断裂前的结构刚度显著增大,断裂点的压头位移量明显减小。贫液样品的动态挤压响应与静态响应在断裂失效前较为相近,静动态试验后的电池内部断裂位置也都集中于压头下方(见图8-19(b))。

以上模型分析和试验对比较为充分地证实了电解液黏性耗散机制对孔隙结构等效刚度动态增强及失效提前的主导效果。动态载荷作用下,电池的金属集流体在同等宏观挤压位移下的局部变形加剧,较早达到断裂阈值,引发电池整体断裂失效的提前。从这一点来说,适当减弱电解液的浸润程度,可能在一定程度上改善电池结构的碰撞安全。后续可以考虑针对固态、半固态电池进行相关的静动态加载响应分析。

8.5.3 电池多层结构的断裂次序

球头挤压试验一般会造成电池多层结构沿厚度方向上的层间断裂。通过监

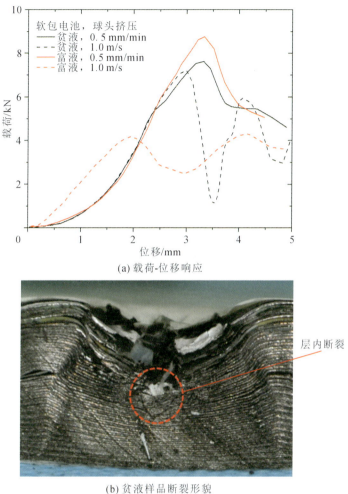

(a) 载荷-位移响应

(b) 贫液样品断裂形貌

图 8-19　贫液和富液电池样品的静动态挤压试验

测电池内部厚度方向上不同位置电极对的电压变化,可以间接辨识挤压过程中电池内部组分材料的断裂次序,并且可以在准静态挤压和动态挤压中都进行这样的监测,以评估静动态加载中断裂失效演化的差异。图 8-20 展示了需要采集电压的四组电极对的位置,电极对 1 位于电池顶部,最靠近压头;电极对 2 和电极对 3 分别位于电池中部靠上位置和中部靠下位置;电极对 4 则位于电池底部。

图 8-21 展示了准静态挤压与动态挤压试验得到的载荷-位移曲线及各组电极对的电压曲线。在准静态试验中,电极对 1 的电压下降点恰好与载荷峰值对应;电极对 1 和电极对 2 的电压突变点对应的挤压位移量相差 0.28 mm;电极

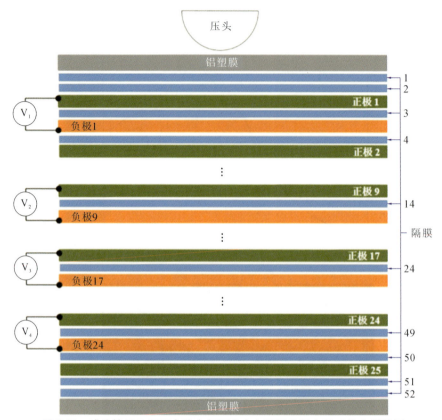

图 8-20　球头挤压工况下电池内部厚度方向不同位置电极对的电压监测

对 3 和电极对 4 的电压则在挤压过程中保持不变。在动态试验中,电极对 1 的电压突变点(位移为 3.00 mm)稍落后于载荷峰值点(位移为 2.50 mm),对应于载荷下降阶段,此时的挤压位移量明显小于准静态下的挤压位移量;电极对 1 和电极对 2 的电压突变点对应的挤压位移量差值增加到 0.92 mm;由于动态试验未限制压头侵入量,压头持续挤压并击穿电池,造成电极对 3 和电极对 4 依次发生短路。

相比准静态挤压,动态挤压中前两组电极对电压突变对应的位移差增大,这意味着准静态挤压下电池结构的厚度方向变形梯度相对较小,断裂同时发生的层数较多,对应着明显的宏观载荷下降;动态挤压下电池结构的变形更为集中,随着挤压量增大,断裂趋向于逐层发生。这与第 4 章和第 6 章方壳电池静动态挤压工况的内部损伤观察结果是一致的。

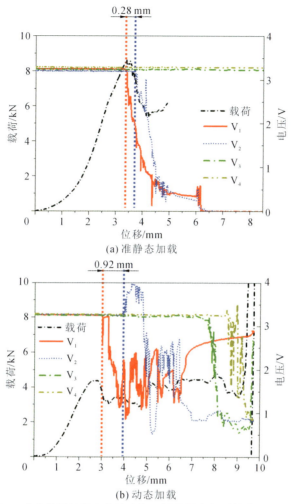

图 8-21 球头挤压过程中电池内部不同位置电极对的电压监测结果

8.6 本章小结

本章以软包电池为对象，对电池动态挤压的力学响应特征及内在机理进行了分析。基于准静态与动态挤压试验观测和对比，总结了软包电池力学行为动态效应的两个主要特征，首先是断裂发生前电池结构刚度的动态增强效应，其次是电池的动态断裂失效相对提前发生。为了揭示动态刚度增强的机理，设计并开展了干、湿态电池样品的多级速率压缩试验。结果表明，动态刚度增强效应的主导机制是电池内部孔隙结构中的电解液黏性耗散。动态挤压下电解液在孔隙结构中的流动引起的黏性耗散更多,带来的附加载荷更大,宏观上表现为结构刚度增大。孔隙结构动态刚度因电解液浸润而增大,会导致同等宏观挤压位移量下动态加载工况的局部变形加剧,电池结构中金属集流体的动态断裂会更早发生。

为分析电池孔隙结构与电解液浸润的相互作用,分别建立了基于孔隙力学的解析模型和基于光滑粒子流体动力学的代表体元模型,并且利用孔压实体单元构建了组分均质化的精细有限元模型。这些模型可以从不同尺度上研究孔隙结构特征参数(例如孔隙率、颗粒尺寸、涂层厚度等)和电解液黏性系数等参数对电池结构动态刚度变化的影响。

本章参考文献

[1] KISTERS T, SAHRAEI E, WIERZBICKI T. Dynamic impact tests on lithium-ion cells[J]. International Journal of Impact Engineering, 2017, 108: 205-216.

[2] COUSSY O. Poromechanics[M]. Chichester: John Wiley & Sons, 2004.

[3] GOR G Y, CANNARELLA J, PRÉVOST J H, et al. A model for the behavior of battery separators in compression at different strain/charge rates[J]. Journal of the Electrochemical Society, 2014, 161: F3065-F3071.

[4] BIOT M A. General theory of three-dimensional consolidation[J]. Journal of Applied Physics, 1941, 12(2): 155-164.

[5] DARCY H. Les fontaines publiques de la ville de Dijon[M]. Paris: Victor Dalmont, 1856.

[6] CARMAN P C. Flow of gases through porous media[M]. New York: Academic Press Inc, 1956.

[7] ZHU J, LI W, XIA Y, et al. Testing and modeling the mechanical properties of the granular materials of graphite anode[J]. Journal of the Electrochemical Society, 2018, 165(5): A1160-A1168.

[8] SUN H, ZHAO K. Electronic structure and comparative properties of LiNi$_x$Mn$_y$Co$_z$O$_2$ cathode materials[J]. The Journal of Physical Chemistry, C, 2017, 121(11): 6002-6010.

[9] XU R, VASCONCELOS L S D, SHI J, et al. Disintegration of meatball electrodes for LiNi$_x$Mn$_y$Co$_z$O$_2$ cathode materials[J]. Experimental Mechanics, 2018, 58(4): 549-559.

[10] ZHANG X, SAHRAEI E, WANG K. Deformation and failure characteristics of four types of lithium-ion battery separators[J]. Journal of Power Sources, 2016, 327: 693-701.

[11] ROBERTS S A, BRUNINI V, LONG K N, et al. A framework for three-dimensional mesoscale modeling of anisotropic swelling and mechanical deformation in lithium-ion electrodes[J]. Journal of the Electrochemical Society, 2014, 161(11): F3052-F3059.

[12] CHIZARI M, BARRETT L M, AL-HASSANI S T S. An explicit numerical modelling of the water jet tube forming[J]. Computational Materials Science, 2009, 45(2): 378-384.

[13] WU B, LU W. Mechanical-electrochemical modeling of agglomerate particles in lithium-ion battery electrodes[J]. Journal of the Electrochemical Society, 2016, 163(14): A3131-A3139.

[14] 蒋旭乾. 锂离子动力电池组分材料应变率相关力学行为测试与表征[D]. 北京: 清华大学, 2017.

[15] FATT M S H, PARK K S. Perforation of honeycomb sandwich plates by projectiles[J]. Composites, Part A: Applied Science and Manufacturing, 2000, 31(8): 889-899.

第 9 章
动力电池碰撞防护结构

在侧面柱撞、托底碰撞等典型碰撞场景下，电动汽车的动力电池系统往往会受到挤压、侵入等形式的载荷，构成潜在的动力电池碰撞失效风险。动力电池防护结构既要避免过度保守设计，也要避免存在设计缺陷，否则碰撞挤压载荷可能导致局部电池严重变形，引发电池内短路和热失控，造成起火事故，甚至导致难以挽回的人员伤亡和财产损失。在同时满足动力电池系统的多方面设计需求、考虑多层次设计约束的前提下，提升电池防护结构耐撞性是电动汽车安全设计的重要议题之一。

9.1 动力电池的轻量化防护设计现状

车用锂离子电池的成组和布置方式灵活，各汽车厂商提出的电池系统集成方案种类多样化。电池系统排布主要受限于整车结构的空间和质量分布，电池系统中各部件和子系统集成则更为关注工作性能和电热管理。目前电池系统以 T 形、地板式、后备厢和分块式四种排布方式为主，图 9-1 展示了选用上述排布方式的典型车型。特定的排布方式可强化电池系统某项功能，且能够保证部分典型工况的电池系统碰撞安全性，但需要特别关注某些其他碰撞工况。例如，图 9-1(b) 中的地板式排布需要重点关注路面异物的撞击侵入；图 9-1(d) 中的分块式排布有利于电池包的快速更换，但侧面碰撞下的电池变形失效风险较大。

碰撞工况下，电池系统除经受着整体加速度冲击和外部挤压之外，其子结构或内部组件之间通常也存在相互挤压甚至相互侵入。相应的内部缓冲和吸能设计，同整个系统的防护结构一样不容忽视。目前仍然有很多电池系统采用电池模组完成组装。作为电池系统中承上启下的一环,电池模组既可以看作电池系统的基本组成元素,也可视为多种元件集成的复杂结构体,承担了储能供能、电热管理及安全防护等多元化职能。电池模组性能的优劣直接影响到整个电池系统级别的性能表现,碰撞安全性也是电池模组结构设计必须考虑的性能需求。

(a) T形排布(Audi R8 e-tron)

(b) 地板式排布(BMW i3 2013款)

(c) 后备厢排布(MINI E)

(d) 分块式排布(NIO EP9)[1]

图 9-1 典型的动力电池排布形式

电动汽车的动力电池都封装于坚厚的电池包壳体之中,然而现实道路交通中电动汽车碰撞起火事故仍时有发生。事故调查表明,电池包壳体局部严重变形引发电池内短路是碰撞触发电池热失控的主要原因。由此可见,车用电池包结构设计仍急需完善,以应对汽车碰撞这样的极端工况。另一方面,为了提升电动汽车动力电池系统的能量密度、缓解里程焦虑问题,需要推进电池包壳体的轻量化工作。然而,轻量化设计与碰撞安全设计之间往往是相互制约的,这需要通过选择高性能轻质材料、引入高效吸能结构形式,实现结构的多目标设计优化。

目前,车企尝试应用复合材料代替现有的钢、铝材料,在实现电池包壳体轻量化设计的同时满足碰撞安全设计要求。其中,典型的复合材料有:① SMC(片状模塑料)热固性塑料,具有强度高、质量轻、抗疲劳性能好等优点,如长城华冠电池包采用 SMC 材料；② 碳纤维、玻璃纤维增强复合材料，具有耐冲击性能好、质量轻的优点，如蔚来 ES8 电池包采用碳纤维复合材料。但是 SMC 材料韧性差，纤维增强复合材料在冲击载荷下容易出现层间损伤、降低整体结构力学性能，采用单一复合材料往往难以满足电池包壳体的碰撞防护设计需求，需要考虑多种材料组合优化。

借助拓扑优化、尺寸优化及多目标优化设计方法，可提高电池包壳体结构的耐撞性，同时控制结构整体重量。针对既有电池包壳体结构，可以优化板厚、形状、加强筋大小与位置等参数。另一方面，可以采用新型抗冲击结构代替现有的平板结构来设计制造电池包壳体，其中典型代表有：① 蜂窝铝、泡沫铝壳体，主要用于夹层板的夹心结构；② 薄壁吸能结构，通过纵向压溃变形吸收冲击能量；③ 多层夹芯结构，采用多种材料组合形成层状抗冲击结构；④ 仿生结构，如椰子壳仿生结构、鳌虾钳仿生结构、甲鱼与乌龟壳仿生结构等均具有良好的抗冲击性能。

9.2　电池模组结构优化设计

以第 4.2 节测试的软包电池模组为例，分析模组层级潜在的设计空间。通过模组的单体堆叠方向碰撞挤压的仿真分析，发现模组中置于电池单体之间的金属散热片在单位质量碰撞吸能占比方面较为突出，散热片结构本身也具备优化设计空间，优化后可望提高其碰撞吸能占比。

为提高结构设计和优化分析的效率，并且不削弱分析的可靠性，建立分析模型时选择 2 个软包电芯和 1 个散热片的组合作为研究对象。考虑三明治结构局部变形机制的可设计性，尝试将原有的单层金属散热片替换为三明治结构散热片，进行参数化分析和结构优化，探讨诱导结构的局部变形模式及其提升整体耐撞性的可能。图 9-2 给出 6 种待考察的金属板三明治结构。这些结构形式一般都在其他冲击防护领域发挥过效用，能够在不同程度上提升冲击能量吸收效率、保证结构完整性。这里我们从碰撞能量耗散比率和电池单体变形损伤两个方面对不同的结构设计进行评价。

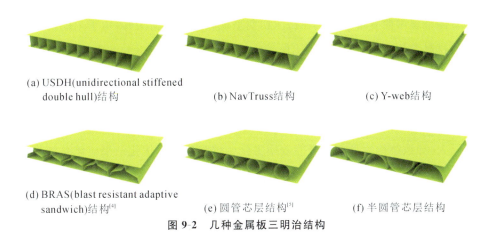

(a) USDH(unidirectional stiffened double hull)结构　　(b) NavTruss结构　　(c) Y-web结构

(d) BRAS(blast resistant adaptive sandwich)结构[4]　　(e) 圆管芯层结构[5]　　(f) 半圆管芯层结构

图 9-2　几种金属板三明治结构

9.2.1　三明治夹层结构高度的影响

模组散热片的新构型设计选择与原散热片相同的材料和板厚,同时最大限度控制结构整体高度的增加。以 USDH 三明治结构为例,如图 9-3 所示,它由上下两层金属板和周期性排布的支撑板构成,上下板厚度 t_1 和间距 H、支撑板厚度 t_2 和间距 W 四个参数决定了重复性的 USDH 截面构型。

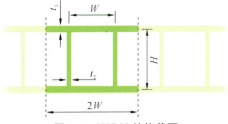

图 9-3　USDH 结构截面

根据初始设计约定,t_1 与 t_2 相同。进一步假设 H 和 W 相等,以简化 USDH 结构,这样三明治夹层相邻支撑板和上下平板围成正方形截面。设材料密度为 ρ,则 USDH 三明治散热片的面密度为[6]

$$m^* = \frac{2(2Wt_1 + Ht_1)\rho}{2W} = 3t\rho \qquad (9-1)$$

针对 USDH 散热片与软包电芯的组合进行了碰撞挤压仿真。图 9-4(a)给出采用不同高度 USDH 的结构碰撞载荷响应,图 9-4(b)给出不同高度 USDH 在结构碰撞中的吸能占比。图 9-5 展示了不同高度 USDH 在结构碰撞中最大侵入量时的变形模式。当 H 较小时,USDH 结构的支撑板不发生明显屈曲,结构整体呈现弯曲变形模式。在挤压初期呈现较高的载荷尖峰,由于未能调动足量的材料参与变形,整体吸能比例较小。随着 H 增大到 3 mm,USDH 结构的局部支撑板在挤压载荷下充分屈曲变形,载荷峰值后移且载荷水平相对降低,结构的吸能比例明显上升。H 进一步增大对吸能比例影响不再显著,支撑板屈曲则随着 H 增大明显提前,挤压初期的载荷峰值也有所下降,后期侵入量也有所增大,导致结构变形初期吸能效率劣化。较为理想的优化结果应该是结构冲击载荷-侵入量响应曲线近似于矩形或梯形,这样可以有效改善电池模组的耐撞性。综合评判,USDH 高度为 3 mm 时,电芯-散热片组合结构的碰撞安全性能最优,且符合控制结构高度的设计思路。

9.2.2 三明治结构截面构型设计

不同的三明治结构截面在碰撞挤压中的表现和能量耗散能力存在一定差异,以图 9-2 展示的六种截面构型为研究对象,开展电芯-散热片组合的碰撞挤压仿真,分析三明治结构截面构型的影响。在仿真模型中替换三明治结构散热片时,主要调整三明治结构的周期性单元跨度,将六种三明治结构的面密度控制为相同大小(即 $3t\rho$)。图 9-6 给出采用不同三明治结构截面时,组合结构的碰撞载荷峰值和散热片吸能占比,图 9-7 给出不同三明治结构挤压变形模式。

由仿真结果可知,这六种三明治结构散热片与软包电芯组合的碰撞挤压中,采用圆管芯层的组合结构载荷峰值最小,而采用 USDH 芯层的组合结构散热片吸能占比最大。采用这两种三明治结构的组合整体耐撞性也更优。与采用单层板散热片相比,采用 USDH 和圆管芯层的组合结构碰撞挤压载荷峰值分别降低 17% 和 29%,散热片吸能占比分别提升 7.5 倍和 5.5 倍,另一方面,需要说明的是,虽然采用 USDH 芯层和圆管芯层这两种结构都会造成约 6% 的质量增加,但在比较不同组合结构中散热片的比吸能后可知,这两种结构仍具有最为理想的碰撞吸能效果,参见文献[7]。

根据挤压变形模式,三明治结构可分为三类:① 以 USDH 和 NavTruss 为代表,发生直梁薄壁结构的屈曲失稳;② 以 Y-web 和 BRAS 为代表,预设塑性铰位置,变形发展路径可控;③ 以圆管芯层和半圆管芯层为代表,利用圆管几何特点诱发稳定变形。从仿真结果可以看出,在相同的结构高度和面密度下,第

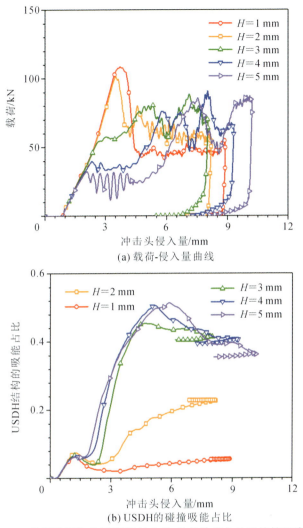

图 9-4 采用不同高度 USDH 的电芯-散热片组合的碰撞挤压响应

二类结构具有两阶段变形模式,在加载前期较容易进入预设变形模式,初始载荷峰值偏低,大变形更容易集中在塑性铰附近,限制了能量吸收;随变形增大,内部芯层的上下弯折点甚至相互锁止,造成结构刚度强化效果,使变形后期载荷水平显著升高。相对而言,第一类和第三类结构(如 USDH 和圆管芯层)更具有优化潜力,能够在散热片局部变形过程中维持相对恒定的载荷水平,达到循序渐进的吸能效果。

仍以 USDH 结构为例,保持其他参数不变,调整支撑板间距 W 和板材厚度

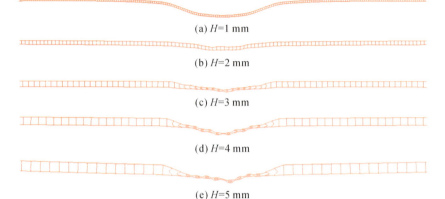

图 9-5 不同高度 USDH 在最大侵入量时的变形模式

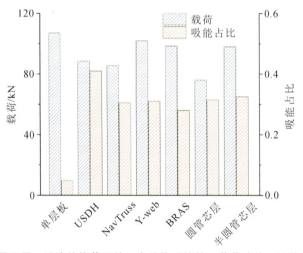

图 9-6 采用不同三明治结构截面的组合结构碰撞挤压载荷峰值和散热片吸能占比

t,进一步寻求散热片结构的优化方案。给定 t、改变 W,如图 9-8(a)所示,随着 W 的增加,载荷峰值变化趋势并不明显,但散热片结构的吸能占比表现出先增大后减小的规律;给定 W、改变 t,如图 9-8(b)所示,随着 t 的增大,结构刚度增大,载荷峰值显著提升,但散热片结构的吸能占比先增大后减小。

从图 9-9 给出的变形模式可知:当间距 W 过小时,整体结构刚性偏大,局部材料变形不充分,能量吸收相对较少;当 W 过大时,局部受力位置参与变形吸能的材料偏少,使得整体吸能占比也不高;当 t 过大或过小时,结构局部变形参与度不高,或者过快达到局部变形极限,都会使得能量耗散不够,从而导致 USDH 的吸能占比呈非单调变化。综上而言,USDH 结构的最优方案存在于

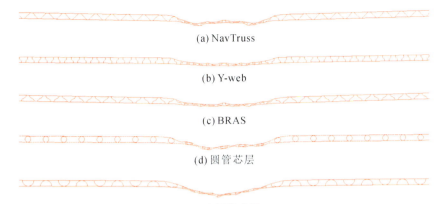

图 9-7 不同三明治结构挤压变形模式

W 取 3~4 mm、t 取 0.4 mm 左右的设计空间,大致可构造一个帕累托(Pareto)集,在不同参数组合下,各性能指标间存在一定的"此消彼长"。

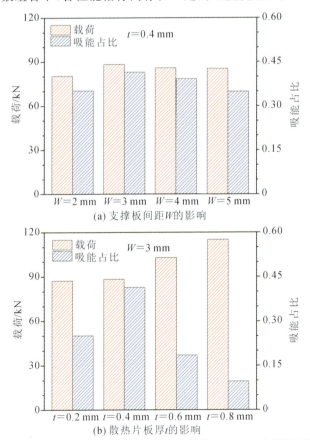

图 9-8 结构参数对电芯-散热片组合结构(USDH 结构 $H=3$ mm)碰撞挤压响应的影响

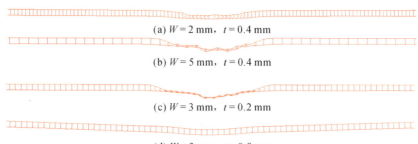

(a) $W=2$ mm, $t=0.4$ mm

(b) $W=5$ mm, $t=0.4$ mm

(c) $W=3$ mm, $t=0.2$ mm

(d) $W=3$ mm, $t=0.8$ mm

图 9-9　使用不同规格 USDH($H=3$ mm)的电芯-散热片组合碰撞挤压仿真得到的 USDH 变形模式(最大侵入量时刻)

　　从电池模组热管理的角度来看,局部结构设计也存在多种思路。比如,某款软包电池模组采用的是塑料框架结构,在模组侧面开槽,引导冷却气流流经内部单体实现散热(见图 9-10(a))。这和上述考察的软包电池模组利用金属板紧贴电池单体的传热设计思路不同。又如图 9-10(b)所示,另一款软包电池模组采用了一种兼具风冷导流和接触散热功能的隔板结构,此隔板结构同时可对电芯进行预紧维持。类似的多功能设计都是充分考虑散热结构的几何和热物性特征,来提升整个模组的散热能力。上文分析讨论的散热片结构设计虽然主要是从模组碰撞防护的角度出发,但可以看到,三明治结构的夹层具有面内贯穿的孔道,该孔道可以考虑作为冷却气流的导流通道,在进一步的设计中兼顾电池模组散热性能。

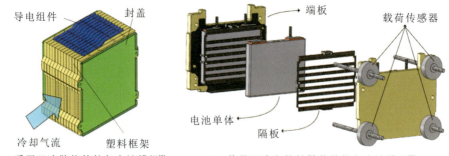

(a) 采用风冷散热的软包电池模组[2]　　(b) 兼具风冷和接触散热的软包电池模组[3]

图 9-10　采用不同单体间隔和散热方案的电池模组设计

9.3　电池包结构的碰撞安全设计

　　如前所述,电动汽车的侧面碰撞和底部碰撞可能引起车载电池包的变形和破坏。事故调查统计也表明,约三分之一电动车起火事故是由底部碰撞引起的[8]。某典型事故案例中,行驶于高速公路的电动汽车激起路面金属异物,异物与车辆底部发生撞击并刺穿电池包底部护板,从而引起电池包严重损毁,发生起火事故。这里将这种碰撞形式称为电池包的底部撞击[9]。以下重点围绕电池包的底部撞击,探讨相关结构优化设计途径。

9.3.1 电池包底部护板的结构形式

在寻求电池包底部抗撞设计的解决方案之前,先基于仿真建模,详细分析了电池包的底部撞击过程。模型以圆柱电池单体组装的电池包为对象(见图 9-11)并进行一定程度的简化,主要组件包括简化为平板的汽车底盘、成组的电池单体和模组壳体、电池包底部护板、电池包内置加强横梁和撞击物。假设模型中所有结构件(汽车底盘、电池包底部护板和横梁)的材料均为铝合金,撞击物为锥形刚体,初始碰撞速率为 30 m/s。

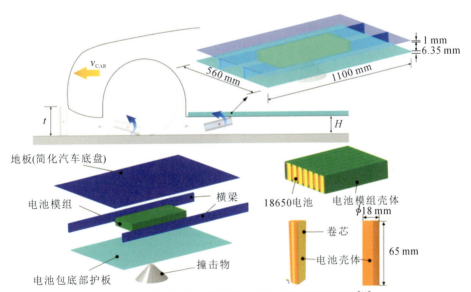

图 9-11 用于电池包底部撞击工况分析的仿真模型[10]

将电池包底部护板为单层金属板形式时的电池包模型设为基准模型。图 9-12 展示了基准模型底部撞击的局部电池变形历程。在碰撞初期(2 时刻之前),电池包底部护板和撞击位置的圆柱电池开始变形;通过护板、模组壳体及电池模组,冲击载荷传递到汽车底盘,冲击引起的底盘挠曲变形会释放掉一部分加在局部电池上的压缩载荷(2 时刻到 3 时刻);底盘充分变形、进入膜张力为主的受力状态时,再次对局部电池施加压缩载荷;至 4 时刻,撞击位置的电池包底部护板出现裂纹,电池压缩量迅速上升;5 时刻裂纹贯穿电池包底部护板,电池压缩量达到最大;此后,电池包结构的局部变形向全局变形发展,带动周围更多区域参与变形吸能,撞击位置的电池压缩变形则有所回落;7 时刻撞击物开始回弹。

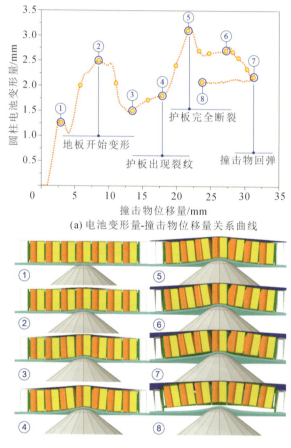

(a) 电池变形量-撞击物位移量关系曲线

(b) 电池包底部撞击的局部变形过程

图 9-12 电池包底部撞击的基准模型仿真结果

基准模型分析结果表明,电池包承受底部局部撞击载荷时,冲击载荷传递和能量耗散的主要路径包括自下而上路径(底部护板—模组壳体和电池模组—汽车底盘)和中心扩散路径(自底部护板撞击点沿面内向外传递)。为了有效降低施加在局部电池上的压缩载荷,需重点考察和改进底部护板局部结构和模组壳体结构。如图 9-13 所示,针对四种结构改进方案进行了分析。

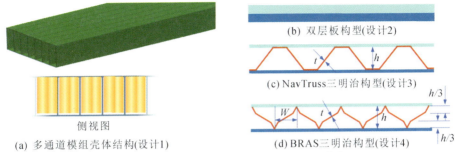

图 9-13　电池包保护结构的四种设计方案[10]

首先是多通道模组壳体结构(设计 1)。该设计在模组壳体内部、电池阵列之间增设多个支撑板,目的是增大模组的局部抗弯刚度,限制电池变形。在此设计中,为了保证整体结构质量不变,适当减小了底部护板厚度。然而仿真结果显示,该设计导致局部电池压缩量不降反增。底部护板减薄意味着护板更容易被撞击物击穿,然后撞击物直接挤压电池模组,使变形高度局部化、周围结构能量耗散非常有限。这说明在控制总体质量的前提下,采用增大模组壳体刚度、牺牲底部护板刚度的技术方案难以实现预期效果。下面主要探讨底部护板结构的改进设计。

对比基准模型中底部护板的单层金属厚板形式,考察了三种新的构型设计,包括双层板构型(设计 2)、NavTruss 三明治构型(设计 3)和 BRAS 三明治构型(设计 4)。从图 9-14 可以看到,双层板构型设计未显著改变抗底部撞击性能;NavTruss 和 BRAS 三明治构型设计则分别将电池压缩量减少了 17% 和 57%。相对而言,采用 BRAS 底板的电池包受撞击物挤压时,局部电池挤压量上升更晚发生,并且随着侵入量增大,局部电池挤压量可能得到较好的控制。

图 9-15 给出了不同底部护板结构在底部撞击下的变形模式。双层板构型底部护板在锥形物撞击挤压下的变形模式与基准模型较为相似,未显著改善电池包的吸能特性。NavTruss 和 BRAS 三明治构型底部护板受撞击挤压时,在护板整体挠曲变形的同时,周期性的芯层次级结构不断发生塌缩变形,增大了冲击能量耗散,因此这两种构型的应用能够有效降低内部电池的压缩变形。仿真对比发现,NavTruss 三明治构型底部护板在撞击挤压后期出现了局部断裂,而 BRAS 三明治构型底部护板在整个撞击过程中未被击穿,后者对内部电池的保护效果更好。

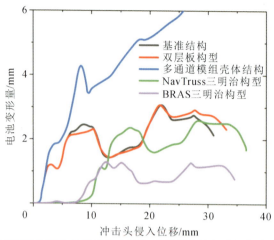

图 9-14 采用不同防护结构设计的电池包底部撞击过程中局部电池压缩量变化

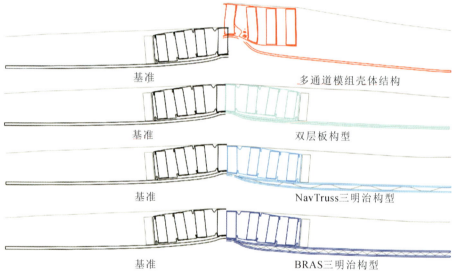

图 9-15 不同底部护板结构在底部撞击下的变形模式

回头审视双层板构型,与单层厚板相比,相互紧贴的双层板构型对电池的碰撞保护效果并未提升,但这不意味双层板构型不再具有优化空间。进一步探究设置间隙的双层板构型设计[10],如图 9-16 所示,给定平板结构边长、冲击物质量及速度,保持两板厚度之和 h 不变,设定上板和下板厚度分别为 αh 和 $(1-\alpha)h$,在两板之间预留间隙 $\delta h/2$,通过参数化建模仿真,计算获取冲击头正下方区域的永久侵入量 W。图 9-17 给出了计算得到的 W 与 α、δ 的对应关系。可以看到,当 α 为 0.65、δ 在 0.40 到 0.55 区间时,所研究的双层板构型的中心区域永久变形最小,防护效果最好。

由上述简化分析可知,当两板间隙和板厚比例作为可调参数时,上板受到侵入物冲击后,下板可以发挥延迟变形的作用,从而形成可调节的双层板能量耗散机制。这为多层板碰撞防护结构的具体设计提供了有效思路。例如,可考虑沿板状结构的厚度方向采取非均匀设计,调节不同板厚区域的变形能分布,以减小冲击载荷下的总体侵入量。推广来看,无论在时间还是空间上,局部冲击相对保护结构都是非对称发展的,可以考虑在纵向和横向两个维度分别按冲击历程以及近场远场传播顺序,优化非对称构型的分布,以达到提升抗冲击性能的设计目标。

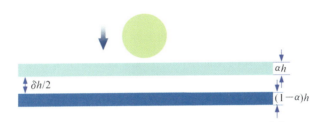

图 9-16　双层板构型的厚度分配与间隙设置[11]

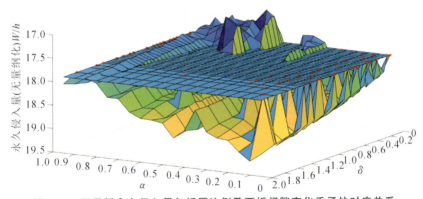

图 9-17　双层板永久侵入量与板厚比例及两板间隙变化乘子的对应关系

(图中水平面为单层板结构计算获得的相对位移参考值)

9.3.2　底部护板的聚合物涂覆设计

从上述的分析中可以发现,在底部护板承受撞击物侵入的过程中,如果护板结构发生局部断裂甚至被击穿,撞击位置对应的电池压缩量会急剧上升。可以预见,延缓底部护板断裂的发生及扩展,是降低内部电池挤压受损的一个可行途径。

聚脲具有较为优良的抗冲击防护特性,其主要力学行为表现为超黏弹性、滞回耗散和循环软化等特征。已有研究表明,在其他材料表面适当喷涂聚脲材料可提升涂覆结构的防弹或防爆性能[12]。从兼顾动力电池包的碰撞吸能和轻量化设计需求出发,我们尝试将聚脲作为防护涂层,与铝板或钢板组成电池包的新型壳体结构[13],开展该结构的低速碰撞性能分析研究。

1. 试验分析

采用等效方板结构的穿孔试验,考察6061铝合金和DP590钢两种板材的聚脲涂覆复合结构的准静态加载和低速冲击响应及吸能特性,研究使用的聚脲材料由山西某公司提供。一些高速冲击研究指出,聚脲材料相对金属板材的涂覆位置对能量吸收影响不同,在迎冲击面上涂覆聚脲能够避免冲击载荷下金属板材的塑性铰形成[14]。我们在低速冲击工况下也考察了聚脲涂覆位置的影响。

首先关注聚脲涂覆对铝板性能的影响。按照聚脲涂覆与否及涂覆位置,将考察对象分为无涂覆的原始铝板、聚脲涂覆在背冲击面("铝+聚脲"或"钢+聚脲"结构)以及聚脲涂覆在迎冲击面("聚脲+铝"或"聚脲+钢"结构)三类。试验结果表明,聚脲涂覆在准静态和动态穿孔载荷下均显著改善了铝板结构的碰撞响应(见图9-18)。准静态加载下,与原始铝板响应相比,聚脲涂覆铝板的峰值载荷明显上升。需要说明的是,无论是原始铝板还是聚脲涂覆的铝板,峰值载荷时刻铝板尚未发生贯穿性断裂,当载荷越过峰值下降约30%时,铝板才出现断裂失效。比较而言,聚脲涂覆对铝板断裂产生了延迟作用,一方面,聚脲涂覆结构的载荷峰值可以维持一段相对较大的挤压行程,而后再发生下降,另一方面,聚脲涂层在铝板断裂发生时仍然能够保持完整。由图9-18可见,"聚脲+铝"结构的铝层断裂相对来说最晚发生。动态加载下,原始铝板、聚脲涂覆铝板结构中的铝层和聚脲层均被压头击穿。其中原始铝板和"铝+聚脲"结构的铝层裂缝均为月牙形,"聚脲+铝"结构的铝层裂缝为星形(见图9-19),这些断裂模式与准静态穿孔工况是一致的。动态加载下三组结构的载荷-位移响应曲线呈现的变化规律与准静态加载结果相近:加载过程载荷上升阶段,三组结构的响应相似;载荷峰值附近,"铝+聚脲"和"聚脲+铝"结构的铝层断裂时刻明显延后,载荷峰值也显著提高。

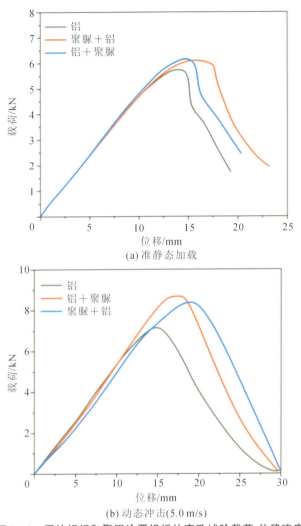

图 9-18 原始铝板和聚脲涂覆铝板的穿孔试验载荷-位移响应

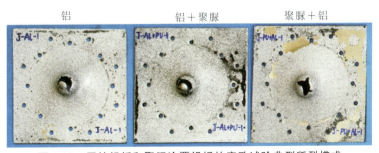

图 9-19 原始铝板和聚脲涂覆铝板的穿孔试验典型断裂模式

针对钢板及其涂覆结构的试验分析则表明，聚脲涂覆对钢板的增韧效果有限。准静态穿孔试验中，钢板发生断裂，而聚脲层未发生断裂；聚脲涂覆钢板结构的载荷-位移响应与原始钢板的试验结果较为接近，聚脲涂层对钢板断裂产生了不太明显的延迟作用（见图 9-20）。动态穿孔试验中，聚脲涂覆结构的钢板层和聚脲层都被击穿；三组结构的载荷-位移响应也较为相似，聚脲涂层对钢板断裂的延迟不太显著。

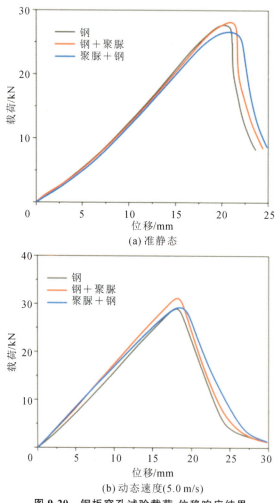

(a) 准静态

(b) 动态速度(5.0 m/s)

图 9-20　钢板穿孔试验载荷-位移响应结果

综上所述，对于经历局部剧烈变形的聚脲涂覆金属板，当聚脲涂覆在金属基板的背冲击面时（即"基板＋聚脲"结构），基板断裂模式与无涂覆金属板一致,聚脲涂层的作用主要是使基板断裂时刻延迟,峰值载荷得到不同程度的提升。这种结构形式中,聚脲涂层为金属基板提供了背部支撑,使金属基板更多部分参与变形,缓解了应力集中。当聚脲涂覆在金属基板的迎冲击面时(即"聚脲+基板"结构),加载响应往往在峰值载荷处出现载荷平台,这种情况下金属基板断裂时刻也会有所延迟。这种结构形式中,聚脲涂层的挤压和张紧同样缓解了金属基板的应力集中,使得结构整体可承受的挠度增大,且应力增大趋势减缓。相比较而言,聚脲涂覆对铝板抗冲击性能的提升效果更为显著,对钢板性能提升有限。

2. 材料模型标定与验证

为了建立聚脲涂覆金属板复合结构的仿真模型,需要选择合适的本构模型来表征两类材料的典型力学行为,并通过试验标定模型的关键参数。

图 9-21 给出聚脲拉伸试件的几何尺寸,图 9-22 给出不同应变率下的聚脲材料拉伸试验结果,可以看到聚脲材料拉伸力学行为具有明显的应变率敏感性,同时可见,即便在动态拉伸条件下,聚脲材料的断裂应变仍可达到 300% 以上,具有良好的韧性。由试验结果可知,聚脲材料的大变形力学行为具有超弹性和黏弹性特征,其中超弹性力学行为与变形状态相关,黏弹性力学行为与时间相关。这里,我们整合 Ogden 模型和广义麦克斯韦模型来表征聚脲材料的超弹性与黏弹性力学行为。Ogden 模型与广义麦克斯韦模型(线性黏弹性模型)在本书第 3 章中有详细介绍,此处不再赘述。

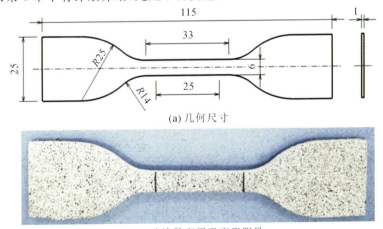

图 9-21 聚脲拉伸试件

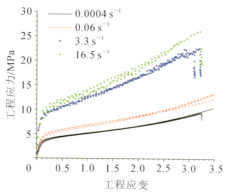

图 9-22 聚脲单轴拉伸试验的工程应力-应变曲线

选取最低应变率下的应力-应变曲线标定 Ogden 模型。由图 9-23(a)可知，1 阶 Ogden 模型在关注应变范围内偏差很大；3 阶 Ogden 模型在较小变形阶段出现较为明显的应力下降，容易引起材料失稳；2 阶 Ogden 模型能够较为准确地反映聚脲超弹性力学行为，整体未出现应力下降，可以保证材料的稳定性。

综合考虑拟合准确性和待定参数量，采用 2 阶 Prony 级数来标定聚脲材料的黏弹性力学行为。先看图 9-23(a)，蓝色虚线为 2 阶 Ogden 模型曲线，与试验结果曲线(黑色实线)最为吻合，由此确定了 2 阶 Ogden 模型描述超弹性。接下来在图 9-23(b)中，模型中加入了 Prony 级数，来考虑黏弹性，图中线条(包括实线和虚线)都是模型(2 阶 Ogden 加 2 阶 Prony)计算结果，标志点则是不同加载应变率下的试验结果。可以看到模型能够合理区分应变率效应，但是在较高应变率下的准确性还不够。

金属基板的模型标定以 6061-O 铝合金材料为例。图 9-23(c)给出了不同应变率下 6061-O 的单轴拉伸应力-应变响应；选用 Johnson-Cook 本构模型表征其应变率相关的塑性力学行为，可以看到模型与试验结果吻合较好。

3. 聚脲涂覆铝板抗低速冲击性能的参数分析

本节建立了聚脲涂覆铝板复合结构的低速冲击 LS-DYNA 仿真模型，用于研究材料属性、界面强度及涂层厚度对该结构抗冲击性能的影响。图 9-24(a)给出模型的主要几何参数，其中聚脲涂层厚度为 1 mm，铝板厚度为 2 mm，复合结构试样的实体单元网格尺寸为 0.5～1.0 mm。聚脲与铝板的材料模型选择及标定参见前文，夹具与冲击物则简化为刚体。铝板与聚脲涂层之间的粘接界

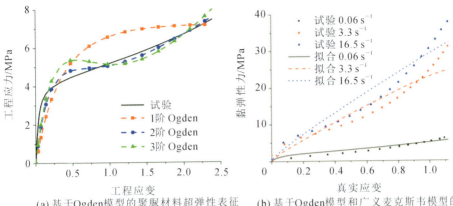

(a) 基于Ogden模型的聚脲材料超弹性表征　　(b) 基于Ogden模型和广义麦克斯韦模型的聚脲材料应变率相关性表征

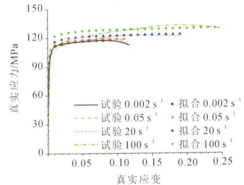

(c) Johnson-Cook模型的6061-O铝合金材料应变率相关性表征

图 9-23　模型与试验结果对比

面采用 TIEBREAK 接触加以近似。

图 9-24(b)给出了 5 m/s 穿孔工况下"铝""铝+聚脲"及"聚脲+铝"三种结构的试验与仿真结果对比。可以看出,仿真模型能够较准确地预测各个结构的力学响应。其中,"铝+聚脲"和"聚脲+铝"结构仿真得到的峰值载荷都比原始铝板结构出现得晚,这与试验现象是一致的。

对比观察试验与仿真中的铝板破裂形式,如图 9-24(c)所示,可以看到原始铝板和"铝+聚脲"结构的裂纹形态为月牙形,"聚脲+铝"结构的裂纹形态为星形,仿真与试验观察较为一致,能够区分两种不同的裂纹形态。

利用仿真模型,首先分析聚脲刚度对复合结构力学响应的影响。以 5.0 m/s 低速冲击穿孔工况为例,分别选取起始弹性模量为 $0.33\times10^{-3}E_{Al}$、$0.50\times10^{-3}E_{Al}$ 和 $0.75\times10^{-3}E_{Al}$ 的聚脲(对应 23 MPa、34 MPa 和 51 MPa)进行仿真

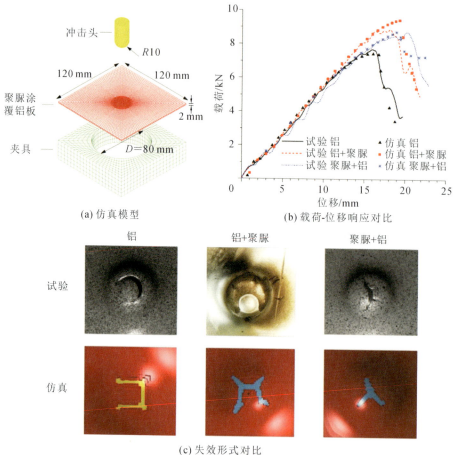

图 9-24 聚脲涂覆铝板穿孔仿真分析

对比分析。图 9-25 展示了聚脲涂覆结构的穿孔载荷-位移曲线。可以看到,随着聚脲刚度增大,两种结构的铝板断裂位移和最大冲击载荷均增大。这里的主要原因是聚脲刚度增大使得铝板的局部变形集中得到缓解,铝板参与变形的范围有所增大。

进一步研究铝板强度对涂覆结构响应的影响。以 6061-O 铝合金为基准,将不同应变率下的真实应力-塑性应变曲线统一乘以相对强度系数,得到具有不同强度的基板材料属性;为保持塑性变形能量耗散一致,再将材料断裂应变除以相对强度系数。具体的参数化仿真选取了三种相对强度系数(0.80、1.00 和 1.25),大致对应 1100-O、6061-O 和 5052-O 三种铝合金材料等级。

图 9-26 展示了不同基板强度下三种结构的低速冲击穿孔响应。随着基板

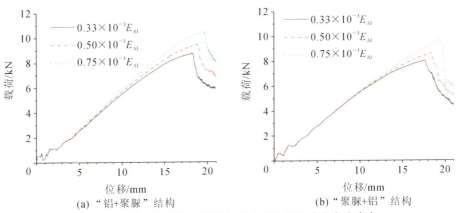

图 9-25 涂覆不同刚度聚脲的复合结构低速冲击穿孔响应

强度的增加,聚脲涂覆结构中基板断裂位移的增长幅度减小,最大冲击载荷的提升程度减弱。聚脲涂层对较低强度基板的抗冲击性能提升更加显著。

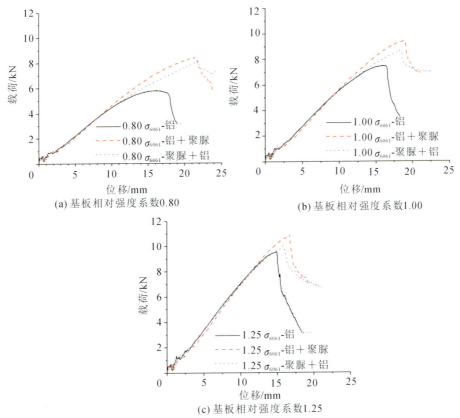

图 9-26 不同基板强度下聚脲涂覆结构的低速冲击穿孔力学响应

最后分析聚脲涂层厚度对涂覆结构抗冲击性能的影响。选择了三种聚脲涂层厚度，与金属基板厚度比值分别为 0.5、0.75 和 1.0（基板厚度保持 2 mm）。图 9-27 为三种聚脲涂层厚度下涂覆结构的穿孔力学响应，可以观察到在所研究的厚度变化范围内，随着涂层厚度增加，基板断裂位移和最大冲击载荷都有所增加。对于"铝+聚脲"结构而言，增加聚脲层厚度能明显提高断裂前能量吸收；对于"聚脲+铝"结构而言，厚度比达到 0.75 后，继续增加涂层厚度时能量吸收改变不大。需要注意的是，增加涂层厚度会导致结构总质量增加，需要权衡质量增加与性能改善两方面效果。

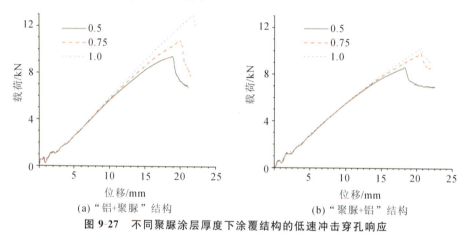

图 9-27　不同聚脲涂层厚度下涂覆结构的低速冲击穿孔响应

9.4　本章小结

结合前述章节介绍的电池单体与模组的失效分析、建模预测等基础研究工作，本章建立了电池包层级碰撞安全性能分析技术框架，针对典型碰撞工况提出了几种碰撞防护结构设计方案，以降低整车碰撞场景中的动力电池变形失效风险。其核心设计思想仍然是结合结构优化和材料匹配，充分发挥新型防撞结构形式和聚合物涂覆材料的优势，满足动力电池包结构的碰撞防护性能和轻量化等多方面设计要求。

本章参考文献

[1]　Johnson Matthey Battery Systems：Our Guide to Batteries[M]. 3rd edi-

tion. Dundee: Johnson Matthey Plc.

[2] FUNCKE M, SCHAFER S, WOHLECKER R, et al. Evaluation report on active and passive protection solution[R]. OSTLER—Optimised Storage Integration for the Electric Car, 2010.

[3] OH K, SAMAD N A, KIM Y, et al. A novel phenomenological multiphysics model of Li-ion battery cells[J]. Journal of Power Sources, 2016, 326: 447-458.

[4] LEE Y. Fracture prediction in metal sheets[D]. Boston: Massachusetts Institute of Technology, 2005.

[5] NGUYEN T N, SIEGMUND T, TSUTSUI W, et al. Bi-objective optimal design of a damage-tolerant multifunctional battery system[J]. Materials & Design, 2016, 105: 51-65.

[6] 陈冠华. 锂离子电池模组碰撞响应研究和结构优化[D]. 北京: 清华大学, 2018.

[7] SHI Z, CHEN G, ZHU L, et al. Sandwich structure design of a cooling fin for battery modules against impact loads[J]. Automotive Innovation, 2020, 3: 260-269.

[8] WIKIPEDIA. Plug-in electric vehicle fire incidents[OL]. 2017.

[9] XIA Y, WIERZBICKI T, SAHRAEI E, et al. Damage of cells and battery packs due to ground impact[J]. Journal of Power Sources, 2014, 267(4): 78-97.

[10] ZHU J, ZHANG X, WIERZBICKI T, et al. Structural designs for electric vehicle battery pack against ground impact[C]. SAE WCX World Congress Experience, Detroit: SAE International, 2018.

[11] ZHOU Q, LIU S. Mechanisms of diverting out-of-plane impact to transverse response in plate structures[J]. International Journal of Impact Engineering, 2019, 133: 103346.

[12] AMINI M R, ISAACS J, NEMAT-NASSER S. Experimental investigation of response of monolithic and bilayer plates to impulsive loads[J].

International Journal of Impact Engineering,2010,37(1):82-89.

[13] AMINI M R. Effect of polyurea on dynamic response and fracture resistance of steel plates under impulsive loads[D]. San Diego:University of California,2007.

[14] MOHOTTI D,NGO T,RAMAN S N,et al. Analytical and numerical investigation of polyurea layered aluminium plates subjected to high velocity projectile impact[J]. Materials & Design,2015,82:1-17.